経済学教室 10

国際経済学

大山 道広 著

培風館

編　集

丸　山　徹

本書の無断複写は，著作権法上での例外を除き，禁じられています．
本書を複写される場合は，その都度当社の許諾を得てください．

まえがき

　2010年から11年にかけて，世界的な不況の中で環太平洋諸国から起死回生の方策として提案された環太平洋経済連携協定 (Trans-Pacific Strategic Economic Partnership) をめぐって日本では賛否両論が喧しくたたかわされた。大部分は依然として「輸出は善，輸入は悪」とする重商主義的な国内産業保護論を前提とするもので，アダム・スミスに始まる経済学の教え，すなわち経済的な豊かさをもとめるなら，どの国も自由な貿易を通じて内外希少資源の利用効率を高めていく必要があるとする基本思想をほとんど顧慮しないものだった。資源小国で貿易立国を国是としてきた日本で，長期不況，東北大震災，原発事故の痛手の中で復興とこれからの新規まき直しを目指すべき日本で，このテーマがいまだに十分に理解されていないのは残念だ。

　経済学の祖アダム・スミスの偉業の一つは，当時の保護貿易政策がよりどころとした重商主義の思想を体系的に批判し，自由貿易主義の理論的根拠を構想したことである。同時代人のデーヴィッド・ヒュームも，貿易差額拡大を目指す重商主義政策の不毛性を指摘し，政策転換に大きな一石を投じた。国際経済学は，これらの先達の問題意識を受け継ぎ，自由貿易政策の意義と限界を明らかにすることを主要な課題としてきた。今日までに，その分析はさまざまな新しい成果を取り入れて洗練され，内容も現実の国際経済の発展に即応して大幅に拡充された。地域的な経済統合やグローバルな経済交流が行われるようになった現在，その問題意識は一国の対外経済政策にとどまらず，国際的な制度・政策の調整，協調にも向けられつつある。

　本書は，旧著『改訂新版国際経済学』(放送大学教材，2006年刊) を換骨脱

胎し，全面的にあらためて書き下ろしたものである。旧著のねらいは，グローバルな知的共有財産としての国際経済学の基礎理論を簡潔に，しかもわかりやすく解説することにあり，初学者のために必要最小限の内容にしぼって初等的で簡便な説明を心がけた。しかし，それだけでは国際経済学の重要な理論を十分にカバーすることはできない。本書では，ある程度高度な理論も含めて国際経済学の基本内容を体系的に解説するとともに，筆者のこれまでの研究成果を随所に取り入れながら読者による一層の展開と創造を促したい。

ここで本書の概要を俯瞰しておこう。その内容は大きく国際貿易理論と国際金融理論に分けられる。1章で国際経済学の課題と方法を展望したのち，2章から10章で国際貿易理論，すなわち国際分業理論と貿易政策理論について，11章から15章で国際金融を含む国際マクロ経済の理論について，「古い」といわれる学説から「新しい」と称される貢献まで重要と思われる国際経済学の主要成果を取り上げた。16章，17章では国際経済の新しい課題として地域経済統合と国際経済協調の理論と実態を論じた。

冒頭に述べたように，本書は全編を通じて希少な資源の効率的な利用のため何をなすべきかという国際経済学の基本的な問題意識に立っている。その中で，特に10，11章で扱った保護貿易の問題は日本の政策システムの在り方，13章，15章のマクロ経済政策の主題は古典派の時代から現代にいたるマクロ経済政策の流れ，16，17章はグローバリゼーションのもとでの国際的な経済政策調整の動向に意を用いて著者なりに工夫したつもりである。

本書は大学経済学部から大学院修士課程の学生，国際経済問題に関心を寄せる知的な社会人など，経済理論の初歩的な知識に少しでも触れたことがある広い読者層を想定している。たとえばクルーグマン・ウエルスの『ミクロ経済学』(東洋経済新報社) の前半部分のような，標準的な入門書の知識がある読者なら申し分ない。そのような読者の理解を容易かつ正確にするために，本書の一部では簡単なグラフと数式 (加減乗除と初歩的な微分) を用いる。その中で比較的難しい分析を含む章節には＋印を付け，迂回路の標識とすることにした。本書の内容を手っ取り早くつかみたい読者はとりあえずその部分を飛ばして読んでもまったく構わない。気になるひとはあとからじっくり読みなおせばよい。

まえがき

　本書のスタイルは一面では教科書的だが，他面では啓蒙書，研究書でもある。通常のテキストと違って，巻末に掲げた参考文献は，学習のための手引きだけでなく，決して包括的ではないが，国際経済学の歴史に名をとどめる大家はもちろん，私自身の研究に影響を及ぼした有名，無名の研究者の著作まで，独断と偏見で選択したいわば我流のリーディング・リストである。私という一学徒がたどってきた研究遍歴のメモと考えていただいてもよい。本書でこだわって取り上げたテーマについて，読者がもっと深く理解し，場合によっては筆者の主張を批判し独自の異論を発想する手掛かりとなることを期待したい。

　本書の背景には，これまでに触れ合った多くの方々の協力と影響がある。拙いながら本書はかれらとの交流の賜物である。特に，慶應義塾大学とロチェスター大学で経済理論と国際貿易学を指導してくださった先生方，さまざまな学会や大学でおつきあいいただいた学者仲間，慶應義塾大学や東洋大学の授業やセミナーに出席してくれた学生たちは，それぞれ私にとって汲めども尽きぬ刺激と希望の源泉であった。本書の企画に当たっては，慶應義塾大学の丸山徹教授の慫慂と励ましをいただいた。大山ゼミOBで現在も国際経済学の研究を続けている大東一郎，蓬田守弘，黒川義教の諸君は本書の初稿に丁寧に目を通し，誤りや脱落を正してくれた。最後になったが，本書制作の過程を通じて培風館の松本和宣氏から行き届いたご配慮をいただいた。この場を借りて皆様に感謝したい。

　　　2011年8月

大山道広

目　次

1　国際経済学の課題と方法　　1
　1.1　国際経済学と「国」の概念　　2
　1.2　国際貿易理論と国際金融理論　　4
　1.3　古典派の二分法と国際経済学　　7
　1.4　本書の構成　　8

2　国際貿易の均衡　　10
　2.1　国際貿易モデルの仮定　　10
　2.2　生産フロンティアと生産の均衡　　12
　2.3　社会的無差別曲線と消費の均衡　　14
　2.4　貿易利益　　17
　2.5　自国・外国の同時一般均衡　　18
　2.6　部分均衡モデルと余剰分析　　21
　2.7　代表的消費者と社会的無差別曲線$^+$　　23
　2.8　需要法則について$^+$　　24

3　国際分業と労働生産性　　27
　3.1　比較優位原理　　28
　3.2　リカードの数値例　　29
　3.3　リカード・ミルの貿易モデル　　30
　3.4　実物経済と貨幣経済　　37

4 国際分業と要素賦存　　40
- 4.1 比較優位の決定要因 41
- 4.2 ヘクシャー・オリーン理論：基本概念 44
- 4.3 2つの補助定理 48
- 4.4 分業定理と要素価格均等化 53

5 収穫逓増と不完全競争　　59
- 5.1 企業の収穫逓増と産業均衡$^+$ 60
- 5.2 企業の収穫逓増と国際分業：一般均衡分析$^+$ 64
- 5.3 産業の収穫逓増と国際分業 67

6 差別化と産業内貿易　　72
- 6.1 産業内貿易の概念と計測 73
- 6.2 工程差別化と産業内貿易 75
- 6.3 不完全競争と産業内貿易 76
- 6.4 異質企業と製品差別化のモデル 80

7 経済成長とトランスファー　　85
- 7.1 安定条件と比較静学 86
- 7.2 経済成長と国際貿易 90
- 7.3 トランスファー問題 93
- 7.4 経済成長とトランスファーの解析$^+$ 95

8 国際投資と技術移転　　101
- 8.1 間接投資 101
- 8.2 直接投資 105

9 貿易政策の理論　　111
- 9.1 関税政策の効果 112
- 9.2 関税の余剰分析 115

		9.3 数量割当と輸入関税 117
		9.4 輸入割当と国内市場 119

10 資源配分と保護貿易   122
    10.1 自由貿易の利益 (i)：分業と交換 123
    10.2 自由貿易の利益 (ii)：競争と革新 125
    10.3 保護貿易の根拠：国内の歪み 127
    10.4 最適政策の理論 130

11 保護貿易の政治経済学   133
    11.1 利己的な政府 134
    11.2 国内所得分配と保護貿易 134
    11.3 金権政治と保護貿易 136
    11.4 官民癒着と保護貿易 139
    11.5 国際的な所得再分配と保護貿易 142
    11.6 保護主義の克服 143

12 国際収支と国際金融   145
    12.1 国 際 収 支 146
    12.2 国際収支の均衡 150
    12.3 経常収支の意味 151
    12.4 不均衡の調整 153

13 古典派の国際マクロモデル   156
    13.1 国際通貨制度の要件 157
    13.2 国際金本位制度 158
    13.3 古典派の国際マクロモデル 160

14 為替レートの理論   166
    14.1 購買力平価説 166

14.2 利子平価説 170
14.3 ストック均衡理論 (資産市場アプローチ) 172
14.4 フロー均衡理論 176

15 現代の国際マクロモデル　178
15.1 為替レートと国民所得 179
15.2 為替レートと国民所得の逐次的決定 182
15.3 為替レートと経常収支 189
15.4 マンデル・フレミングモデル 191
15.5 通貨危機の経済学 193

16 地域経済統合　197
16.1 地域統合の概観 198
16.2 小国の統合 199
16.3 経済統合の利益 200
16.4 大国の統合 203
16.5 対外中立的統合とグローバリズム 204

17 国際経済協調の理論と類型　208
17.1 GATT/WTO 209
17.2 IMF・IBRD 211
17.3 経済政策と国際協調の理論 $^+$ 213
17.4 国際協調の類型 214

邦語文献　221
欧語文献　224
章末演習問題：略解とヒント　231
索　引　237

1 国際経済学の課題と方法

　国際経済学はどんな問題を対象とし，どんな方法を用いる学問であろうか。本章では，国際経済学の基本的な課題と方法について概観する。本書の内容をあらかじめ俯瞰的に展望し，第2章以降で使う重要な概念や分析手法についても解説しておきたい。まず，重商主義に鉄槌を下し，国際経済学を含む経済学の礎を築いた**アダム・スミス** (Adam Smith, 1723-90) の自由放任論から筆を起こしたい。スミスは，「各個人は自己の利益の追求が自然にあるいはむしろ必然的に，社会にとって最も有利な用途を選ばせる」[1]，また「自分自身の利益を図っているのであるけれども，同時に彼は，ここにおいても他の場合とおなじように，**見えざる手** (invisible hand) に導かれて，彼の意図しなかった目的を促進する」[2]として自由放任論を擁護し自由貿易を支持した。スミスの高みに立てば，自由な輸出も自由な輸入も効率的な資源配分のために必要不可欠であることが見えてくる。ずっと後世になって自由放任のもとで**パレート最適** (Prato optimum) が達成されるとした**厚生経済学の基本定理**の淵源はここにあるのだ[3]。

　ひるがえって本書の主題である**国際経済学**のあり方をかえりみると，スミスの自由貿易論を念頭に置きながら国々の国際経済取引を対象としてそれがどのような要因で生じ，いかなる意義をもっているかを解明しようとする学

---

[1] Smith (1776), Book IV, chap.2.
[2] Smith (1776), Book IV, chap.2.
[3] 厚生経済学の基本定理については，たとえば川又 (1991) 5.2 及び 5.3 節参照。

問である。だからまず,「国」の概念を経済学的に確定することから始めなければならない。つぎに,経済取引の2つの側面である貿易取引と資本取引を区別し,それらが一国の国際収支表でどのように分類・整理されるかを見ておく必要がある。ミル (John. Stuart Mill, 1806–73) やマーシャル (Alfred Marshall, 1842–1924) に代表されるイギリス古典派以来,国際経済学では貿易取引の理論を国際貿易理論として,金融取引の理論を国際金融理論として区別してきた。これは,しばしば**古典派の2分法** (the classical dichotomy) とよばれる。この分け方は,国際経済学の内容を簡単に概括するだけでなく理論的に特徴づける役割をはたすという意味で便利だし,有効なものである。しかし,それだけで現代の国際経済学を十分にとらえ記述できるわけではない。

1.1 国際経済学と「国」の概念

　国際経済学は異なる国々の間の貿易や金融といった経済取引を研究の対象としている。国際経済の最も基本的な構成単位ないし主体は「国」という概念である。そこでは,国は次の2つの視点から定義される。

　第1に,国際経済学では,普通の財は国際的に自由に移動するが,労働,土地などの**生産要素**は移動しないと仮定されてきた。**労働**の移動は,当然のことながら人の移動をともなう。それには時間がかかり,また電車,船,飛行機などを利用するための交通費がかかる。昔はこの費用が莫大なものであった。しかし,今日では,移動に必要な時間も交通費も大幅に軽減されたから,生産要素の移動がその理由で普通の財の移動にくらべて特に困難であるとはいえなくなっている。**土地**が国際的に移動しないのは,土地の移動が物理的に不可能であるだけでなく,国境の移動が例外的にしか起こらないことによる。各国の領土主権に基づいて領土が変更しがたく定められているからだ。**資本**のような生産要素は,昔から普通の財にくらべても急速にかつ低費用で移動可能であったし,情報通信革命が急速に進展した現代では,ますますそうなっている。したがって,今日でも生産要素が国際的に移動しにくいとすれば,それは時間的,経済的な費用によるというよりは,各国の移民政策,領土政策,あるいはナショナリズムといった政治的,社会的,文化的な要因に

1.1 国際経済学と「国」の概念

よるものと考えた方がよい．つまり，各国はそれらの非経済的な要因を考慮して，生産要素の移動に普通の財の移動よりも厳しい制限を加えてきたからである．

第2に，各国国内の**経済制度**や**経済政策**については他国から独立に判断し，決定できるものと考えられてきた．経済制度は，法律によって定められたものであれ慣行によって形成されたものであれ，私的なものであれ公的なものであれ，国内の経済活動を律するもろもろのルールや合意からなっている．国際経済学で重視される例をひとつだけあげれば，**通貨制度**は通常国ごとに異なり，それぞれの通貨は円，ドル，ポンドといった呼称で呼ばれ，区別されている．国内経済政策には，次の3種類のものがある．ひとつは，国内の総生産，総雇用，物価など景気変動の安定化をめざす**マクロ政策**であり，**フィスカル・ポリシー**，**金融・為替政策**がそれにあたる．もうひとつは，特定産業の振興や抑制を目途とする**ミクロ政策**であり，「重要産業」に対する補助金政策，公害産業に対する課税政策，あるいは「公共性の高い」産業に対する参入制限政策などがその例である．最後に，**公共財**にかかわる財政政策であり，国防，警察，消防などの公共サービスや，公園，道路，港湾などの**社会的共通資本**の適切な供給をはかるものである．国内の経済制度や経済政策は原則として国家主権に属する事柄であると信じられてきた．

近年，各国の国際貿易や国際投資にかかわる政策は取引相手国の経済に直接影響を及ぼすという理由で，国際的な調整ないしすり合わせが要請されるようになった．第2次世界大戦後に導入された**関税貿易一般協定(GATT)**や**国際通貨基金(IMF)**，**世界銀行(IBRD)**などの国際経済協力機構は，各国が国益追求型の**貿易政策**や**為替政策**を行った結果世界貿易の縮小と経済の停滞をまねいた1930年代の悲惨な経験に対する深刻な反省から生まれたものだ．その結果，国際経済政策については，各国の勝手な行動はある程度制限されるようになった．しかし，生産要素，特に労働の移動や国内経済政策については，今なお原則として各国の裁量にゆだねられ，国際協調は限られた範囲で行われているにすぎない．

要するに，ヒト，モノ，カネが低費用で移動できるようになった現代の国際経済社会でも，依然として各国はその固有の主権に基づいて生産要素の移動

を制限し，独自の国内経済政策を追求することが許されているということだ。国際経済学はその基本概念として国，あるいは国家を重視しているが，このことはその限りで意味のあることといわなければならない。しかし，このような国家主権にもとづいた政策の追求は果たしてどこまで，またいつまで許されるものであろうか。現代の世界には，豊かな先進国と貧しい途上国が共存している。両者の間の経済格差が存続している大きな理由は各国の移民制限政策にあるといっても過言ではない。もし各国がすべての国の住民に対して完全に国境を開放すれば，国際経済格差の大半は長期的には解消されるであろう。他方，一部の国々の間では，生産要素の移動や国内経済政策についても国際的な調整，あるいは制限が始まっていることにも注意したい。**欧州連合 (EU)** や**東南アジア諸国連合 (ASEAN)** に代表される**地域経済統合**の進展や先進諸国間に見られる協調的なマクロ経済政策への試みはその顕著な例である。

1.2 国際貿易理論と国際金融理論

すでに指摘したように，国際経済学が対象とするのは異なる国々の間で行われる経済取引である。それは，**経常取引**と**資本取引**に大別される。経常取引とは，農産物，工業製品のような通常の財の取引と労働，土地，資本のような生産要素のサービスの取引である。資本取引とは，債券，株式，借用証書のような金融資産，土地，建物のような不動産の取引を指している。サービスの取引は資本取引から派生するものが多い。

国際収支 (bance of payment) 表と呼ばれる数表がある。大ざっぱにいって，一国の一定期間 (たとえば 1 年間) の対外経済取引の収支を記載したもので，**経常収支** (current account) と**資本収支** (capital account) という 2 つの部分に分けられている。経常収支は，その期間中になされた①財・サービスの取引の受け払い，すなわち貿易収支，②労働や資本のサービスの対する対価としての賃金，利子，配当の受け払い，すなわち**所得収支** (income account)，そして③対価を伴わない所得の移転 (賠償，援助) の純額，すなわち**移転収支** (transfer account) からなっている。これに対して，資本収支は一国の他国

1.2 国際貿易理論と国際金融理論

に対する債権，債務や在外資産の増減を記録したものだ。国際収支表は，**複式簿記**の原理によって，ひとつの取引を貸し方と借り方に記入するので，全体の貸し方と借り方の合計はバランスしなければならない。換言すれば，経常収支，資本収支がそれぞれ不均衡であっても，全体としての受け払いの収支はゼロとならなければならない。

経常収支と資本収支が全体としてバランスするということは，直観的には次のように考えれば，理解できよう。かりに一国の経常収支が黒字であるものとしよう。これは，普通の財・サービスの貿易，生産要素サービスの貿易，さらには対価を伴わない移転を通じて，全体として受け取るべき金額が支払うべき金額を上回っていることを意味している。その差額はどのように処理されるのであろうか。一部は外国からの現金の純流入というかたちを，他は外国に対する債権の純増というかたちを，そして残りは外国にある土地や建物などの不動産の純増というかたちをとるであろう。これらは，それぞれ外国通貨の買い越し，外国債券の買い越し，外国不動産の買い越しということである。その結果，資本収支は全体として経常収支の黒字と同額の赤字を記録することになるのだ。

本書では，国際経済学の基礎理論を解説していく。その中で，**国際貿易理論**は，経常収支の均衡を前提として，「長期的な」経常取引の決定要因とその経済的意味を研究する。**国際金融理論**は，経常収支の均衡を前提とせず，「短期的な」資本取引や経常収支の決定要因とその経済的意味，さらには不均衡の調整メカニズムを解明する。ところで，経常収支が均衡しているということは資本収支が均衡しているということである。経常収支が均衡していれば，一国の**対外純債権**（対外債権から対外負債を差し引いた額，対外純資産ともいう）は時間を通じて一定の水準に保たれることになる。このことを念頭において，国際貿易理論と国際金融理論の違い，それぞれの特徴，現実の国際経済で生じる諸問題とのかかわりについてあらかじめ見ておくことにしよう。

国際貿易理論は，各国の対外純資産の水準が不変に保たれ，したがって同一の生産，消費が時間を通じて繰り返し実現する**定常状態** (stationary state) に焦点を絞っている。このことにどんな意味があるのであろうか。現実には，各国の経常収支はいつも均衡しているわけではない。むしろ不均衡が常態で

あるといってさしつかえない。しかし，あとで述べるように，生産技術，要素賦存，人々の消費選好が変化しない「静態的な」世界では，経常収支の不均衡は「長期的に」解消され，定常状態が実現されると考えられる。国際貿易理論は，現在の諸条件を所与とするとき，長期的に達成されるはずの国際経済の構造はいかなるものかという問題を考えるものである。実際には，生産技術，要素賦存，消費選好は時間とともに変化する。そのような「動態的な」世界をそのまま模写したり予測したりすることはきわめて難しく，事実上不可能であるといってよい。国際貿易理論が静態的な世界を想定し，しかもその定常状態に注意を集中するのは，主として分析の単純化のためであるが，そのことに現実的な意味がないわけではない。そこでは，今日，明日をあらそう短期的な問題の解決ではなく，国際経済の長期的な予測と政策指針が求められているのである。

　これに対して，**国際金融理論**は同じく国際経済を研究の対象としながら経常収支が不均衡な状態に関心を寄せる。そこでは，経常収支の不均衡がどうして生じるか，どのように処理されるか，それに伴って各国の対外純資産がどう変化するか，それがまた経常収支の不均衡それ自体にどう影響するかが問われる。これらの問題を考えるためには，各国通貨の交換比率，すなわち**為替レート**がいかに決定されるかに注意を払う必要がある。そのメカニズムは，19世紀にイギリスを中心として行われた**国際金本位制度**のような**固定為替レート制度**か，現在多くの国が採用している**変動為替レート制度**かで異なる。そこで国際通貨制度を問題にせざるをえない。どちらの制度のもとでも，時間とともに黒字国の対外純資産が増大し，赤字国のそれが減少することから，黒字国では支出が増え赤字国では減る。そのため，他の条件が不変であれば，経常収支の不均衡は長期的には解消されていく。このように，国際金融理論は，国際貿易理論よりも「短期」の問題に注目しながら，長期的な均衡へ導く国際収支の調整過程を考える。

1.3 古典派の二分法と国際経済学

　国際貿易理論と国際金融理論の間の分業は，**古典派**と呼ばれる19世紀イギリスの経済学者達に由来する**二分法** (dichotomy) と密接に対応している。それは，経済の実物的側面と貨幣的側面がそれぞれ別の理論で説明できるという考え方である。実物的側面は，異なる部門の間の資源配分や異なる財の間の相対価格 (交換比率) といった貨幣の単位を用いずに表示することができる経済現象を指している。たとえば，産業別の労働雇用，各産業の能率賃金 (生産物の単位で測った賃金)，実質利子率といった概念は実物的側面にかかわっている。古典派では，この実物的側面こそ経済現象の本質的に重要な部分であるとされた。これに対して，金融的側面は，貨幣の単位を用いずには表示できない経済現象，たとえば貨幣価格，インフレーション，貨幣利子率，マネーサプライ (貨幣供給量) などの総称である。

　古典派では，実物的側面は貨幣的側面から独立に決まると考えられていた。実物的側面が決まると，各財の貨幣価格は貨幣数量説にしたがって，マネーサプライに比例して決まり，したがってインフレーションの率はマネーサプライの増加率に等しく決まり，貨幣利子率は実質利子率にインフレーションの率を加えた値として決まるとされた。このように，貨幣的側面は実物的側面をおおうベールにすぎず，実物的側面には何らの影響力も持たないと考えられたのである。

　古典派の**貨幣ベール観**は，現代のマクロ経済学の祖であるイギリスの経済学者ケインズ (John Maynard Keynes, 1883–1946) によって批判された。彼によれば，貨幣賃金や物価は少なくとも短期的には硬直的であり，マネーサプライの変化はその限りで経済の実物的側面にも影響を及ぼすと主張した。この見解は現在ではほぼ定説になっている。このように，国際金融理論は，短期的には各国の経常収支が均衡しないだけでなく，賃金・物価が硬直的であることも考慮に入れて，貨幣的要因が国際経済の実物的側面にいかなる影響を及ぼすかにも注意し，金融政策，財政政策などマクロ経済政策の効果を分析する国際マクロ経済理論として発展している。しかし，長期的には，国際経済の実物的側面，すなわち国際分業や各国の輸出入財の相対価格 (交易条

件) は，その貨幣的側面，すなわち為替レートや各国のマネーサプライから独立に決まると考えられる。その意味で，古典派の二分法は，貨幣賃金や物価の調整が行きつくした長期の理論としては今日でも広く受け入れられている。国際貿易理論はこの長期的な関係に焦点を定めて国際分業の決定要因を解明し，関税，補助金などのミクロ経済政策の経済厚生上の意義を研究しようとするものだ。

1.4 本書の構成

以上のような認識にたって，本書では国際経済学を国際貿易理論と国際金融理論に分けて解説し，その応用問題として地域経済統合や国際協力機構について考察することにしたい[4]。

国際貿易理論はさらに**国際分業理論**と**貿易政策理論**に大別される。国際分業理論は国際貿易の構造，特に各国の輸出入パターンがいかに決まるかを分析するものである。これに対して，貿易政策理論は，貿易政策の効果，自由貿易政策，保護貿易政策の根拠，貿易政策の決定過程などを研究するものである。両方とも，貨幣的要因を捨象した国際経済の実物経済モデルを用いて展開される。2章でそのようなモデルの理解に必要な基本的な概念を説明する。3章から8章までは広い意味での国際分業理論，9章から11章までは貿易政策理論を取り上げる。国際金融理論を学ぶには，国際収支表や国際収支，特に経常収支の概念を理解しておく必要がある。12章では，これらの基本的な概念について述べる。13章では賃金・物価の伸縮的な調整によって完全雇用が達成される状況を設定し，**ヒューム** (David Hume, 1711–76) の**価格・正貨の流出入メカニズム** (price specie mechanism) を通じて経常収支の不均衡が自動的に実現する古典派のマクロ経済モデルを概観する。14章では，現代の国際金融問題を考えるにあたって避けて通れない**為替レートの決定要因**をめぐるこれまでの学説を展望する。15章では賃金・物価の硬直性による不完

---

[4] 国際貿易理論については，伊藤・大山 (1985) に補完的，あるいは代替的な解説がある。国際金融理論については，河合 (1994) が高度で包括的なテキストだ。初級者向けには藤原・小川・地主 (2001) が良い。

全雇用を前提とする現代の国際マクロ経済モデルを説明し，マクロ経済政策の効果と経常収支の調整メカニズムを説明する。16章ではふたたび実物モデルにかえって地域的に限定された貿易政策の国際協調，すなわち関税同盟や自由貿易協定の理論を解説する。最後に17章では，**国際政策協調**の理論的意義について一般的に考察し，グローバルな多角的経済協力機構である**世界貿易機構 (WTO)** や**国際通貨基金 (IMF)** の理念をはじめとしてさまざまな地域経済協調のかたちについて見る。

演 習 問 題

1. 国際経済学でいう「国」とは何か。その概念を明確にすることによって国際経済学の研究対象として何が見えてくるか。
2. 国際経済学に関する下記①〜④の真偽を判定し，その根拠を説明しなさい。
   ① 国際貿易理論は，交易条件，貿易パターン，貿易利益など国際経済の実物的変数の決定を問題にする。
   ② 国際貿易理論は経常収支が均衡するような「長期」の状態を研究対象とする。
   ③ 国際金融理論の研究課題の一つは，経常収支の不均衡がいかに調整されるかという問題だ。
3. 経常収支の概念はどのように定義されるか。その不均衡は何を意味し，それが調整されることはなぜ必要で，またどのようにして行われるか。
4. 通貨制度とは何か。具体例として「円」について調べなさい。
5. 古典派の2分法とは何か。国際経済学の方法論として有効であるためには，どのような条件が必要か。

2
国際貿易の均衡

　国際貿易理論の目的は，財・サービスの国際経済取引の決定要因とその経済的意味を解明することである。現実の国際貿易は多数の諸国の間の多数の商品の取引からなる。さまざまな完成品・半製品・原材料，さらには生産用役などが多くの国境を越えて取引されている。しかし，多くのものを一度に取り上げることは困難である。観察される現象の枝葉をできるだけ切り捨て，関心ある重要な構造に目をこらすことが理論の方法である。国際貿易理論の伝統に従って，この方法を極限まで推し進め，世界が自国および外国 (自国以外の世界) という2つの国からなると仮定しよう。そしてさらに，この2国が財1 (たとえば機械) および財2 (たとえば食料) という2つの財を生産し，消費しているとしよう。これは**2国2財の仮定**と呼ばれ，国際貿易の理論的な研究に最小限度必要な数の国と財を考慮するものだ。この2国2財の仮定のもとで，自由貿易均衡の概念を明確にしよう。

2.1　国際貿易モデルの仮定

　前章で述べたように，国際貿易理論は**経常収支**がバランスする**長期均衡**状態に焦点をしぼる。簡単化のため，ここではさらにいくつかの仮定をおこう。各国経済の基本構造，すなわち利用可能な生産技術，**生産要素**の供給量，**消費者の選好**などは与えられているとする。また，生産要素はすべて完全に利用され，失業や遊休は生じないとする。このような**静態的経済**では，消費者

2.1 国際貿易モデルの仮定

は長期的に所得をすべて消費に支出し，まったく貯蓄しない**定常状態**にいたる。そこでは，各国の経常収支も当然バランスし，**対外資産**は時間を通じて一定に保たれる。各国の対外純資産はゼロであるとしよう。

以上の仮定のもとでは，これから明らかにするように，**貨幣**が存在しても価値尺度と支払い手段としての機能しか持たず，実物経済を覆うベールのようなものとなる。そこで個別経済主体にとって重要な意味を持つのは，貨幣で表示された貨幣価格，あるいは一般に何らかの計算単位で表示された**絶対価格** (absolute prices) ではなく，絶対価格の比率として認識される**相対価格** (relative prices) だ。生産者は，生産のための物理的素材として貨幣を必要とするわけではなく，たんに売上げや費用の計算の基準として，また生産要素への報酬支払いの手段として貨幣を用いているにすぎない。消費者もまた，欲望充足に直接役立つ対象として貨幣をもとめるわけではなく，たんに所得や支出の計算の基準として，また生産者への対価支払いの手段として貨幣を用いているにすぎないと考えよう。つまり，誰も生産工程に貨幣を投入したり，消費のために貨幣を退蔵したりするものはなく，貨幣は生産者から消費者へ，そして消費者から生産者へと，途中で損耗したり滞留することなくただ循環している。したがって，個別主体が手にする貨幣量と諸財の貨幣価格をともに 2 倍にしても 2 分の 1 にしても，主体の行動には何の影響も与えないと考えられる。個別主体が反応するのは，貨幣価格の (比例的) 変化に対してではなく，相対価格の変化に対してである。

本章では，さらに 3 つの大きな仮定をおく。第 1 に，各国の市場では**完全競争** (perfect competition) が行われるものとする。詳しくいえば，生産者も消費者も市場価格を所与として，すなわち**価格受容者** (price taker) として，それぞれの制約条件のもとで利潤を最大にするように，あるいは消費から得られる効用を最大にするように行動するとする。これは分析と説明を思い切って単純化するためである。完全競争の仮定はしばしば非現実的であるとして批判されるが，必ずしも分析結果を大きく歪めるものではない。5 章で見るように，生産者が**価格調整者** (price setter) として行動する不完全競争市場を想定しても，**自由参入** (free entry) を通じて利潤がゼロになる「長期」の均衡では，完全競争の仮定のもとで得られる多くの重要な結論が依然として

ほぼ妥当することを示すことができる。国際貿易理論が主として関心を寄せるのはこのような長期の均衡である。第 2 に，各国の生産者も消費者も市場を媒介せず，直接他の主体に影響を及ぼすことはない，すなわち**外部経済**や**外部不経済**を生み出すことはないとする。この仮定は，**保護貿易政策**を論じる 10 章では修正される。第 3 に，各財は国内ではもちろん，国際的にも何らの費用もかけずに自由に移動する。これに対して，生産要素は国内では産業間を自由に移動するが，国際的にはまったく移動しないとする。生産要素，特に資本が国際的に移動しないという仮定はかならずしも国際経済の現実を反映するものとはいえず，国際投資を考える 8 章ではゆるめられる。

2.2 生産フロンティアと生産の均衡

自国で一定期間に利用できる生産要素の総量と各財の生産技術が与えられているとすれば，最大限生産可能なさまざまな財 1，財 2 の数量の組合せが決まってくる。図 2.1 の縦軸，横軸には財 1，財 2 の生産量 Q_1, Q_2 がとられている。曲線 Tt は，自国で最大限生産可能な生産量の組合せの軌跡であり，**生産フロンティア** (production frontier) と呼ばれる[1]。生産フロンティアは

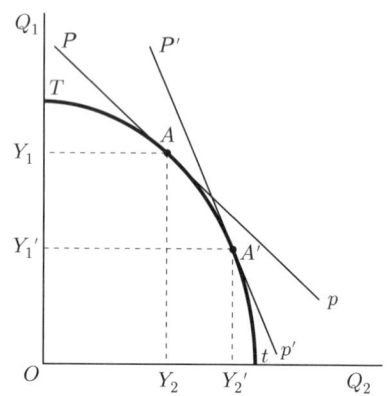

図 2.1 生産フロンティアと生産の均衡点

---

[1] 生産可能性フロンティアあるいは変形曲線とも呼ばれる。Krugman-Wellls (2005) chap 2 (邦訳第 2 章 1.1 節) 参照。

2.2 生産フロンティアと生産の均衡

原点に対して右下がりで，各財の生産に主として用いられる生産要素が異なる場合には，凹の形になると考えられる。

すべての生産要素を完全に利用しながら，財 2 の生産を増やし財 1 の生産を減らしていくものとしよう。この過程で，財 2 の生産に主として用いられる生産要素はだんだん品薄になり，財 1 の生産に主として用いられる生産要素は余ってくる。そのため，財 1 の生産 1 単位を犠牲にすることによって得られる財 2 の追加的生産量は徐々に少なくなっていく。生産フロンティアが原点に対して凹の形になると考えられるのはそのためだ。しかし，いつでもそうなるとは限らない。後の章で見るように直線となる場合や原点に対して凸となる場合もある。本章では，標準的，典型的なケースとして，とりあえず生産フロンティアが凹の形になる場合について論じる。

各財の生産者は市場価格を所与として，利潤を最大にするように生産量を決めるものとしよう。このとき，生産は曲線 Tt の上のどの点で行われるだろうか。財 2 の財 1 に対する相対価格 p が国際市場で与えられているとしよう。ただし，財 1，財 2 の貨幣価格をそれぞれ p_1, p_2 で表すとき，$p = p_2/p_1$ と定義される。財 1，財 2 の数量を縦軸，横軸にとった平面上で p に等しい勾配をもつ直線 (価格線) 群を考えよう。1 つの価格線上のどの点でも与えられた価格で測った経済全体の総生産額は一定であり，より上位にある価格線ほどより高い生産額に対応している。企業が利潤を最大にするように生産量を決定するとすれば，経済全体の総利潤，したがってそれに生産要素への所与の支払いを加えた経済全体の総生産額が生産フロンティアの上で最大になるような点が長期的には実現される。つまり，生産は価格線のひとつ Pp と生産フロンティア Tt との接点 A で行われるようになると考えてよい。この点は，生産者の主体的均衡が実現しているという意味で，**生産の均衡点**とよばれる。そこでの財 1，財 2 の生産量 Y_1, Y_2 は所与の価格に対する供給量とよばれる。

市場で価格が変化すると，価格線の勾配が変わり，それにともなって生産の均衡点も変化する。図 2.2 の曲線 $S_1 s_1$ は，さまざまな相対価格 p の値に対応する財 2 の供給量を示したもので，財 2 の**供給曲線** (supply curve) とよばれる。p があまりに低ければ財 2 は供給されないが，p が高くなるにつれ

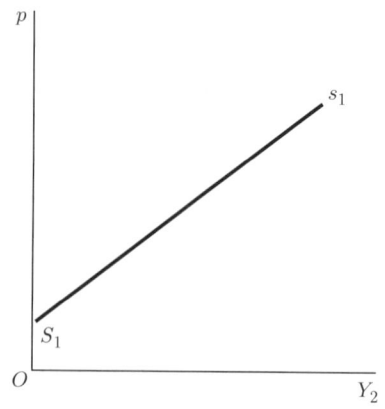

図 2.2 財 2 の供給曲線

てやがて供給が始まり，しだいに増大していく．しかし，すべての必要な生産要素が財 2 の生産に用いられるまでである．その後は p がさらに上昇してもそれ以上財 2 の生産を増やすことはできない．図 2.1 から明らかなように，財 2 の供給量が決まるとき財 1 の供給量も同時に決まる．したがって，ここには描かれていないが，財 1 の供給曲線の裏側の関係として財 2 の供給曲線 (財 2 の供給量とその相対価格との関係を示す曲線) も同時に決まることに注意しよう．

2.3 社会的無差別曲線と消費の均衡

市場で財 2 の相対価格 p が与えられ，それに応じて最大の総価値をもつ生産が行われるものとしよう．売上げの一部は生産要素への報酬支払いにあてられ，他は利潤となるわけだが，結局はそのすべてがなんらかの形で消費者の所得になると考えてよい．ここでは価格 p に対応してすべての消費者の所得がそれぞれの水準に定まると考えよう．

こうして与えられた価格と所得のもとで，各消費者はそれぞれの効用 (欲望充足の水準) を最大にするように両財の需要量を決定する．消費者の嗜好がこの決定の重要な要因となる．分析を明確にするために，自国全体の消費

2.3 社会的無差別曲線と消費の均衡

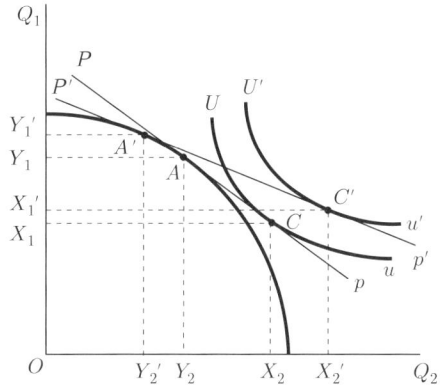

図 2.3 社会的無差別曲線と消費の均衡点

選好が一組の消費無差別曲線[2]群 (consumption indifference curves) によって表され，あたかも一人の巨大な消費者 (代表的消費者) の選好であるかのように見なせると仮定しよう。これは**社会的無差別曲線** (social indifference curves) の仮定とよばれる。詳しいことは章末 2.7 節にゆずるが，この仮定は，一国のすべての消費者が同一の特別な選好をもっている場合にはみたされる。

図 2.3 で，価格 p が与えられると，**代表的消費者**が消費できる 2 財の組合せは，生産の均衡点を通り，$-p$ の勾配をもつ直線 Pp によって示される。これは価格 p のもとでの等費用線，あるいは**予算線**とよばれる。効用の最大化を目指す消費者は，予算線 Pp が**消費無差別曲線**のひとつ Uu と接する点 C で需要量を決定すると考えられる。C 点を**消費の均衡点**とよぶ。そこでの財 1，財 2 の消費量 X_1, X_2 は所与の価格に対する**需要量**とよばれる。与えられた相対価格 p のもとで，自国の財 2 の需要量 X_2 は供給量 Y_2 よりも大きくなっている。この価格のもとでは自国は財 2 を輸入し，財 1 を輸出する。

市場で価格が変化すると，予算線の切片と勾配がともに変わり，消費の均衡点も当然変化する。図 2.4 の曲線 $D_2 d_2$ は，さまざまな p の値に対応する財 2 の需要量を示したもので，財 2 の**需要曲線** (demand curve) とよばれる。財

---

[2] 消費者の効用を一定水準に保つような 2 財の消費量の組み合わせの軌跡。Krugman-Wells (2005) chap 11 (邦訳第 11 章 1.1 節) 参照。

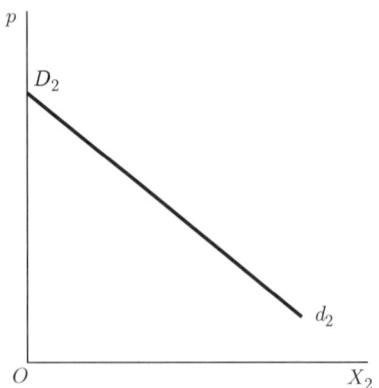

図 2.4　財 2 の需要曲線

2 の相対価格 p が上昇するとき，その需要は通常減少すると考えられる．この関係は**需要法則** (law of demand) とよばれるもので，実質所得 (社会的無差別曲線の水準によって示される) が変わらなければなりたつと考えられる．このとき，p の上昇は同一の無差別曲線上で財 1 による財 2 の消費の代替をうながすからだ．これは需要理論で価格変化の**代替効果** (substitution effect) とよばれる．

しかし，p の上昇は一般に実質所得 (到達可能な無差別曲線の水準) も変化させ，そのことを通じても需要に影響する．これは価格変化の**所得効果** (income effect) とよばれる．たとえば財 2 が自国の輸入財であるような場合には，p の上昇は実質所得の減少をもたらし，財 2 の消費の減少をうながすと考えられる．この場合，代替効果も所得効果も需要を減らすように働くから，需要法則はみたされる．しかし，財 2 が輸出財であるような場合には，p の上昇は実質所得の増加を意味するので，代替効果と所得効果が逆方向にはたらき，需要法則が成立しなくなる可能性がある．図 2.4 では需要法則がみたされるものと仮定して，$D_2 d_2$ は右下がりに描かれている．財 1 の需要曲線も同様に考えることができる．

2.4 貿易利益 (gains from trade)

　自国が国際市場で与えられた相対価格 p のもとで貿易すると，貿易しない場合にくらべて何か利益が得られるだろうか．社会的無差別曲線を仮定すればこの問題に対する答は自明だ．図 2.3 に示したように，貿易する場合の消費の均衡点 C を通る無差別曲線はしない場合の均衡点 A よりも高い位置にあるからだ．しかし，アメリカの経済学者**サミュエルソン** (Paul A. Samuelson, 1915–2009) が示したように，社会的無差別曲線を想定しなくても貿易後の価格で評価した均衡消費量の価値額が貿易前の均衡消費量の価値額を上回ることから貿易利益の存在を推論することができる．

　図 2.5 で貿易前の生産・消費の均衡点は A とする．このとき，貿易前の均衡相対価格は $P_A p_A$ の傾きで表わされる．自由貿易相対価格 $P_F p_F$ のもとでは，貿易後の生産均衡点は B，消費均衡点は C で表わされ，国際貿易はベクトル BC となる．貿易後の消費フロンティア $P_F p_F$ は貿易前の生産 (消費) フロンティア Tt よりも全面的に東北方にある．このことから，貿易する場合には貿易しない場合よりもすべての人々が高い予算の配分を受けられ，より多くの消費を享受できる．実際，経済全体として貿易後の均衡点 C での消費額が貿易前の均衡点 A での消費額を上回るから，個別の消費者の貿易後の均

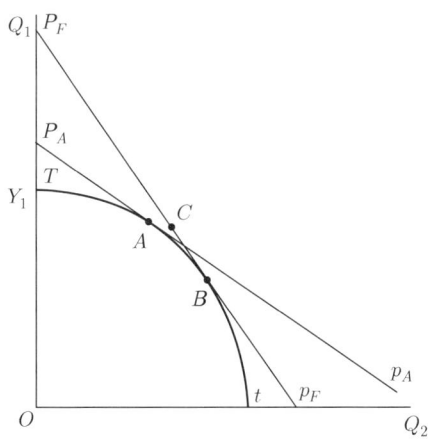

図 2.5　自由貿易の利益

衡消費額が貿易前のそれを上回るように所得を再分配できるはずだ[3]。こうして，すべての消費者が貿易によって利益を受けることわかる。この方法の利点は，最も一般的なモデルに拡張適用できることだ。財の数は 2 に限定する必要はなくいくら多くてもよい。財の性質も最終消費財だけでなく，中間財や生産要素であってもよく，貿易財でも非貿易財でもかまわない。また，この国の人々は代表的消費者のような特定のタイプの者にまとめられると仮定することもできるが，そのような集計 (aggregation) による効用比較が許されない個々ばらばらの存在であるとしてもよい[4]。

財 2 の相対価格 p は，自国の輸出財 (財 1) 1 単位当たりに輸入できる輸入財 (財 2) の数量を表している。だから，p が大きければ大きいほど，国際貿易は自国にとって不利になると考えられる。一般に，自国の輸出財の輸入財に対する相対価格 $1/p$ は自国の**交易条件** (terms of trade) とよばれることがある。その値が高くなることを自国にとって交易条件が有利化する (もしくは改善する) といい，低くなることを不利化 (悪化する) するという。

2.5 自国・外国の同時一般均衡

これまで，もっぱら自国について財の需給や貿易利益がどう決まるかをみてきたが，外国についても同様に各財の供給曲線や需要曲線を求めることができる。図 2.6(a), (b) は，それぞれ自国，外国の財 2 に対する需給曲線を示したものである。外国の場合，自国とはやや異なる記号を用いている。すなわち，縦軸には外国の相対価格 p^* をとり，横軸には外国の財 2 の需給量 X_2^*, Y_2^* をとっている。このように，外国の変数を表すため，今後記号に星印 (*) を付して区別することにする。

まず自国の図 2.6(a) を見ると，曲線 S_2s_2 と D_2d_2 との交点 E は，外国との貿易がない場合の均衡を表している。これは**貿易前** (pre-trade) **の均衡**，あ

---

[3] Samuelson (1939) 参照。

[4] その後貿易利益の検証はさまざまな形で行われてきた。完全競争を仮定した一般均衡モデルによる分析については Kemp (1969, chap.12), Ohyama (1972) などがサミュエルソンの証明を一般化した。下村 (2001) は不完全競争の下での貿易利益の研究を展望・解説した。

2.5 自国・外国の同時一般均衡

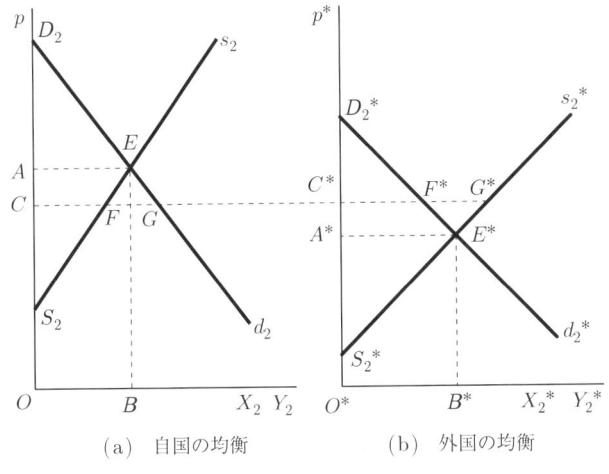

図 2.6 二国の同時均衡

るいは**孤立状態** (autarky) **の均衡**とよばれる。E 点の縦座標 OA が示す価格のもとで、自国の財 2 の需給は一致し、横座標 OB が示す値になっている。OA は自国の貿易前の均衡価格である。図 2.6(b) では、外国の貿易前の均衡が供給曲線 $S_2^* s_2^*$ と需要曲線 $D_2^* d_2^*$ との交点 E^* で示されている。E^* 点の縦座標 $O^* A^*$ が示す価格のもとで、外国の需給は一致し、横座標 $O^* B^*$ が示す値をとる。外国の貿易前の均衡価格は $O^* A^*$ である。ここでは、自国の貿易前の均衡価格は外国のそれよりも高い水準にあると想定されている。

自国と外国との間に貿易が始まると、輸送費がかからないとすれば、**一物一価の法則** (law of one price) によって自国市場の価格 p と外国市場の価格 p^* は均等化する。このとき、両国を合わせた世界全体としての均衡はどのように表すことができるだろうか。貿易が行われない場合、自国の財 2 の均衡価格は外国のそれより高いから、貿易が始まれば、自国は財 2 を輸入し、外国はそれを輸出すると考えられる。実際、OA と $O^* A^*$ の中間に、世界の財 2 の需給を一致させるような価格が存在する。財 2 の相対価格が OC ($= O^* C^*$) の水準にあるとき、自国は FG で示される超過需要 (需要の供給に対する超過分) を持ち、外国は $F^* G^*$ で示される超過供給 (供給の需要に対する超過分) を持つ。FG と $F^* G^*$ は等しい長さに描かれているから、価格 OC のもとで、自国

の超過需要が外国の超過供給によって過不足なく相殺されていることがわかる。すなわち，自国は FG 量の財 2 を輸入し，外国は $F^*G^*\,(=FG)$ 量の財 2 を輸出するわけである。価格 OC は**自由貿易均衡** (free trade equilibrium) 価格である。

これまで，財 2 の需給の均衡だけに注目してきた。それはすべての市場が同時に均衡するとする**一般均衡理論**はスイスの経済学者ワルラス (Leon Walras, 1842–1924) によって創始され，最も一般的な市場経済モデルとして広く用いられてきた。実は，図 2.6 のモデルも簡単ではあるが，関連するすべての情報を集約する一般均衡モデルの特殊ケースである。市場で相対価格が与えられると，それに応じて各国の両財の需給が確定し，その交換比率にもとづいて貿易が行われる。自国がある量の財 2 を輸入するためには，それに見合う量の財 1 を輸出しなければならない。事実上，世界市場は財 1 と財 2 が所与の相対価格のもとで取り引きされる物々交換の場であり，財 2 の需給の一致は同時に財 1 の需給の一致を意味しているのだ。

このことを厳密に示すために，各消費者の支出がその所得に等しくなければならないという**予算制約**に注目しよう。この制約によって，所与の価格のもとですべての消費者の支出の合計はその所得の合計，すなわち生産の総価値に等しくなければならない。自国についてこれを記号で示すと，

$$X_1 + pX_2 = Y_1 + pY_2 \tag{2.1}$$

と書ける。外国については，

$$X_1{}^* + p^*X_2{}^* = Y_1{}^* + p^*Y_2{}^* \tag{2.2}$$

となる。どちらの式も，左辺は財 1 を価値標準として測った総支出を表し，右辺は同様に測った総所得 (生産の総価値) を表している。これらはそれぞれ自国および外国の**予算制約条件**とよばれる。両式を移項して書きなおすと，

$$X_2 - Y_2 = \frac{1}{p}(Y_1 - X_1) \tag{2.3}$$

$$Y_2{}^* - X_2{}^* = \frac{1}{p^*}(X_1{}^* - Y_1{}^*) \tag{2.4}$$

となる。図 2.5 に示すように，両国に共通の価格 $p = p^* = OT$ のもとで，自国の財 2 の超過需要が外国の超過供給によって相殺されるとすれば，式 (2.3)

の左辺と式 (2.4) の左辺は等しい値であり，したがって両式の右辺も等しくなければならない。すなわち，

$$X_2 - Y_2 = Y_2^* - X_2^* \tag{2.5}$$

であるときには，同時に

$$Y_1 - X_1 = X_1^* - Y_1^* \tag{2.6}$$

となっていなければならない。式 (2.6) は，自国の財 1 の超過供給が外国の超過需要によって相殺されていることを示している。自国は財 1 を輸出し，外国はそれを輸入して，全体として財 1 の需給はバランスするのだ。

2.6　部分均衡モデルと余剰分析

このように，財 2 の市場に焦点をしぼるということは決して財 1 の市場を無視するということではない。現在の実物モデルでは，財 2 の需給が均衡することは財 1 の需給が均衡することと事実上同義になるのである。ここで，さらに一歩を進めて，財 2 の市場の考察から自由貿易が経済厚生に及ぼす効果を考えてみたい。そのためには，イギリスの経済学者**マーシャル** (Alfred Marshall, 1842–1924) が広めた**部分均衡モデル**による**余剰分析**を用いるのが便利である。マーシャルにしたがって貨幣 (ここでは財 1) の限界効用が一定であるという追加的な仮定をおこう (マーシャル型効用関数の仮定)。この仮定を加えたモデルはこれまで論じてきた一般均衡モデルの特殊ケースであり，部分均衡モデルとよばれる。この仮定のもとで，財 2 の市場だけに焦点をしぼりながら，経済全体の厚生について論じることができる[5]。

ふたたび，図 2.6(a) に注目しよう。貿易前の均衡では，財 2 の需給は価格 OA のもとで OB の水準にある。消費者は財 2 を購入するために長方形 $OAEB$ の面積に相当する貨幣 (財 1) を支払っている。財 1 の限界効用が一定であるとすれば，これは $OAEB$ の面積に等しい効用を犠牲にしていると解釈できる。他方，消費者が財 2 の消費から得る限界効用は需要曲線 D_2d_2

---

[5]　くわしくは大山道広「マーシャル型効用関数と社会的無差別曲線」，『三田学会雑誌』92巻 3 号，87–103 を参照。

の高さによって示される。たとえば，何も消費していないときの限界効用は OD_2 に，OB だけ消費しているときの限界効用は BE に等しい。したがって，OB だけ消費しているときの総効用は需要曲線の区間 OB での積分，すなわち台形 OD_2EB の面積に等しい。つまり，消費者は OD_2EB の効用を得るために $OAEB$ の効用を犠牲にしているといえる。その差である三角形 AD_2E の面積が消費者がこの財の消費から直接獲得する利得になる。これは**マーシャルの三角形**，その面積は**消費者余剰** (consumer's surplus) とよばれる。

自国の消費者は財 2 の消費だけでなく，その生産からも利益を得ている。財 2 を OB だけ生産・販売することにより，生産者は $OAEB$ の面積に等しい総収入を得ている。これは生産要素や経営資源の所有者である消費者に要素所得ないし利潤所得として還元される。そのためにどれだけの費用がかかっているだろうか。任意の生産量に対応する社会的限界費用は供給曲線 S_2s_2 の高さによって測られる。したがって，固定費用を無視すれば，社会的総費用は台形 OS_2EB の面積で示される。総収入と総費用との差，三角形 S_2AE は**生産者余剰** (producer's surplus) とよばれる。政府の課税・補助金，外部経済・不経済を捨象した現在のモデルでは，自国の消費者が財 2 の生産，消費から得る最終的な利益は消費者余剰と生産者余剰の和，すなわち三角形 D_2ES_2 の面積となる。この場合，それは自国の**経済厚生** (economic welfare) の指標になるという意味で**社会的余剰** (social surplus) とよばれる。後に見るように，外部経済・不経済，政府の課税・補助金などが存在する場合には，社会的余剰の概念は消費者余剰，生産者余剰だけでなく，この財の生産・消費に関わる外部経済・不経済や課税・補助金を考慮して拡張される。

外国との貿易によって，自国の社会的余剰はどのように変化するだろうか。自由貿易均衡では，自国が財 2 を CG だけ消費し，CF だけ生産している。貿易前にくらべて，消費者余剰は CD_2G に増加し，生産者余剰は S_2CF に減少するが，社会的余剰は差し引きで三角形 EFG だけ増加する。これが自国の**貿易利益**を表している。外国にも同様な分析を適用することができる。国際貿易によって，外国では生産者余剰が $S_2^*A^*E^*$ から $S_2^*C^*G^*$ に増加し，消費者余剰は $A^*D_2^*E^*$ から $C^*D_2^*F^*$ に減少する。このとき，外国の社会

的余剰は差し引きで $E^*F^*G^*$ の面積だけ増加する。

2.7 代表的消費者と社会的無差別曲線 +

代表的消費者 (representative consumer)，あるいは社会的無差別曲線 (social indifference curve) の仮定は，次のような場合に妥当することが知られている。

(a) **すべての消費者が同一で相似的 (homothetic) な消費無差別曲線を持つ。**原点から出る任意の半直線上ですべての無差別曲線が等しい勾配を持つ場合，それらは互いに相似的であるといわれる。このとき，消費者が市場で直面する2財の相対価格が与えられれば消費の均衡点は無差別曲線が相対価格に等しい勾配をもつ点に決まり，エンゲル曲線 (所得・消費曲線) は原点から出る半直線となる。つまり，消費者の均衡消費比率は所得水準から独立に相対価格だけに依存して一定となる。このような効用関数の具体例としては**コブ・ダグラス型の関数** (Cobb-Douglas function)，すなわち効用を u，財1，財2の消費量を X_1, X_2 として

$$u = X_1^\alpha X_2^{1-\alpha} \quad (0 < \alpha < 1) \tag{2.7}$$

という形のものが知られている。多数の消費者が存在する社会で，すべての消費者が同一の相似的な無差別曲線をもつとすれば，個々の消費者の均衡消費比率は相互に等しく，それらは社会全体の均衡消費比率となる。

(b) **すべての消費者にとって貨幣 (ここではたとえば財 1) の限界効用が一定で，他の財 (財 2) の限界効用が正で逓減する。**これは**マーシャル型の効用関数** (Marshallian utility function)，あるいは**準線形効用関数** (quasi-linear function) とよばれる。この場合，消費者 i の効用関数は

$$u_i = X_{1i} + v_i(X_{i2}), \qquad v' > 0, \quad v'' < 0 \tag{2.8}$$

と表される。財2の相対価格 p が市場で与えられると，消費者 i の財2に対する需要量 X_{i2} は

$$p = v_i'(X_{i2}) \tag{2.9}$$

をみたすように決まる。これは**マーシャル型の逆需要関数** (inverse demand

function) とよばれるものだ。つまり，財 2 の需要量 X_{i2} は相対価格 p だけに依存する。すべての消費者がこの形の効用関数をもつとすれば，社会全体の需要関数も明らかに p だけに依存する。このようにして得られる社会全体の需要関数はあたかもただ一人の代表的消費者の効用最大化行動から導かれるかのように考えることができる。それは代表的消費者の効用関数であり，対応する消費無差別曲線は社会的無差別別曲線にほかならない。

上記 2 つのケースはいかにも特殊な事例で，一般性を欠くだけでなく「非現実的」と思われるかもしれない。しかし，あらゆる理論は限定的なものであり，完全に一般的，「現実的」な理論はありえない。特殊に見える眼鏡 (理論) でも研究対象をのぞき見て明確に理解する助けになるならば，何も見えない眼鏡 (混沌) よりもよりはいくらかましだろう。代表的消費者，ひいては社会的無差別曲線の仮定は経済学の多くの分野で用いられている。それは世界のすべてを見渡すためではなく，ほんの一隅を正確に照らすためのものなのだ。本書では，代表的消費者や社会的無差別曲線を躊躇なく用いていくつもりだ。

2.8 需要法則について $^+$

2.3 節では各財の需要量と相対価格との関係について直観的な説明をしたが，代表的消費者の仮定のもとでは，支出最小化 (効用最大化) の観点からもっと厳密に分析することができる[6]。ここでは自国の需要関数についてのみのべる。

代表的消費者の効用関数を $u(X_1, X_2)$ を全微分して，支出最小化のの条件 $p = u_1/u_2$ を考慮すると，

$$du/u_1 = dX_1 + pdX_2 \tag{2.10}$$

という関係が得られる。ただし，$u_i = \partial u/\partial X_i (i=1,2)$ で正の値をとると仮定する。予算制約条件の式 (2.1) を用いると，(2.10) は

---

[6] この方法と応用ついては，Jones (1967), chap.12, Dixit and Norman (1980), chap.2 などを参照。

と書き直される。ここで生産技術，資源賦存を所与とすれば生産の均衡条件から $dY_1 + pdY_2 = 0$ とおけるので，消費者の実質所得の変化 (財 1 の単位で測った効用の変化) を dy，財 2 の超過需要を $E_2 = X_2 - Y_2$ で表わすと，式 (2.11) は

$$dy = -E_2 dp \qquad (2.12)$$

となる。これは，実質所得の増加が自国の交易条件の有利化 (財 2 の相対価格の低下) によってもたらされることを意味している。財 2 の需要関数が実質所得と相対価格に依存するものとして

$$X_2 = D_2(y, p) \qquad (2.13)$$

と書くことにしよう。これを p について微分し，(2.12) を用いると

$$\frac{dX_2}{dp} = \frac{\partial D_2}{\partial p} + \frac{\partial D_2}{\partial y}\frac{dy}{dp} = -\frac{X_2}{p}\delta_2 - m_2\frac{E_2}{p} \qquad (2.14)$$

を得る。ただし，$\delta_2 \equiv -\frac{p}{X_2} \cdot \frac{\partial X_2}{\partial p}$ は消費者の効用が一定に保たれるときの需要の価格弾力性で，代替効果によってつねに正の値をとる。また，$m_2 \equiv p\frac{\partial D_2}{\partial y}$ は財 2 の限界支出性向を表わし，通常正の値をとる。式 (2.14) から，均衡で $E_2 > 0$ (自国で財 2 の輸入量が正) のときには財 2 の需要量は相対価格 p の減少関数となり需要法則がみたされるが，$E_2 < 0$ のときにはその限りでないことがわかる。財 1 の需要関数についても同様な分析ができる。

演習問題

1. 生産フロンティアは原点に対して凹の形になるとはかぎらない。ほかにどのような可能性があるか描き出してみなさい。それぞれの場合に生産の均衡点はどのように表されるか。
2. 自由貿易均衡の相対価格は，貿易前の各国の均衡相対価格の中間の値になると考えられる。図 2.6 によってこのことを説明しなさい。
3. 図 2.6 は財 2 の市場均衡だけに注目しているように見えるが，実際には一般均衡モデルを示している。そのことを説明すると同時に，これにマーシャル流の余剰分析を適用するには「貨幣 (財 1) の限界効用が一定」という追加的な仮定が必要になることを示しなさい。

4. 財 2 に対する世界全体としての需要曲線と供給曲線の概念を使って自由貿易均衡を図示しなさい。世界全体としての需要曲線が需要法則にしたがわない場合，複数の均衡が生じる可能性がある (7 章参照)。そのようなケースを例示し，需要曲線が右下がりにならない原因を説明しなさい。

5. 一般均衡モデルの創始者ワルラスは，すべての財の超過需要額の和がゼロに等しくなるという**ワルラス法則**によって，財の数よりも 1 つ少ない均衡相対価格がそれと同数の需給均衡式で決定されると論じた。2.4 節の自由貿易均衡のモデルでワルラス法則の根拠はどこにあるのか，またこの法則のもとで均衡相対価格が財 2 の需給均衡式だけで決定されるのはなぜかを説明しなさい。

3
国際分業と労働生産性

　現代の国際貿易は複雑・多岐にわたっている。日本は自動車を輸出しているが，同時に輸入もしている。また，食料を輸入しているが，同時に輸出もしている。このように，同一の産業で輸出も輸入も行われる現象は**産業内貿易** (intra-industry trade) とよばれている。この場合，**産業内分業**が行われているともいわれる。これに対して，ある産業の生産物が輸出され他の産業の生産物が輸入される場合，**産業間貿易** (inter-industry trade) が行われているといわれる。上記の例で言えば，日本の自動車の輸出額は輸入額を大きく上回っている。また，食料の輸入額は輸出額よりもはるかに大きい。これは，日本がネットで自動車を輸出し，ネットで食料を輸入しているということだ。日本は自動車産業に特化しているといわれ，外国 (日本以外の世界) は食料産業に特化しているといわれる。日本と外国との間で自動車，食料について**産業間分業**が行われているのだ。

　現代の貿易の重要な特徴のひとつは，この産業間貿易，産業内貿易がいずれもさかんに行われていることだ。本章では，まず産業間貿易の動向を概観する。それに続いて，産業間貿易の基本理論である比較優位の原理を最も単純なケースについて詳しく説明する。これは，イギリスの古典派経済学者，リカード (David Ricardo, 1772–1823)，トレンズ (Robert Torrens, 1780–1864)，ミル (John. Stuart Mill, 1806–73) などが論じたもので，**労働**だけが唯一の希少な生産要素と見なされるケースである。

　労働以外に，**資本**，**土地**など複数の生産要素が存在する場合に生じる固有

の問題については4章でとりあげる。産業内貿易の理論については5, 6章で考察する。

3.1 比較優位原理

産業間貿易は，各国が異なる産業に特化し，その分業の成果を交換することにほかならない。しかし，それはどのようにして可能なのだろうか。また，それにはどのような経済的意義があるのだろうか。この問題は，現代経済学の祖とされる**アダム・スミス**以来，多くのすぐれた経済学者によって考察されてきた経済学の基本問題の一つである。その中で国々の間で行われる国際分業，各国がどの財を輸出し別のど財を輸入するかを説明する最も重要な原理は**比較優位** (comparative advantage) の理論によって与えられる。

比較優位の理論は一般に国際貿易の理論として解釈され評価されているが，むしろ現代の経済社会を支える分業と交換の理論としていっそう普遍的な重要性を持っている。その主張を端的にのべると，各国 (あるいは各個人) は他国 (あるいは他人) にくらべて相対的に低コストで供給できる財・サービスに特化し，それぞれの生産物を交換することによって利益をあげることができる，また実際にも市場メカニズムを通じてそのような分業と交換が実現されるというものだ。

この場合，各国 (ないし各人) は特化すべき財・サービスの生産について必ずしも**絶対的優位** (absolute advantage) にある必要はない。たとえば，ある国があらゆる分野で他国より生産性が絶対的に低かったとしても，国際貿易をあきらめ自給自足した方がよいということにはならない。他国にくらべて相対的に低コストでできるものがあれば，その生産を増やして輸出し，代わりに割高につくものを輸入することが得策である。なぜならそのような貿易を通じて自国で何もかも生産するときよりも多くの財・サービスを手に入れることができるからだ。この理論は明かに国々の間の国際分業だけでなく，人々の間の社会的分業にもあてはまるものだ。

3.2 リカードの数値例

この問題についてはじめて明確な考察を与えたのはリカードだが、トレンズの先駆的貢献を認める研究者もいる[1]。その理論は**比較生産費説** (principle of comparative cost) として有名である。特に、リカードは数値例を用いてそのエッセンスを明らかにしたことにより、この理論の最初の確立者と見なされている。

イギリスとポルトガルでラシャとワインが労働のみを用いて生産されるものとしよう。両国でこれらの財1単位の生産に必要な労働時間は次の通りだ。

	ラシャ	ワイン
イギリス	100	120
ポルトガル	90	80

この例では、イギリスの生産性はラシャ、ワインの両方でポルトガルよりも低い。このような場合、イギリスからポルトガルへ労働が移動する可能性があるが、ここでは何かの理由 (たとえば渡航費、政府規制等) で国際的な労働移動は行われないと仮定される。しかし、各国の国内では労働は異なる産業の間を自由に移動できるものとされる。

ラシャのワインに対する比較生産費はイギリスで5/6、ポルトガルで9/8だから、イギリスはポルトガルに対してラシャの生産で、またポルトガルはイギリスに対してワインの生産で比較優位にあるといえる。競争圧力のもとで両産業の企業利潤がゼロになるものとすれば、貿易が行われる以前 (貿易前) の状態では、イギリスでのラシャのワインに対する**相対価格** (交換比率) はその比較生産費5/6に等しく、ポルトガルの9/8より低くなる。そのため、貿易が始まるとイギリスはラシャをポルトガルに輸出し、ワインをポルトガルから輸入するようになると考えられる。ポルトガルについてはこれと逆の結果になる。

両国の間の貿易の結果として、ラシャのワインに対する相対価格はいかなる水準に決まり、それによって各国はいかなる利益を得るであろうか。貿易

---

[1] Ricardo (1817), 7章。Torrens (1808), (1815) など。Irwin (1996) 参照。

前に，イギリスの労働者は 100 時間働けばラシャ 1 単位かワイン 5/6 単位を獲得することができた。貿易が行われた後 (貿易後) の状態では，ラシャのワインに対する相対価格は両国で均等化し，5/6 と 9/8 の間の値，たとえば 1 に決まると考えられる。この場合，貿易後にイギリスでラシャの生産に従事する労働者は 100 時間働くことによりラシャ 1 単位かワイン 1 単位を買うことができるようになる。したがって，以前と同じだけ働き同じ量のラシャを消費しながら，以前よりも多くのワインを楽しむことが可能になる。同様に考えれば，ポルトガルの側にも貿易利益があることも理解されよう。

リカードの数値例では，イギリスとポルトガルの比較生産費が異なることが仮定されている。この差異は何によるものだろうか。その理由として，次のようなことが考えられる。まず，リカード自身が指摘しているように，両国の**気候風土**の違いがあげられよう。イギリスでワインの比較生産費がポルトガルより高くなるのは，主としてその気候風土がポルトガルにくらべてワインの生産には不向きであることによるものといえそうだ。しかし，一般に比較生産費の国際的差異をもたらす追加的な要因として少なくともつぎの 2 つの事柄を逸することはできない。ひとつは，両国で産業ごとに利用可能な**生産技術**が異なることだ。もうひとつは，両国の**産業組織**や**政府規制**の違いだ。リカードの時代はともかく，現代においてはこれらの要因は気候風土の差異よりもむしろ重要であるといえるかもしれない[2]。

3.3 リカード・ミルの貿易モデル

リカードの分析は 2 国 2 財の必要最小限の前提のもとで比較優位の原理を例解しているが，2 国の間で貿易が行われるときに 2 財の相対価格がどこに決まるかについて明確にしていない。この点の解明は，リカードに続くイギリス古典派の大家ミルによって与えられた。各国の輸出財の輸入財に対する相対価格は**交易条件**と呼ばれ，各国が貿易からどれほどの利益を得るかの指標として重要な概念だ。以下では，これまでより一般的な設定のもとで，

---

[2] Krugan-Wells (2005), chap 2 (邦訳 1.2, 1.3 節) に比較生産費説のていねいな解説がある。本節の参考教材としてすすめたい。

3.3 リカード・ミルの貿易モデル

リカードによって始められ，ミルによって完成されたモデルを説明しておきたい[3]。

イギリスとポルトガルという現実に存在する2国がラシャとワインを生産するという話はイギリスやポルトガルの人々にとっては親しみやすいかもしれない。しかし，当面の目的は特定の現実経済を説明することではなく，産業間貿易の一般原理を明確にすることである。そこで以下では，リカードの具体的な設例に別れを告げ，あえて国名や商品名を特定化せずに，自国と外国(自余の世界)という2つの国があり，1種類の均質な労働を用いて財1，財2という2つの財を生産するという設定に切り替えよう。まず，自国の状態について記述する。労働は国内で2つの産業の間を自由に移動し，労働賃金は産業間で均等化している。すべての市場で**完全競争**が行われている。完全競争の仮定は，次の2つのことを意味している。ひとつには，企業は財や労働の市場価格に対して何らの影響力もなく，それらを所与として行動するということである。これは**価格受容者**の仮定といわれる。もうひとつには，各産業に企業は自由に参入し，長期的には利潤がゼロになるということである。これは**自由参入**の仮定といわれる。

供給側の考察から始めよう。自国で財 i ($i=1,2$) を1単位生産するためには，一定量の労働 a_i が必要であるとする。財 i の貨幣価格を p_i，両産業に共通な貨幣賃金を w で表すと，自由参入のもとでは長期的に

$$a_i w \leq p_i \tag{3.1}$$

という不等式がなりたつと考えられる。ただし，各産業で生産が行われているかぎりこれらの式は等号でみたされなければならない。かりにある産業についてこの式が厳密な不等式となっているとすれば，そこでは単位当たりの費用が価格を上回り，損失が発生しているはずだ。そのような状態が長期的に続けば，その産業では生産ができなくなる。貿易前の自給自足の状態で両産業で生産が行われるとすれば，上式はどちらも等号でなりたつから，

$$\frac{p_1}{p_2} = \frac{a_1}{a_2} \tag{3.2}$$

---

[3] ミルの貢献については，Chipman (1965) が参考になる。池間 (1979) はリカード・ミルモデルに明快かつ詳細な幾何学的分析を与えている。

という関係が導かれる。これは，財の**相対価格** (relative price) がそれらの生産に必要な労働使用量の比率に等しくなるという**労働価値説** (labor theory of value) の関係を表している。

外国でも自国と同様な関係が成立する。外国の変数は，すべて右肩に星印 (∗) を付けて自国の変数と区別することにしよう。すると，式 (3.1) に対応して

$$a_i^* w^* \leq p_i^* \tag{3.3}$$

式 (3.2) に対応して

$$\frac{p_1^*}{p_2^*} = \frac{a_1^*}{a_2^*} \tag{3.4}$$

という関係を想定することができる。

ここで，自国の財 1 の財 2 に対する比較生産費は外国よりも低い，すなわち

$$\frac{a_1}{a_2} < \frac{a_1^*}{a_2^*} \tag{3.5}$$

と仮定しよう。このとき，自国は財 1 に，外国は財 2 に**比較優位**を持つといわれる。

自国で両財の生産はどのように決まるのか。財 i の総生産量を Y_i，自国の総労働量を L とすれば，両財の生産可能性は

$$a_1 Y_1 + a_2 Y_2 \leq L \tag{3.6}$$

によって制約される。この式は，両産業で使用される労働量の合計が自国で可能な総労働量を超えないという制約を表している。労働市場で**完全雇用**が成立するとき，この式は等号でみたされる。図 3.1 の直線 Tt はそのグラフで，所与の労働供給量のもとで最大限可能な両財の生産量の組合せを表している。これが現在のモデルでの生産フロンティアだ。三角形 OTt はすべての生産可能量の集合で，**生産可能集合** (production possibility set) と呼ばれる。完全競争のもとで生産者が利潤を最大にするように行動するとすれば，一国全体の生産は与えられた市場価格で評価して国民総生産を最大にするような点で行われる。財 1 の市場相対価格が点線 p' の勾配の絶対値に等しく与えられるときには生産点は T，点線 p'' のそれに等しく与えられるときには点 t と

3.3 リカード・ミルの貿易モデル

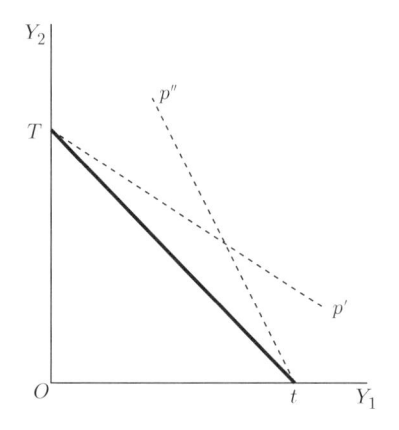

図 3.1 生産フロンティアと生産の均衡

なる．相対価格線が**生産フロンティア** Tt と一致するときには，生産は Tt 上の任意の点で需要に応じて行われる．外国についても同様な制約

$$a_1^* Y_1^* + a_2^* Y_2^* \leq L^* \tag{3.7}$$

があるものとする．

需要側については，**社会的無差別曲線**の存在を仮定する．2 章で説明したように，これは一国の消費選好が一組の消費無差別曲線群によって表され，あたかも一人の巨大な消費者 (代表的消費者) の選好であるかのように見なせるという仮定だ．ここでは，すべての消費者の効用関数が同一で，**相似的** (homothetic) である場合，たとえばすべての消費者が同一のコブ・ダグラス型の効用関数

$$u = X_1^{\alpha} X_2^{1-\alpha}, \qquad 0 < \alpha < 1 \tag{3.8}$$

を持っているような場合を考えよう．ただし，X_i は財 i の消費量，α は 0 と 1 の間の値をとる定数とする．この場合，消費者の無差別曲線は原点から出る任意の半直線上で等しい傾斜を持つ．両財の相対価格が一定であれば，消費者の効用を最大にするような両財の消費比率も一定となる．したがって，所与の相対価格のもとでの予算線と無差別曲線の接点の軌跡，すなわち**所得消費線 (エンゲル線)** は原点から出る直線となる．図 3.2 の曲線 U_1, U_2, U_3 はこの性質を持つ無差別曲線であり，原点から出る任意の直線，たとえば Oc

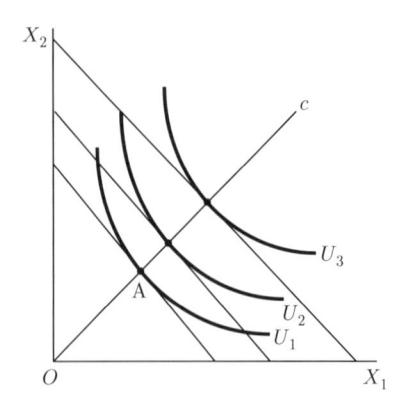

図 3.2　相似的な社会的無差別曲線

の上で等しい傾斜を持っている。

　図 3.2 は，自国が**自給自足** (autarky)，すなわち貿易前の状態にある場合の市場均衡を表している。市場で相対価格が生産フロンティアの勾配に等しく与えられるとき，代表的消費者の**予算線**は生産フロンティアと一致するから，消費の均衡点は社会的無差別曲線のひとつが生産フロンティアと接する点 A で示される。すでに指摘したように，この点はまた**生産の均衡点**でもある。つまり，点 A で市場の需要と供給が一致するといえる。外国の貿易前の均衡についても，全く同様に考え，同様な図を書くことができるが，ここでは省略する。

　次に，自由貿易のもとで 2 つの財の相対価格がどう決まるかを図解しよう。各国がそれぞれの比較優位財のみを生産する**完全特化** (complete specialization) のケースを考える。図 3.3 の三角形 OTt は自国の生産可能集合，O^*T^*t は外国の生産可能集合である。これらはたがいに逆さまに置かれている。Ot は，自国が財 1 に完全特化しているときの生産量，O^*t は外国が財 2 に完全特化しているときの生産量である。自国の消費量を原点 O から右上方にはかり，外国のそれを原点から左下方にはかるとき，ボックス OtO^*S 内の点は両国の消費可能量を表す。この図は**ボックスダイアグラム**とよばれることがある。両国の選好がまったく同一の相似的な社会的無差別曲線で表されるとき，ボックスダイアグラムの対角線 OO^* 上のすべての点で両国の無差別曲線は背中

3.3 リカード・ミルの貿易モデル

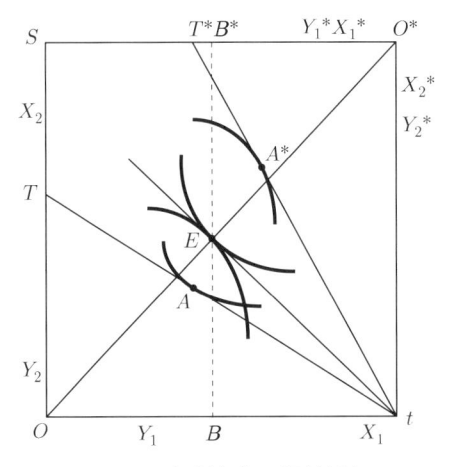

図 3.3 相対価格と相対賃金

合わせに接し,しかもその共通接線の勾配,すなわち限界代替率は同一の値をとる。自由貿易のもとでの均衡は,点 t を通りその限界代替率に等しい勾配を持つ直線が OO^* と交わる点 E によって示される。財 1 の均衡相対価格は直線 tE の勾配に等しくなる。自国は財 1 を OB だけ消費し,残りの Bt を輸出して,見返りに財 2 を BE だけ輸入し消費する。外国は財 1 を O^*B^* ($= Bt$) だけ輸入して消費し,財 2 を B^*E だけ消費して,残りの EB を輸出する。各国の輸出入量と交易条件を表す三角形 BEt は**貿易三角形**とよばれる。

この**自由貿易均衡**を貿易前の自給自足での均衡と比較してみよう。自国の貿易前の均衡は無差別曲線が生産フロンティア Tt と接する点 A で与えられる。点 E を通る自国の社会的無差別曲線は明らかに点 A を通るそれより上位にあり,自国の**経済厚生**が自由貿易によって高まることがわかる。同様に,点 E を通る外国の社会的無差別曲線は外国の自給自足の均衡点 A^* を通るそれより上位にある。これは外国もまた自由貿易によって利益を得ることを意味している。これは現在の簡単な一般均衡モデルで**貿易利益**の存在を例示するものだ[4]。いうまでもなく,それぞれの輸出財の相対価格が高ければ高いほ

---

[4] 貿易利益については 2 章でも説明した。そこで述べたように,もっと一般的なモデルで貿易利益の存在を証明することができる。

ど，すなわち交易条件が有利になればなるほど，各国の貿易利益はより大きくなる。貿易利益の指標として交易条件が重視されるのはそのためだ。

自由貿易均衡点 E の重要な特徴は，両国の社会的無差別曲線がたがいに接する点の軌跡 OO^* の上にあることだ。OO^* はたまたまボックスダイアグラムの対角線に一致するが，それは両国の無差別曲線が相似的でしかも同一であるという現在の仮定によるものだ。一般に，異なる主体の無差別曲線が接する点の軌跡は**契約曲線** (contract curve) とよばれる。その上の各点は，ある主体の経済厚生を他の主体を犠牲にすることなくそれ以上高めることはできないという意味で効率的な資源配分が達成されている状態，すなわち**パレート最適** (Pareto optimum) とよばれる状態になっている。図 3.3 は自由貿易均衡がパレート最適であることを示している。

ところで，以上の分析は各国がそれぞれ比較優位にある財に完全特化することを前提にしている。しかし，どちらか一方の国が貿易後にも両財を生産し，比較優位財を輸出する可能性，すなわち**不完全特化** (incomplete specialization) の状態にとどまる可能性がある。この場合，自由貿易のもとでの均衡相対価格は不完全特化した国の貿易前の均衡価格に等しくなる。したがって，完全特化した国は貿易利益を確保するが，不完全特化した国は貿易前と同じ経済厚生にとどまり，貿易利益をあげることができない。このモデルの理解を深めるため，読者は，図 3.3 を修正して，そのような場合の図解を試みてもらいたい (問題 3 参照)。

大国と小国が貿易する場合，大国の輸入財に対する国内需要を小国からの輸入だけで満足させることは困難である。したがって，大国は不完全特化となりがちで，大国の貿易利益はゼロとなりやすい。これは**ミルの逆説** (Mill's Paradox) と呼ばれている[5]。

---

[5] 本章では扱えなかったが，多数国・多数財のリカードモデルによる国際分業の研究も行われている。McKenzie (1954)，Jones (1961)，三辺 (2001) 参照。

3.4 実物経済と貨幣経済

貿易前の状態では,両財の相対価格はその比較生産費に等しく決まり,自由貿易のもとではその中間のどこかに決まるとされる。そこでは,貨幣価格や**為替レート**の概念は本質的な重要性を持っていない。このような世界は**実物経済モデル**といわれる。これは,長期的な経済状態は実物経済のモデルで近似できるという古典派経済学の考えに沿うものである。しかし,現実には各国で異なる貨幣が用いられ,国際貿易を行うにあたっては貨幣価格や為替レートがどうなっているかが問題になる。リカードのモデルはこうした「現実的な」貨幣経済とどのように関係づけられるのだろうか。

自国通貨建ての為替レートを e で表すことにしよう。自国を日本,外国をアメリカとすれば,自国通貨建ての為替レートとは,1ドル=100円というように為替レートを表示することだ。財1,財2が外国で生産されているとすれば,それぞれの自国通貨建ての価格は

$$ep_1^* = ea_1^* w^* \tag{3.9}$$

$$ep_2^* = ea_2^* w^* \tag{3.10}$$

となる。国際的な輸送費用が無視可能であるとすると,比較優位にしたがって自国が財1を生産・輸出し,外国が財2を生産・輸出するためは為替レートは,

$$ea_1^* w^* \geq p_1 = a_1 w \tag{3.11}$$

$$ep_2^* = ea_2^* w^* \leq a_2 w \tag{3.12}$$

をみたす必要がある。したがって,それは

$$\frac{a_1 w}{a_1^* w^*} \leq e \leq \frac{a_2 w}{a_2^* w^*} \tag{3.13}$$

の範囲になければならない。自国,外国の貨幣賃金 w, w^* が与えられているとすると,為替レートは財1の単位費用の自国対外国の比率より大きく,財2のそれより小さくなければならないということだ。ところで,式(3.13)は

$$\frac{a_1}{a_1^*} \leq \frac{ew^*}{w} \leq \frac{a_2}{a_2^*} \tag{3.14}$$

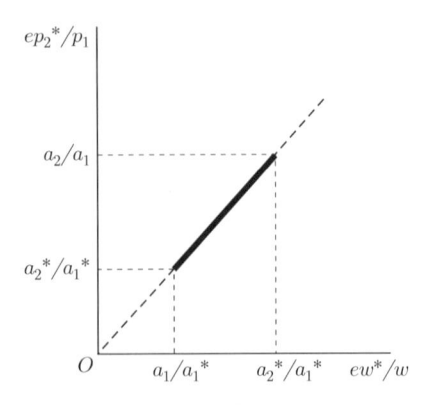

図 3.4 相対価格と相対賃金

と書き直すこともできる．現行為替レートによって表示した自国対外国の賃金比率が財 1 の労働投入係数の自国対外国比率より大きく，財 2 のそれより小さくなければならないといえる．式 (3.11), (3.12) はまた

$$\frac{a_2^*}{a_1^*} \leq \frac{ep_2^*}{p_1} \leq \frac{a_2}{a_1} \tag{3.15}$$

という関係がなりたつことを意味している．これは，自由な国際貿易のもとでは財 2 の財 1 に対する相対価格は内外の比較生産費比率の間のどこかに決まるということだ．図 3.4 は以上の関係を図解している．

演習問題

1. 消費者の効用関数がコブ・ダグラス型で

$$u = X_1^\alpha X_2^{1-\alpha}, \quad 0 < \alpha < 1$$

と書ける場合，
   (a) 原点を通る所与の半直線上で無差別曲線の傾斜が等しくなることを示し，
   (b) 財 1, 2 の最適消費額の比率を計算しなさい．

2. 図 3.3 のボックスダイアグラムを使って自由貿易均衡がどのように求められるかを説明しなさい．

3. 自国が財 1 に完全特化し外国が不完全特化する場合，自由貿易の均衡はどのように図解できるだろうか．図 3.3 を適当に修正して示しなさい．

演習問題   39

4. 2つの財の均衡相対価格はいかに決定されるか。自国と外国の消費者の効用が同一のコブ・ダグラス型関数によって表わされると仮定すると，自国と外国を合わせた世界の需要比率曲線 (財2の需要量の財1の需要量に対する比率と財2の相対価格との関係を示す曲線) は同一の，右下がりの曲線となる。現在のモデルでは世界の供給比率曲線 (財2の供給量の財1の供給量に対する比率と財2の相対価格との関係を示す折れ線) はどのように描けるか。自由貿易均衡をこれらの曲線の交点として示しなさい。

5. 図3.4の第2象限に世界の需要比率曲線と供給比率曲線を接合して拡張し，自由貿易のもとでの均衡相対価格がテキストの式 (3.13), (3.14) の関係をみたすように決まることを図解しなさい。これより，自由貿易のもとでの各国の均衡相対価格は貿易前の両財の労働投入量によって決まる労働価値比率とは一般に一致しなくなることがわかる。この意味での**国際価値**は労働価値説では説明できない。このように，国際価値と労働価値との違いが生じる理由を考えなさい。

4
国際分業と要素賦存

　リカード・ミルの比較生産費説は国際貿易の基本原理をはじめて明らかにした偉大な業績だが，財の価格がその生産に使われた労働量だけで決まるという仮定に立脚しているため一般性を欠き，現実的な理論とはいえない。実際，財の生産には労働以外に**土地**，**資本**などの**一般生産要素** (general factor of production)，固有の経営資源や天然資源などの**特殊生産要素** (specific factor of production) が用いられる。そのため，財の価格は労働コストだけでなく，地代，利子，経営報酬，原料費など，その他の生産要素の費用を反映するものとなる。こうした状況のもとでは，どんな財の**機会費用** (opportunity cost) も一定不変ではありえず，生産量の増加とともに変化する傾向を示すであろう。多くの場合にそれが逓増 (徐々に増加) すると考えられるのは，生産が増えるにつれてその生産に必要な生産要素がだんだん手に入りにくくなり，コストがかさんでくるからである。だが，ある種の財の機会費用が大規模生産の費用効果によって逓減する可能性もある。本章では，大規模生産の効果が弱く，すべての財の機会費用が逓増する場合を考える。

　ところで，いろいろな生産要素は国ごとに不均一に存在している。たとえば，日本は，労働や資本は豊富に存在するが，土地や天然資源が相対的に不足している。これに対して，アメリカは土地や天然資源に恵まれているが，相対的に労働や資本が希少である。国際経済学では，このことを**要素賦存** (factor endowment) が国際的に不均一であるという。**比較優位**，したがって国際貿易がこのことによっていかに影響を受けるかについてはじめて体系的に論じ

たのは，スウェーデンの経済学者ヘクシャー (Eli Heckscher, 1879–1952) とオリーン (Bertil Ohlin, 1899–1979) であり，**ヘクシャー・オリーン理論**，あるいは**要素賦存理論**とよばれる。後に，この理論はアメリカの経済学者サミュエルソンによってさらに厳密化された[1]。本章では，要素賦存と国際貿易の関連について説明する[2]。

4.1 比較優位の決定要因

これまでと同様な2財モデルを考えよう。ただし，以下では財1，財2という2つの財が労働だけでなく，複数の生産要素を用いて生産されるものとする。いま，一定期間に自国で利用できる種々の生産要素の総量と各財の生産技術が与えられているとすれば，自国で最大限生産可能なさまざまな財1，財2の数量の組合せが決まる。図4.1のTtに示された生産フロンティアはそ

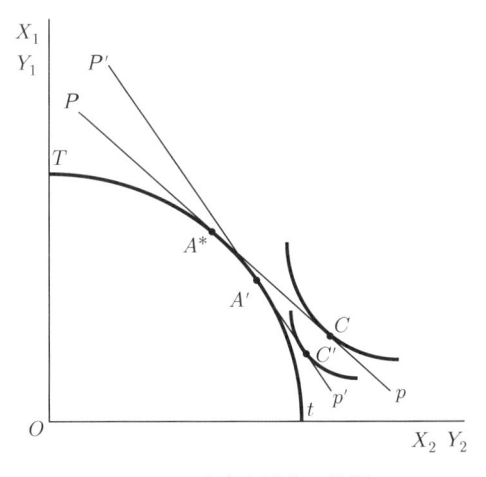

図 4.1 生産と消費の均衡

---

[1] Heckscher (1919), Ohlin (1933) Stolper and Samuelson (1940) が初期の基本的な文献である。Samuelson (1948), (1953) は要素比率理論を精緻化し補強する役割を果たした。
[2] このほか，要素比率理論を応用可能な形にして拡張した Jones (1979) の貢献も逸することができない。ロチェスター大学 (ニューヨーク) で Jones に学び，その成果を日本に持ち帰って広めた高山 (1963)，天野 (1864) は現在でも参照に値する著作である。

の軌跡である．各財の生産に主として用いられる生産要素が異なる場合，その機会費用は逓増し，**生産フロンティア**は図のように原点に対して凹の形になる．

2章で説明したように，財2の財1に対する相対価格 $p\,(=p_2/p_1)$ が市場で与えられるとき，生産の均衡点は $-p$ に等しい勾配を持つ価格線の1つ Pp と Tt との接点 A で行われる．相対価格 p が上昇すると，価格線の勾配は急になる．これに対応して，生産の均衡点は生産フロンティア Tt と新しい価格線との接点 A' に移り，財2の供給量の増加と財1の供給量の減少がもたらされる．図4.2には，財2の財1に対する供給比率と相対価格 p との関係が右上がりの**供給比率曲線** Rs として示されている．

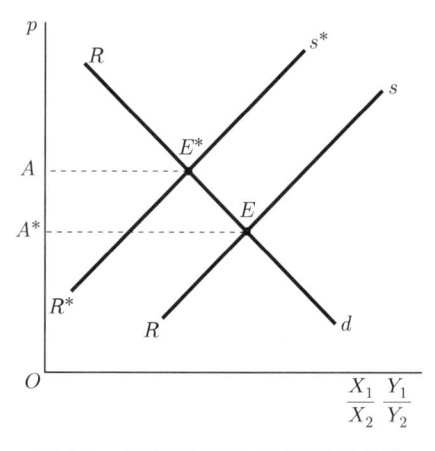

図 4.2 供給比率曲線と需要比率曲線

これに対して，相対価格と需要比率の関係はどのようになるであろうか．図4.1で，消費の均衡点 C は社会的無差別曲線 Uu と価格線 Pp との接点で示されている．ここで与えられた価格のもとでは，自国は財1を輸出し，財2を輸入しようとするだろう．2章で見たように，市場で財1の相対価格が上昇すると，**代替効果**が**所得効果**を上回るかぎり，財1の需要量は減少し，財2の需要量は増加する．通説にしたがって，財2の財1に対する需要比率は相対価格 p の減少関数であると仮定しよう．この関係は，図4.2の右下がり

4.1 比較優位の決定要因

の**需要比率曲線** Rd で表されている。

自国の貿易前の状態を考えよう。そこで需要と供給が均衡するのは，もちろん財2の相対価格が供給比率曲線 Rs と需要比率曲線 Rd が交わる点 E の縦座標 OA の水準にあるときだ。外国についても，同様に供給比率曲線と需要比率曲線を描くことができる。両国の貿易前の均衡価格の差異，すなわち比較優位の差異は，一般に両国の需要要因，供給要因の違いによって生じる。ここでは，供給側の要因を明確にするために，両国の需要比率曲線が同じ Rd で表されると仮定しよう。この仮定は，両国の間に**需要のかたより** (demand bias) が存在しない状況を表現するものだ。たとえば両国の**社会的無差別曲線**が同一で，しかも**相似的**である場合にはみたされる (第3章参照)。この仮定のもとでは，両国の需要比率は所得水準には依存せず，相対価格だけの関数となる。貿易前の内外均衡価格が異なるとすれば，それはもっぱら内外の供給比率曲線の違いによって生じることになる。

もし外国の供給比率曲線 R^*s^* が一様に自国のそれよりも右側にあれば，貿易前に外国の需給を等しくするような均衡価格は R^*s^* と Rd との交点 E^* の縦座標 OA^* に決まり，自国の均衡価格 OA より低くなるだろう。この場合，自国は財1に，外国は財2に**比較優位**を持つといわれる。貿易が行われれば，自国は財1を輸出し，外国は財2を輸出するだろう。貿易後の均衡価格は OA と OA^* の中間のどこかに落ちつくが，リカード・ミルのモデルと違って，少なくともどちらか一方の国が比較優位財に完全特化する必然性はない。貿易後にも，両国とも両財を継続して生産することは十分に可能である。

図4.2で，外国の供給比率曲線が自国のそれに対して一様に右側に位置しているのは何を意味するのであろうか。いうまでもなく，共通の相対価格のもとでは財2の財1に対する供給比率が外国で自国よりも大きくなるということ，言い換えれば外国は財2に特化し，自国は財1に特化するということだが，どうしてそのようなことが起こるのだろうか。2章と3章で論じたように，気候風土の違い，技術の格差，政府規制の差異など種々の要因が考えられるが，**ヘクシャー・オリーン理論**に代表される**要素賦存理論**は国際的な要素賦存の偏りという1つの要因に注目する。

4.2 ヘクシャー・オリーン理論：基本概念

すべての産業で共通に用いられる一般生産要素の役割を重視する**ヘクシャー・オリーンモデル**の基本概念を見ておこう．まず，同質の労働のほかに，同質の資本が財 1，財 2 の生産に用いられると仮定する．ここでいう労働とはたとえば未熟練労働，資本とは汎用性のある実物資本，たとえばコンピューターのように，異なる財の生産性を高めるために容易に適用できる**一般生産要素**を指している．国際分業に関するヘクシャー・オリーン理論の主張は，資本が相対的に豊かに賦存する国は資本を集約的に用いる財に，労働が相対的に豊富な国は労働集約的な財にそれぞれ比較優位をもつ傾向があるというものだ．これは**ヘクシャー・オリーンの分業定理**と呼ばれる．以下，段階を踏んでこの定理が厳密に成り立つための条件を明らかにしていく．

自国，外国は財 1，財 2 の両産業で全く同一の**生産関数**を持っており，各財の生産関数は**規模に関して収穫不変**，資本と労働はたがいに代替可能とする．労働も資本も両産業の間を自由に移動できる．その結果，産業間で，労働賃金と資本レンタル (実物資本の賃貸料) は均等化する．賃金，レンタルが共通に与えられたとき，各産業の企業は単位当たりの生産費を最小にするように労働と資本の使用量を決める．

単位等量曲線

財 j の生産量を Y_j，その生産に使用される労働量を L_j，資本量を K_j として，財 j の生産関数を，

$$Y_j = f^j(L_j, K_j) \tag{4.1}$$

と書く ($j = 1, 2$)．ここで関数 $f^j(L_j, K_j)$ は **1 次同次**，すなわち任意の正数 λ に対して

$$f^j(\lambda L_j, \lambda K_j) = \lambda f^j(L_j, K_j) \tag{4.2}$$

をみたすと仮定する．これは生産が**規模に関して収穫不変**という性質を持っていることを意味している．$\lambda = 1/Y_j$ とおいて式 (4.2) の関係を適用すると，

$$1 = f(a_{Lj}, a_{Kj}) \tag{4.3}$$

4.2 ヘクシャー・オリーン理論：基本概念

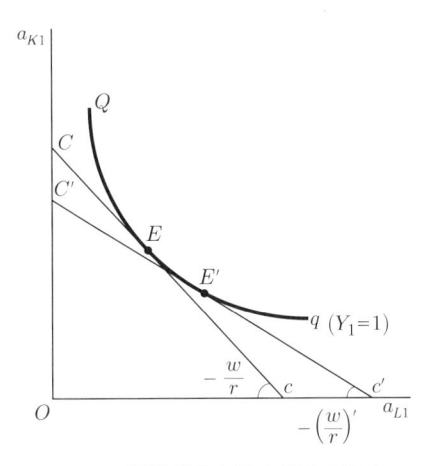

図 4.3 労働係数と資本係数の決定

となる。ただし，$a_{Lj}\ (=L_j/Y_j)$ は財 j 1 単位当たりに用いられる労働量，$a_{Kj}\ (=K_j/Y_j)$ は財 j 1 単位当たりに用いられる資本量で，それぞれ**労働係数** (labor coefficient)，**資本係数** (capital coefficient) とよばれる。式 (4.3) は単位生産関数と呼ばれることがある。

たとえば，図 4.3 で，原点に対して凸 (ふくらんだ形) の曲線 Qq は財 1 の単位生産関数のグラフで，**単位等量曲線** (unit isoquant) とよばれる。1 単位当たりの生産を可能にするために最小限必要な資本，労働の使用量の組み合わせの軌跡である。生産関数が 1 次同次とする仮定によって，この軌跡は財の生産量から独立に一義的に決まる。これが右下がりとなっているのは労働，資本が生産で代替的に使用され，一方を減らせば 1 単位の生産を維持するためには他方を増やさなければならないからだ。また，原点に対して凸に描かれているのは，労働の資本に対する限界代替率が労働・資本比率の増加と共に減少するという**限界代替率逓減の法則**が妥当するという仮定によるものだ。他方，労働賃金を w，資本レンタル (賃貸料) を r とすると，1 単位の財 1 を生産するための費用 c_1 は

$$c_1 = a_{L1}w + a_{K1}r \tag{4.4}$$

と表され，これから導かれる a_{L1}, a_{K1} の関係

$$a_{K1} = -\frac{w}{r}a_{L1} + \frac{c_1}{r}$$

は，$-w/r$ の傾きと c_1/r の切片を持つ直線の式で，**等費用線** (iso-cost line) とよばれる。等量曲線 Cc 上で単位費用を最小にするような a_{K1}, a_{L1} は等量曲線との接点 E に決まる。したがって，この点での等量曲線の傾き da_{K1}/da_{L1} は $-w/r$ に等しい。すなわち，

$$\frac{da_{K1}}{da_{L1}} = -\frac{w}{r} \tag{4.5}$$

という関係が成立する。図 4.3 から，a_{K1}, a_{L1} が賃金・レンタル比率の関数となることが企業の**費用最小化行動**から導かれる。a_{K1} が賃金・レンタル比率の増加関数，a_{L1} がその減少関数となることもこの図から容易に推論される (章末問題 3 参照)。財 2 の資本係数，労働係数についても，費用最小化の関係

$$\frac{da_{K2}}{da_{L2}} = -\frac{w}{r} \tag{4.6}$$

がなりたつことはいうまでもない。

要素価格フロンティア

単位等量曲線と対をなす**要素価格フロンティア** (factor price frontier) という概念について説明しよう。1 単位の財 1 を最小費用で生産するときに得られる要素所得 v_1 は

$$v_1 = wa_{L1}(w/r) + ra_{K1}(w/r)$$

と書ける。ただし，$a_{L1}(w/r), a_{K1}(w/r)$ はそれぞれ労働係数，資本係数が w/r の関数であることを表わす。図 4.4 の $V_1 v_1$，あるいは $V_1' v_1'$ は，任意に与えられた v_1 に対してこの関係をみたす w, r の組み合わせの軌跡で，**単位要素所得曲線**と呼ぶことにしよう。他方，財 1 の価格 p_1 が所与の a_{L1}, a_{K1} のもとで賃金，レンタルに完全に配分されるゼロ利潤の状況では

$$p_1 = wa_{L1} + ra_{K1} \tag{4.7}$$

となる。これから導かれる w, r の関係

4.2 ヘクシャー・オリーン理論：基本概念

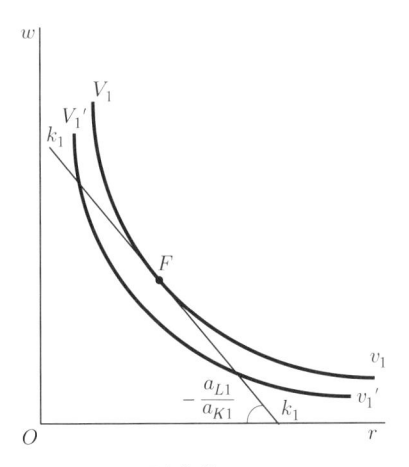

図 4.4 要素価格フロンティア

$$w = -\frac{a_{K1}}{a_{L1}}r + \frac{p_1}{a_{L1}}$$

は，$-a_{K1}/a_{L1}$ の傾きと p_1/a_{L1} の切片を持つ直線の式で，**ゼロ利潤線** (zero-profit line) と呼ばれる。ゼロ利潤下で単位要素所得を最大にするような w, r は両者の接点 F に決まる。要素価格フロンティアは F を通る単位要素所得曲線のことで，その式は

$$p_1 = w a_{L1}(w/r) + r a_{K1}(w/r) \tag{4.8}$$

と表される。図から明らかなように，要素価格フロンティアの F 点での傾きは

$$\frac{dw}{dr} = -\frac{a_{K1}}{a_{L1}} \tag{4.9}$$

となっている。財 2 についても同様の関係，すなわち

$$p_2 = w a_{L2}(w/r) + r a_{K2}(w/r) \tag{4.10}$$

$$\frac{dw}{dr} = -\frac{a_{K2}}{a_{L2}} \tag{4.11}$$

が成立する。

要素価格フロンティアの式 (4.8), (4.10) が同時に成立するものとしよう。このとき，財価格 p_1, p_2 を所与とすれば，数学的にはこれら 2 式は生産要素

の価格 w, r を未知数とする連立方程式とみなすことができる。図4.5 はこの方程式の解を示したものだ。曲線 V_1v_1, V_2v_2 はそれぞれ財1, 財2の価格が与えられたときの単位要素所得曲線 (4.8), (4.10) のグラフで, どちらも右下がり, 原点に対して凸の形をしている。ここでは両曲線は1回だけ交わると仮定されている。その交点で決まる賃金・レンタル比率は, 与えられた財価格のもとで両財がともに生産される場合にのみ実現し, 両財の生産に使われる労働・資本の比率を決定する。

4.3　2つの補助定理

ヘクシャー・オリーンモデルの基本構造を理解するには, その中核となる2つの重要な補助定理を理解しておく必要がある。1つは, 財の価格と生産要素の価格との関係を明らかにするもので, 1941年に**ストルパー** (Wolfgang F. Stolper, 1912–2002) と**サミュエルソン**によって解明された[3]。もう1つは生産要素の賦存量と財の生産量との関係を明らかにするもので, 14年も遅れて1955年に, **リプチンスキー** (Tadeusz M. Rybczynski, 1923–1998) が見出した関係だ[4]。以下では, 簡単な数式と図解によってこれらの定理を簡潔に説明する。まず, ストルパー・サミュエルソン定理から取り上げよう。

ストルパー・サミュエルソン定理

「2財が生産されている状況で, 一方の財の価格上昇はその生産に集約的に使用される生産要素の価格を比例以上に高め, 他の生産要素の価格を低める。」

ストルパー・サミュエルソン定理は, 財価格の変化が要素価格にどのような影響を及ぼすかを解明しようとするものだ。もともとこの定理は, 低賃金国からの輸入が国内の輸入代替品の価格低下を通じて労働者の賃金や生活水準に悪影響を及ぼすという保護貿易論の主張を理論的に再検討することを目的としていた。前に定義した要素価格フロンティアの式

---

[3] Stolper and Samuelson (1941) 参照。Uekawa (1971) はこの定理を多数財・多数要素のケースに拡張した。

[4] Rybczynski, T. H. (1955) 参照。

4.3 2つの補助定理

$$a_{L1}(w/r)w + a_{K1}(w/r)r = p_1 \tag{4.8}$$
$$a_{L2}(w/r)w + a_{K2}(w/r)r = p_2 \tag{4.10}$$

を思い出そう．これから p_1, p_2 の変化が w, r に及ぼす影響を解明できる．議論を明確にするために，共通の賃金・レンタル比率に対して財 1 の生産で選択される労働・資本の投入比率はいつも財 2 のそれよりも大きいものとする．これは，財 1 が労働集約財，財 2 が資本集約財で，労働集約度 (労働・資本の投入比率) が産業間で逆転することはないとする仮定だ．これは正確には

$$\frac{a_{L1}(w/r)}{a_{K1}(w/r)} > \frac{a_{L2}(w/r)}{a_{K2}(w/r)} \tag{4.12}$$

という関係があらゆる w/r に対してなりたつことを意味している．

図 4.5 には，財 1, 財 2 の価格が与えられているという状況のもとでそれぞれの要素価格フロンティア V_1v_1, V_2v_2 が示されている．両者の交点 E の座標は，式 (4.8), (4.10) の解，すなわち両者をみたす w, r の値にほかならない．式 (4.9), (4.11) に示されるとおり，この点での財 1, 財 2 のフロンティアの傾き (l_1l_1, l_2l_2 線の勾配) はそれぞれの労働集約度 $-a_{L1}/a_{K1}$, $-a_{L2}/a_{K2}$ に等しい．財 1 の労働集約度はいつも財 2 の労働集約度よりも高いという仮定のもとで，このような点は 1 つしか存在しない．この点で，財 1, 財 2 の

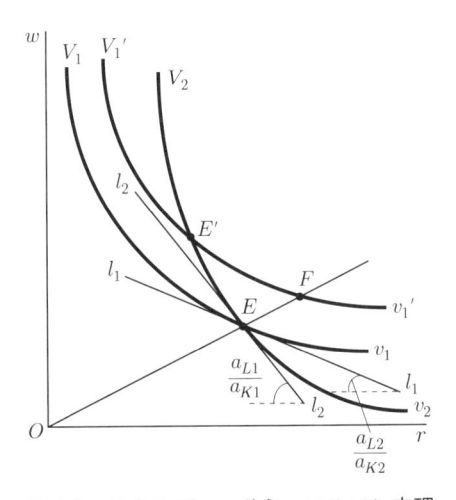

図 4.5 ストルパー・サミュエルソン定理

労働係数，資本係数，したがって労働集約度も一義的に決定される。

ここでとりあえず所与とした財価格が何らかの原因によって変化するならば，要素価格フロンティアはそれに応じてシフトする。まず簡単にするために，財 1 の価格が上昇し，財 2 の価格は当初の水準から変化しない場合を考えよう。図 4.5 で財 1 の要素価格フロンティアはこの変化によって当初の $V_1 v_1$ から $V_1' v_1'$ へと上方にシフトし，財 2 の要素価格フロンティアとの交点は当初の E から E' に移動する。その結果，賃金は上昇し，レンタルは低下する。しかも，名目賃金の上昇率は財 1 の価格の上昇率よりも高い。仮に賃金，レンタルが財 1 の価格と同率で上昇するとすれば，両者は原点から引いた E 点を通る半直線が $V_1' v_1'$ と交わる F 点に移動するだろう。だが新しい均衡である E' 点では，賃金はそれよりもさらに上昇し，レンタルは低下している。このことから，賃金は財 1 の価格以上に上昇し，財 2 の価格は変化しないとしているので，賃金が実質的に (どちらの財を基準に測っても) 上昇することがわかる。より一般的には，ある財の価格が上昇するとき，その生産に集約的に用いられる生産要素の価格は実質的に上昇し，他の財の生産に集約的に用いられる生産要素の価格は実質的に低下するといえる。

以上の考察は，低賃金国からの労働集約的な財の輸入に関税をかけることにより国内労働者の生活水準を高めることができるとする「保護貿易論者」の主張に肯定的に答えるものだ。上記のように，ストルパーとサミュエルソンの論文はもともとこの問題を解明することを目的としていた。だが後の章で論じるように，このことは国内所得分配の修正を目指す保護貿易論者の主張を正当化するものではない。所得分配が一部の人々の生活水準を高めても他の人々のそれを低めるとすれば，一般的に支持することはできないからだ。

次に，財 1, 財 2 の価格がともに上昇する場合に広げよう。両者が同一比率で上昇するとすれば，賃金，レンタルは図 4.5 の均衡点 E をとおる半直線に沿って同一比率で上昇する。このケースを基準に考えれば，財 1 の価格の上昇率が財 2 のそれよりも高ければ，財 1 の生産に集約的に用いられる労働の価格 (賃金) は財 1 の価格以上に上昇し，財 2 の生産に集約的に用いられる資本の価格 (レンタル) は財 2 の価格以下にしか上昇しない (あるいは低下する) ことがわかるだろう。一般に，財価格と要素価格の関係は

4.3 2つの補助定理

$$\hat{p}_1 \geq \hat{p}_2 \quad \text{のとき} \quad \hat{w} \geq \hat{p}_1 \geq \hat{p}_2 \geq \hat{r} \quad (\text{複合同順})$$

と表される。ただし，変数の頭に置かれたハット (ˆ) はその変数の変化率を表している。この関係は，2 財の相対価格の変化が 2 要素の相対価格の変化に増幅して現れるという意味で**拡大効果** (magnification effect) と呼ばれる。

リプチンスキー定理

「一定の財価格のもとで 2 財が労働，資本の 2 要素を用いて生産されているとしよう。このとき，労働・資本の賦存比率の上昇は労働集約財の資本集約財に対する供給比率の上昇をもたらす。」

以上，要素価格フロンティアの式，(4.8)，(4.10) が所与の財価格のもとで同時に成立するものとして，財価格が要素価格に及ぼす影響を考えた。ところで，両式が成立するのは 2 財がともに生産されている場合だけだ。この「不完全特化」の生産パターンが実現するためには，労働・資本の賦存比率が一定の範囲になければならない。財価格が与えられると，式 (4.8)，(4.10) から賃金，レンタルが決まり，それに対応して財 1，財 2 の労働係数，資本係数，したがって労働集約度が決まる。図 4.6 で，半直線 Or_1, Or_2 の傾きは所与の財価格のもとで固定された財 1，財 2 の労働集約度に等しくとられている。それらは，図 4.5 の E 点での要素所得曲線 V_1v_1, V_2v_2 の傾きに対応している。労働，資本の賦存量 (利用可能量) を L, K，財 1，財 2 の生産量を Y_1, Y_2 で表すと，労働，資本が国内で完全に利用されるための条件は，

$$a_{L1}(w/r)Y_1 + a_{L2}(w/r)Y_2 = L \tag{4.13}$$

$$a_{K1}(w/r)Y_1 + a_{K2}(w/r)Y_2 = K \tag{4.14}$$

がみたされること，すなわち財 1，財 2 の生産に用いられる総労働量，総資本量がそれぞれの国内賦存量に等しいということだ。これから，財 1 が労働集約財，財 2 が資本集約財という現在の仮定のもとでは，労働・資本の賦存比率が

$$\frac{a_{L1}(w/r)}{a_{K1}(w/r)} \geq \frac{L}{K} \geq \frac{a_{L2}(w/r)}{a_{K2}(w/r)} \tag{4.15}$$

という関係をみたしていれば，労働，資本の完全利用が実現される (問題 2 参

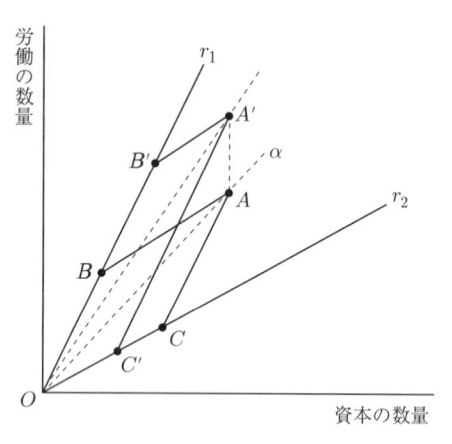

図 4.6 リプチンスキー定理

照)。たとえば，労働・資本の賦存量が図 4.6 の A 点に与えられているとしよう。A 点を通って Or_1, Or_2 に平行な直線を引き，それぞれが Or_2, Or_1 と交わる点を C, B としよう。このとき，線分 $\overline{OA}$ は $\overline{OB}$, $\overline{OC}$ のベクトル和となり，財 1，財 2 に用いられる労働，資本の数量はそれぞれ B 点，C 点で示されることがわかる。同様に，要素賦存点が Or_1 と Or_2 によって囲まれる錐形の領域内にある場合には，財 1，財 2 はともに生産され，労働，資本の完全利用が達成される。仮に要素賦存点がこの錐形領域の外にある場合には，労働，資本の少なくともどちら一方が完全には利用されず，でなければ財 1，財 2 のどちらかが生産されない事態，すなわち生産要素の遊休ないし完全特化が生じることになる (問題 2 参照)。

当初の要素賦存点 A から労働の賦存量が何らかの事情で増加したとしよう。このとき，資本の賦存量が変わらなければ，新しい賦存点は A の垂直上方の点，たとえば A' に移動する。それにともなって，財 1，財 2 の生産に使用される生産要素の数量は当初の B, C から B', C' に移動する。その結果，財 1 の生産量が増え，財 2 のそれが減ることは明らかだろう。より一般的には，労働，資本の賦存量が当初の賦存点から半直線 $OA\alpha$ よりも左上方の領域のどこかに移動すれば，財 1 の生産量の変化率が財 2 のそれを上まわることがたしかめられる。この関係は，

$$\hat{L} \geq \hat{K} \quad \text{のとき} \quad \hat{Y}_1 \geq \hat{L} \geq \hat{K} \geq \hat{Y}_2 \quad (複合同順)$$

と書くことができる。ここでも，労働，資本の賦存比率の変化が財1，財2の生産比率の比例以上の変化を生み出す**拡大効果**があることがわかる。

4.4 分業定理と要素価格均等化

以上の準備に基づいて，現在のモデルで要素賦存が国際分業の決定要因として重要な役割を果たすことを明らかにする。

ヘクシャー・オリーンの分業定理

「2国2財のヘクシャー・オリーンモデルの前提 (生産関数の国際的同一性, 1次同次性, 効用関数の国際的同一性, 同次性) のもとで，各国は国内に相対的に豊富に賦存する生産要素を集約的に用いる財に比較優位を持つ。」

前章と同様に外国の変数には星印 ($*$) を付けて，自国の変数と区別することにする。

これに加えて，自国が外国にくらべて相対的に労働豊富な国であり，自国の労働，資本の賦存量をそれぞれ L, K, 外国の労働，資本の賦存量をそれぞれ L^*, K^* とするとき，自国の労働・資本の賦存比率が外国のそれよりも大きい，すなわち

$$\frac{L}{K} > \frac{L^*}{K^*} \tag{4.16}$$

という関係があるものとしよう。これらの仮定のもとで，自国は財1に，外国は財2に比較優位を持つというヘクシャー・オリーンの分業定理を証明することができる。

一定の国際相対価格のもとで，両国が不完全特化の状態にあり，生産関数の国際的同一性，一次同次性から各産業の労働係数，資本係数，したがって労働集約度も内外で等しくなるはずである。リプチンスキーの定理から，この状況のもとでは労働集約的な財1の財2に対する供給比率は労働豊富な自国で資本豊富な外国よりも大きくなる。図4.2の分析で示したように，財1

の財2に対する自国の供給比率曲線は外国のそれよりも一様に右側に位置する。効用関数の国際的同一性，同次性の仮定によって内外の**需要比率曲線**は同一だから，自国は労働集約的な財1に，外国は資本集約的な財2に比較優位を持つといえる。

　以上，各国は他国にくらべて国内に相対的に豊富に賦存する生産要素を集約的に用いる財に比較優位を持ち，その財を輸出するという**ヘクシャー・オリーンの分業定理**を証明した。いうまでもなく，この定理は無条件に成立するものではない。実際，その現実妥当性をめぐる実証研究をみると，否定的な結果を導いたものが多い。たとえば，アメリカの経済学者**レオンティエフ** (Wessily W. Leontief, 1905–1999) は，1947年の産業連関表を用いて，アメリカの輸出品の生産に直接，間接に用いられている労働の資本に対する比率が輸入代替品の国内生産のそれよりも高いことを見出した。アメリカは資本豊富な国と信じられていたので，これはヘクシャー・オリーン定理と矛盾する発見とされ，**レオンティエフの逆説** (the Leontief paradox) とよばれた[5]。

　レオンティエフの逆説をめぐっては，後に多くの論争が行われ，関連する研究が蓄積されている。ヘクシャー・オリーン定理はいくつかの厳しい仮定に基づいて導かれたものだから，それだけで現実の国際分業をうまく説明できないとしても不思議ではない。資本，労働だけでなく，天然資源や経営資源のような生産要素の賦存状況も国ごとに大いに異なる。利用可能な生産技術や人々の選好の違いも重要かもしれない。ヘクシャー・オリーン定理の貢献は，資本，労働に代表される一般生産要素の賦存比率の相違が国際分業の1つの決定要因であることを明らかにしたことにある。特定の財の生産に用いられる天然資源や経営資源などの**特殊生産要素**も貿易パターンに影響を及ぼす。**ジョーンズ** (Ronald W. Jones, 1933–) は特殊要素に注目したモデルを分析し，ヘクシャー・オリーンの要素賦存に基づく国際分業理論を拡充した[6]。

　仮に一般要素の賦存比率が同じであれば各国は相対的に豊富な特殊要素を集約的に用いる財に特化するだろう。天然資源が相対的に希少な国 (アメリカ)

---

[5] Leontief (1954) 参照。
[6] Jones (1971) 参照。

4.4 分業定理と要素価格均等化

は，仮に資本も豊富にあるとしても資本と天然資源を集約的に用いる財を輸出するかもしれない。ヴァネック (Jaroslav Vanek 1930～) はこのような観点からレオンティエフ逆説を説明した[7]。レオンティエフ逆説がヘクシャー・オリーン定理と矛盾する逆説とする見方にも問題がある。レオンティエフ自身が解釈したように，アメリカの労働生産性は他の国々くらべて非常に高かったので，効率単位で測ればアメリカは労働豊富国だったと言えるかもしれない。また，当時のアメリカは大幅な貿易収支黒字を出し，資本集約財だけでなく労働集約財も輸出していた。このような場合，リーマー (Edward E. Leamer, 1944–) が論じたように，輸出品の生産に用いられる労働・資本比率が輸入代替品の国内生産のそれよりも高いことはアメリカが資本豊富国だとする前提と必ずしも矛盾せず，したがってヘクシャー・オリーン定理の主張とも整合的となる可能性がある[8]。

要素価格均等化定理

自由な国際貿易によって財価格が国際的に均等化するとき，生産要素の価格はどうなるだろうか。外国の価格，賃金を星印で示すと，自国の式 (4.8)，(4.10) と同様に，外国についても

$$a_{L1}(w^*/r^*)w^* + a_{K1}(w^*/r^*)r^* = p_1^* \qquad (4.17)$$

$$a_{L2}(w^*/r^*)w^* + a_{K2}(w^*/r) = p_2^* \qquad (4.18)$$

という関係を考えることができる。このことから，両国が同一の国際価格に直面して両財を生産しているような状況では，両国の賃金，レンタルは完全に均等化することがわかる。これは，**要素価格均等化定理** (factor price equalization theorem) と呼ばれ，サミュエルソンの分析によって有名になった[9]。

「2国2財のヘクシャー・オリーンモデルの前提のもとで，自国，外国が不完全特化する自由貿易均衡では，賃金・レンタルは国際的に均等化する。」

---

[7] Vanek (1963) 参照。

[8] Leamer (1980) 参照。木村・小浜 (1994) にレオンティエフの逆説をめぐる文献の展望と解説がある。

[9] Samuelson (1948) 参照。

要素価格均等化定理はどちらか一方の国が完全特化するような場合には成立しない。このことを詳しく見るために，自国，外国が完全に統合しすべての市場が世界全体で均衡する状況，すなわち自国，外国を一体とした**統合世界経済** (integrated world economy) の均衡を考えよう。そこでは，自国と外国の国境が取り払われ，貿易障壁も生産要素の移動制限も存在しないとする。これまでと同様，ここでも内外の代表的消費者の効用関数が同一かつ同次的で，世界共通の社会的無差別曲線が存在するとする。この場合，統合経済の均衡は世界全体の生産フロンティアと消費無差別曲線が接する点で示される。財の均衡価格はこの点を通る共通接線の傾きに等しい。生産要素の価格もそれに対応して決定され，もちろん国際的に均等化している[10]。

ここでの問題は，そのような統合経済の均衡が生産要素の国際移動が存在しない場合に財だけの自由な貿易によって実現されるかどうか，またその条件は何かということだ。図 4.7 は統合経済の均衡を世界全体の生産要素の配分を示す**ボックス・ダイアグラム**によって図解している。ボックスの縦，横の辺の長さはそれぞれ世界全体の労働，資本の賦存量 $L + L^*$, $K + K^*$ だ。財 1 の生産に用いられる労働，資本の数量は左下の原点 O_1 から，財 2 の生産に用いられる労働，資本の数量は右上の原点 O_2 から測られる。統合経済の均衡での要素配分がこの図の E 点で示されるとしよう。ベクトル $\overline{O_1E}$ は財 1 の生産に用いられる労働，資本の数量で，ベクトル $\overline{O_2E}$ は財 2 に生産の用いられる労働，資本の数量を表す。この均衡での賃金・レンタル比率は E 点をとおる両財の生産等量曲線の共通接線 aa の傾きで示される。他方，各国の消費者は財 1, 財 2 の消費を通じてそれらに体化された労働と資本を消費していると考え，自国，外国の要素賦存量と要素「消費量」をそれぞれ原点 O_1, O_2 から測る。両国の要素賦存がこの図の F 点にあるとすれば，収支均衡の仮定から均衡消費配分は F 点をとおり aa 線と等しい傾きを持つ直線 bb 上になければならい。また，両国が同一の社会的無差別曲線を持つという仮定から，統合経済の均衡では自国，外国の労働，資本の「消費」比率は世界の要素賦存比率に等しいはずだ。こうして，自国，外国の均衡「消費配分」

---

[10] 統合経済の概念と応用は Dixit and Norman (1980) によって最初に導入された。

4.4 分業定理と要素価格均等化

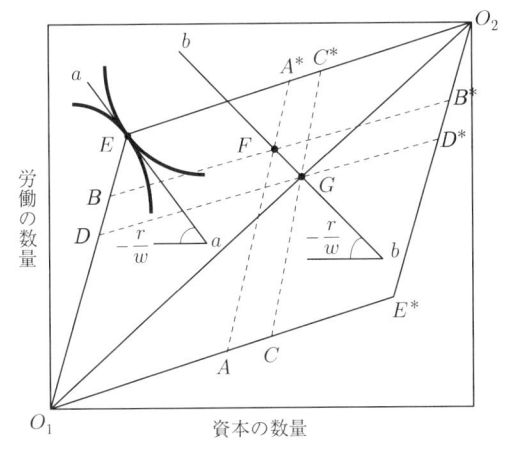

図 4.7 要素価格均等化集合

は直線 bb とボックスの対角線 O_1O_2 との交点 G で示される。

以上に示された統合経済の均衡は労働，資本が国際的に移動せず，財だけが自由に貿易されるような場合でも，両国の要素賦存が F 点のように平行四辺形 $O_1EO_2E^*$ の内部にあれば達成可能である。このことを見るために，要素賦存点 F と要素「消費」点 G を通り，O_1E に平行な直線 AA^*，CC^* 引き，また O_2E に平行な直線 BB^*，DD^* を引く。自国が財 1 の生産に $\overline{O_1B}$，財 2 の生産に $\overline{O_1A}(=\overline{EA^*})$ の労働，資本を使用し，外国が財 1 の生産に $\overline{O_2B^*}(=\overline{BE})$，財 2 の生産に $\overline{O_2A^*}$ の労働，資本を使用するとしよう。このとき，内外に賦存する生産要素は完全に利用され，統合経済の場合と同じ要素の生産配分が実現する。詳しく言えば，世界全体として財 1 の生産に $\overline{O_1E}(=\overline{O_1B}+\overline{BE})$，財 2 の生産に $\overline{O_2E}(=\overline{O_2A^*}+\overline{A^*E})$ の労働，資本が投入される。労働豊富国である自国は労働集約的な財 1 に含まれる生産要素を $\overline{DB}$ だけ輸出し，資本集約的な財 2 に含まれる生産要素を $\overline{AC}$ だけ輸入することによって，原点 O_1 から見て G 点での「消費」を実現できる。外国もこれに見合う貿易を行うことによって，原点 O_2 から見て同じ点で「消費」できる。こうして，両国の自由な貿易を通じて世界全体の「消費配分」は統合経済のもとでの均衡消費配分 G と完全に一致する。

統合経済の均衡が国際貿易だけで達成されるのは両国が不完全特化し要素価格が均等化する場合に限られる。以上の例解から明らかなように，両国の要素賦存点が平行四辺形 $O_1EO_2E^*$ の内部にある場合にはそれが可能になる。しかし，両国の要素賦存点がこの領域の外にある場合には，どちらかの国が完全特化することになり要素価格の完全な均等化は達成されない (章末問題参照)。その意味で，平行四辺形 $O_1EO_2E^*$ は**要素価格均等化集合** (factor price equalization set) と呼ばれることがある[11,12]。

演習問題

1. リカード・ミルモデルとヘクシャー・オリーンモデルの構造を比較し，国際分業を説明するための道具としての共通点，相違点を論じなさい。

2. ヘクシャー・オリーンモデルで不完全特化が生じるためにはどのような条件が必要かを明らかにしなさい。特に，3 章で見たリカード・ミルモデルと比べて不完全特化が起こる可能性が大きくなっていることを明確にしなさい。

3. 式 (4.3) 以降に登場する労働係数 a_{Lj}，資本係数 a_{Kj} は，企業の費用最小化行動からそれぞれ賃金・レンタル比率の減少関数，増加関数と考えられる。単位等量曲線の図を使ってこのことを説明しなさい。

4. 労働集約産業の生産量，ひいては相対価格は少子化によってどのような影響を受けるだろうか。特に日本の少子化を念頭に置いて論じなさい。

5. 外国からの輸入量の増加によって実質賃金，ひいては労働集約産業の雇用量はどのような影響を受けるだろうか。特に日本への新興国からの競争を念頭に置いて論じなさい。

6. リカード・ミルモデルについて示した実物経済と貨幣経済との関係 (図 3.4 参照) はヘクシャー・オリーンモデルではどのように修正されるか。各国が完全特化するケースについて，内外の要素賦存比率の変化が相対価格と相対賃金に及ぼす効果を検討しなさい。

---

[11] 統合経済の概念とその図解は，Vanek (1968) によって最初に示唆され，Helpman and Krugman (1985) で広範に応用された。伊藤・大山 (1985) 第 5 章も参照。

[12] 本章の 2 財 2 要素モデルは国際分業の分析と説明には便利だが，現実には多数の財，多数の要素が存在するので，現実の国際経済を解釈するには不十分な点があることを否定できない。これまでに多数要素，多数財が存在する世界へのヘクシャー・オリーン理論の拡張が試みられてきた。たとえば Chipman (1969), Uekawa (1971), Jones (1974, 1976), Chang (1979), Takayama (1982) などを参照。

5
収穫逓増と不完全競争

　これまでに学んだリカード・ミル理論やヘクシャー・オリーン理論など，伝統的な国際分業の理論は比較優位の原理によって国際貿易を説明する基本的な理論だが，いくつかの問題点を含んでいる。まず，伝統的な理論は企業・産業の規模に関する**収穫不変**を前提に財市場の**完全競争**を仮定している。しかし，現代経済の重要な特徴は企業の生産性が規模 (生産量) の増大によって上昇する**収穫逓増** (あるいは**規模の経済性**) の現象である。そのことに基づいて各企業は何らかの市場支配力を持ち，**不完全競争市場**を形成している。比較優位の原理は不完全競争のもとでも生き残れるのだろうか。次に，**マーシャル的外部経済** (Marshallian externalities) と呼ばれる現象を捨象していることだ。これは，個々の企業の生産性が産業全体の規模に依存して変化する現象で，完全競争の仮定とは矛盾しないが，比較優位の原理を空洞化する可能性がある[1]。

　伝統的な理論が重視する比較優位の差異は気候風土，生産技術，要素賦存など生産条件の国際的差異によって生じる。したがって，比較優位の差異に基づく国際貿易は，直観的には生産条件が異なる異質的な国々の間で，たとえば先進国と発展途上国の間で最も活発に行われるはずである。しかし，現代の国際貿易の実態を見ると，その大部分が気候風土，生産技術，要素賦存の似通った同質的な工業国相互間で行われている。伝統的な理論は強力なもの

---

[1] 収穫逓増と国際貿易をめぐる補完的な解説として伊藤・大山 (1985) 第 7 章，多和田眞 (2001)，菊池 (2001) を参照。

だが，このような工業国相互間の貿易のすべてを説明できるとは思われない。制度・政策の国際的差異がそこに果たす役割にも注目する必要がある。本章では，企業の収穫逓増と産業の収穫逓増を考慮して比較優位の原理の適用可能性を再検討する。

5.1 企業の収穫逓増と産業均衡 ⁺

個別企業の適正規模が産業規模にくらべて十分に小さい場合，産業の総生産量は個別企業の生産量の調整によってではなく，企業数の調整によって実現されると考えられる。具体的には，ある産業で企業の参入と退出を通じて一定の条件を満たす**長期均衡**が達成されるものとして，そこで個別企業の操業規模は確定する。このとき，産業全体の生産量はちょうどそれに見合う数の企業が稼働することによって実現する。この関係は様々な生産モデルで分析できるが，ここでは伝統的なモデルのうち最も簡単なリカードの1要素モデルを用いて例解することにしよう[2]。

自国である財 (この段階ではまだ特定しない) の生産に携わる，複数 (n 個) の同質的な企業が存在するものとする。各企業の生産量を y，労働投入量を h とする。労働投入量は生産量に依存してきまり，投入関数 (生産関数の逆関数)

$$h = f + g(y) \qquad g' > 0, g'' > 0 \tag{5.1}$$

によって与えられる。ただし，通常のリカードモデルと異なり，生産には固定的な労働投入量 f が必要とされ，可変的な労働の限界生産力は正で逓減すると仮定する。固定的な労働投入量とは，生産が全く行われなくても発生する経営管理のための必要労働量を指す。図 5.1 の fC はそのグラフを例示したものだ。労働の単位で測った**平均費用曲線**は U 字型となる。各企業は労働市場では価格受容者として所与の実物賃金のもとで労働を雇用するが，財市場では一種の**寡占的競争**に直面している。具体的には，各企業は m 個の企業からなる**カルテル**に所属し，期初に共同して**利潤最大化行動**をとるものとす

---

[2] より一般的な分析については Ohyama (1999) 参照。

5.1 企業の収穫逓増と産業均衡

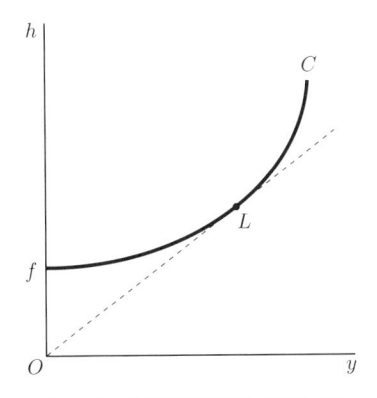

図 5.1 労働費用関数のグラフ

る。各企業の利潤は

$$r = py - wh \tag{5.2}$$

と表わされる。ここで，賃金 w は財 1 の単位で 1 に等しくなるように基準化されているとする。価格 p は財 1 の総販売量 $Y\ (=ny)$ に依存して決まる。その関係は逆需要関数 $p(Y)\ (p'<0)$ によって与えられる。こうした設定のもとで，各企業は所属カルテル以外のすべての企業の生産量を所与とし，所属カルテル内のすべての企業が同一の行動をとると推定して，それぞれの利潤を最大にするように労働の雇用量ないし生産量を決める。最大化の第 1 次条件は

$$\left(1 - \frac{m}{n}\frac{1}{\eta}\right)p(ny) = g'(y) \tag{5.3}$$

と書ける。ただし，η は需要の価格弾力性で，需要量に依存しない正の定数とする。m/n はカルテル行動をとる企業数の総企業数に対する比率だから**産業集中度**と解釈できる。産業集中度は政府の**産業組織政策**，あるいは企業間の自主的調整を通じて企業数とカルテル数がコントロールされ，$m/n < \eta$ となるように一定値に制御されるものとする。m/n が 1 に近ければ財市場は独占的，ゼロに近ければ競争的といえる。したがって，

$$\mu = \frac{m}{n}\frac{1}{\eta} \tag{5.4}$$

とおき，μ をこの産業の**独占度**，$1-\mu$ を**競争度**とよぶことにしよう．このとき，式 (5.3) は

$$(1-\mu)p(ny) = g'(y) \tag{5.5}$$

と簡略に表現できる．独占度 μ と企業数 n が与えられ，式 (5.5) がすべての企業について成立するとき，各企業，ひいては産業全体の生産量が確定し，**クールノー・ナッシュ型寡占**の対称均衡が実現する．この**産業の長期均衡**は，企業の参入・退出を通じて企業の**マークアップ** (mark-up ratio) 率 π と企業数 n が安定する状態である．長期均衡の条件は，

$$p(ny)y = (1+\pi)(f+g(y)) \tag{5.6}$$

となる．ここで，前章までと違ってマークアップ率は長期的にもかならずしもゼロにはならないとしていることに注意しよう．不完全競争のもとでは，既存企業の**参入阻止行動**や政府の**参入制限政策**によって企業数がコントロールされる可能性があるからだ．マークアップ率がゼロとなるのは企業の自由な参入退出に対してなんらの制限もない場合だけである．式 (5.5), (5.6) から，

$$(1+\pi)(1-\mu) = \frac{g'(y)y}{f+g(y)} \tag{5.7}$$

という関係がみちびかれる．この式の左辺は，製品 1 単位当たりのマークアップ $1+\pi$ と産業の競争度 $1-\mu$ の積として表わされる複合的な指標であり，まとめて

$$\rho = (1+\pi)(1-\mu) \tag{5.8}$$

と簡略に表わすことにしよう．完全競争を想定する伝統的理論では $\pi = 0$, $\mu = 0$ と仮定され，したがって $\rho = 1$ となっている．式 (5.7), (5.8) から得られる

$$\frac{g'(y)y}{f+g(y)} = \rho \tag{5.9}$$

という式は，長期均衡の企業規模 (各企業の生産量) y が ρ に依存して決まることを示している．式 (5.9) を ρ に関して微分すると，

$$\frac{dy}{d\rho} = \frac{f+g(y)}{(1-\rho)g'+g''y} \tag{5.10}$$

5.1 企業の収穫逓増と産業均衡

となる。これから ρ が 1 を大きく超えない限り，ρ の増加は企業規模の増加をもたらすことがわかる。同様に，固定費用 f の増加は企業規模の増加をもたらすこともたしかめられる。

3 章からおなじみの財 1 の生産 1 単位当たりに投入される労働量 (労働係数)a は，現在のモデルでは労働を単位とする**平均費用** (Average Cost, AC) であり，

$$a = \frac{f + g(y)}{y} \tag{5.11}$$

と表わされる。式 (5.9), (5.11) を y に関して微分すると

$$\frac{da}{dy} = \frac{1-\rho}{[f+g(y)]y^2}. \tag{5.12}$$

となる。これから，ρ の増加は，$\rho > 1$ ならば a の増加 (生産性の低下) をもたらし，$\rho < 1$ ならば逆に a の減少 (生産性の上昇) をもたらすといえる。つまり，$\rho > 1$ の範囲では規模に関する収穫逓減，$\rho < 1$ の範囲では規模に関する収穫逓増となるのだ。

各企業は，ρ が 1 より大か小かで，平均費用曲線の最低点の右側，または左側で操業することになる。このように，a は ρ に依存して変化するが，他方では式 (5.3) から y は ρ の増加関数と考えられる。図 5.2 は，a と y との ρ を媒介とする関係，すなわち平均費用曲線を示している。

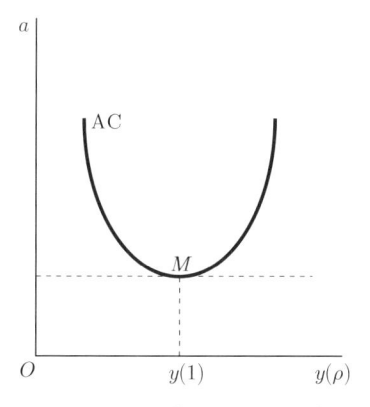

図 5.2 平均費用 (AC) 曲線

5.2 企業の収穫逓増と国際分業：一般均衡分析 [+]

自国の経済が財 1, 財 2 を生産する 2 つの産業からなり，これらの産業はどちらも前節で説明した長期均衡の状態にあるものとする。これは 3 章で見たリカード・ミルの生産モデルに相当する。以下では，産業 i の変数は添え字 i を付けて識別することにしよう。

自国の総労働量を H とすると，その完全雇用のためには

$$a_1(\rho_1)Y_1 + a_2(\rho_2)Y_2 = H \tag{5.13}$$

ただし，$a_i(\rho_i)$ は $\rho_i \leq 1$ の範囲，すなわち収穫逓増の局面で ρ_i の減少関数とされ，Y_i は産業 i の総生産量で

$$Y_i = n_i y_i \quad (i = 1, 2) \tag{5.14}$$

という関係をみたす。他方，産業 i の長期均衡では

$$(1 + \pi_i)a_i(\rho_i)w = p_i \quad (i = 1, 2) \tag{5.15}$$

となる。これから

$$\frac{p_2}{p_1} = \frac{1 + \pi_2}{1 + \pi_1} \cdot \frac{a_2}{a_1} \tag{5.16}$$

という関係がみちびかれる。式 (5.13) は自国の生産フロンティアを表わしている。ρ_1, ρ_2 が与えられると，前項の分析から $a_1(\rho_1)$, $a_2(\rho_2)$, y_1, y_2 が決まる。外国の経済についても同様なモデルを考え，これまでと同様に各変数に星印を付けた記号で示すことにしよう。3 章のリカード・ミルのモデルは，$\pi_1 = \pi_2 = \mu_1 = \mu_2 = 0$ とおいた特殊ケースとして現在のモデルに含まれる。この特殊ケースでは，3 章で解説した比較生産費に基づく国際分業の理論がそのまま妥当する。

論点を明確にするために，自国と外国の気候風土や生産技術に基づく比較生産費が同一であるような状況を考えよう。したがって，$\rho_i = \rho_i{}^*$ のとき $a_i(\rho_1) = a_i(\rho_i{}^*)$ とする。そこでは，伝統的な国際分業の理論は根拠を失い，国際貿易は消滅するかのように思われるかもしれない。しかし，現在のモデルは収穫不変と完全競争を仮定する伝統的な理論とちがって，次の 2 つの状況を考えることができる。第 1 に，産業の体質や競争政策のあり方によって独

5.2 企業の収穫逓増と国際分業：一般均衡分析

占的な価格設定が行われ競争度が1よりも小さく抑えられる場合，第2に，既存企業の参入阻止行動や政府の参入政策によって各産業の長期均衡でもマークアップ率がゼロまで低下しない場合だ。

まず，自国の産業1の競争度が外国より低いケースに注目しよう。論点を明確にするために，すべての産業のマークアップ率はゼロ，すなわち $\pi_1 = \pi_2 = \pi_1^* = \pi_2^* = 0$ とし，$\mu_1 < \mu_1^*$, $\mu_2 = \mu_2^*$ とおく。この場合，

$$a_1(\rho_1 = 1 - \mu_1) < a_1^*(\rho_1^* = 1 - \mu_1^*),$$
$$a_2(\rho_2 = 1 - \mu_2) = a_2^*(\rho_2^* = 1 - \mu_2^*)$$

したがって，貿易前の均衡では，自国，外国の財2の相対価格をそれぞれ p_A, p_A* として

$$\frac{a_2(1-\mu_2)}{a_1(1-\mu_1)} = p_A > \frac{a_2^*(1-\mu_2^*)}{a_1^*(1-\mu_1^*)} = p_A{}^* \tag{5.17}$$

という関係がなりたつ。気候風土や生産技術に国際的な差異がなくても，自国の政策によって産業1の競争度が高められれば，式(5.17)からわかるように自国は財1に比較優位を持つことになる。この場合，自国は財1を輸出し，貿易利益が得られることはいうまでもない。

次に，産業1のマークアップ率が外国よりも高い場合をとりあげよう。ここでも論点を明確にするために，すべての産業の競争度は均等で1よりも低い，すなわち $\mu_1 = \mu_2 = \mu_1^* = \mu_2^* < 1$ とし，$\pi_1 > \pi_2 = \pi_1^* = \pi_2^* = 0$ とおく。自国では産業1に何らかの参入障壁があり，そこでのマークアップ率が正になっているが，内外の他の産業ではマークアップ率がゼロになるまで参入が行われるということだ。ただし，π_1 は

$$\pi_1 < \frac{\mu_1}{1-\mu_1}, \quad \rho_1 < 1$$

を満たすものとする。この場合，

$$a_1((1-\mu_1)(1+\pi_1)) < a_1^*(1-\mu_1^*), \quad a_2(1-\mu_2) = a_2^*(1-\mu_2^*)$$

したがって，貿易前の均衡では

$$\frac{a_2(1-\mu_2)}{a_1((1-\mu_1)(1+\pi_1))} > \frac{a_2^*(1-\mu_2^*)}{a_1^*(1-\mu_1^*)} \tag{5.18}$$

という関係がなりたつ。自国の産業 1 は収穫逓増のもとで操業しているため，参入制限が行われると既存企業の規模が増大し生産性が上昇するからだ。そもそも，自由参入のもとでの長期均衡では企業数が過剰であったといってもよい。これは産業組織論の文献で**過剰参入定理** (excess entry theorem) として知られていることだ。参入制限によって自国の財 1 の生産性が上昇するため，財 2 の比較生産費は外国よりも高くなるが，貿易前の均衡で自国の財 2 の相対価格は外国よりも低くなる可能性がある。式 (5.16) から

$$p_A < \frac{a_2(1-\mu_2)}{a_1((1-\mu_1)(1+\pi_1))} < p_{A^*} = \frac{a_2^*(1-\mu_2^*)}{a_1^*(1-\mu_2^*)} \quad (5.19)$$

となるからだ。

図 5.3 は，自国，外国の貿易前後の均衡を 1 つの図で示すように工夫されている。原点 O から縦軸，横軸に財 1，財 2 の数量 Q_1, Q_2 を測る。$\triangle HTt$, $\triangle FTt^*$ はそれぞれ H, F を原点とする自国，外国の生産集合を表わす。自国の生産フロンティア Tt は

$$-a_2(1-\mu_2)/a_1((1-\mu_1)(1+\pi_1))$$

の傾きをもち，$H/a_1(1-\mu_1)(1+\pi_1)$ の縦軸切片をもつ直線，外国のフロンティア Tt^* は

$$-a_1^*(1-\mu_2^*)/a_2^*(1-\mu_1^*)$$

の傾きをもち，$H^*/a_2^*(1-\mu_2^*)$ の横軸切片をもつ直線だ。自国の貿易前の均衡 A では，社会的無差別曲線 U (相似的とする) が生産フロンティア Tt より緩やかな勾配の相対価格線 r と接している。外国の貿易前の均衡 A^* は自国と同一の無差別曲線 U^* が生産フロンティア Tt^* と接する点で成立する。自国は貿易前の財 2 の相対価格が外国よりも低いという意味で財 2 に「比較優位」をもち，外国は同様に財 1 に「比較優位」をもつように見えるかもしれない。しかし，収穫逓増と不完全競争が支配する現在の世界では，自国は財 1 を輸出し，外国から財 2 を輸入し，ともに貿易利益を確保する。

参入制限がある場合，貿易後に自国は財 1 に完全特化し，外国は財 2 に完全特化する。このとき，世界全体の生産量，消費量を原点 O から測って T で示される。国際均衡価格は T を通る両国に共通の相似的な社会的無差別曲線

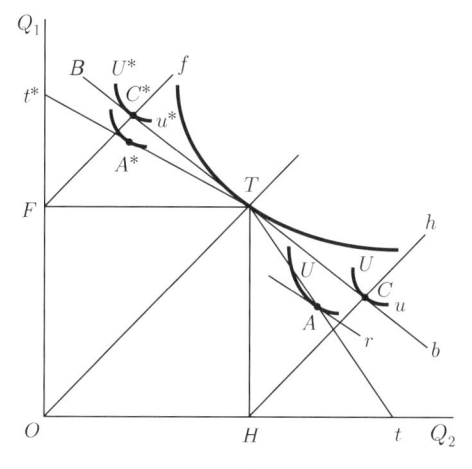

図 5.3　参入制限と国際貿易

の接線の傾斜に等しくなる。この接線は世界全体の予算線と見なせる。それは自国の原点 H から見れば自国の予算線，外国の原点 F から見れば外国の予算線でもある。世界全体の均衡消費比率は OT 線の傾斜で示される。したがって，原点 H から見た自国の消費の均衡点は自国の予算線 tT と H から引いた OT に平行な直線 Hh との交点 C で示される。自国は C 点で貿易前の均衡点 A より高い効用を実現している。原点 F から見た外国の消費の均衡点は外国の予算線 t^*T と F から引いた OT に平行な直線 Ff との交点 C^* となる。外国は C^* 点で貿易前の均衡点 A^* よりも高い効用を享受している。

5.3　産業の収穫逓増と国際分業

一国の生産フロンティアは，リカードのモデルでは直線となり，ヘクシャー・オリーンのモデルでは原点に対して凹の形状を持つ曲線となる。これは，各産業で生産が**規模に関して収穫不変**と仮定されていることによるものである。しかし，現代の多くの産業では，**収穫逓増**，すなわち生産量の増加とともに平均生産費が低下するという現象が観察されている。その場合，一国の生産フロンティアは原点に対して凸の形になる可能性がある。これまでのモデル

では，国際貿易は国際的な比較優位の差異に基づいて生じ，すべての貿易参加国が何らかの貿易利益にあずかるという結論が得られた。しかし，これらの結論は各国の生産フロンティアが原点に対して凸になる場合には必ずしも成立しない。以下，簡単な**収穫逓増産業**のモデルを用いて，これらの点を例解してみよう。

　これまでと同様に，自国，外国の2国が財1，財2を生産，消費するモデルを考えよう。ただし，各産業において，同程度のマーシャル的外部経済が作用し，生産は収穫逓増のもとで行われ，各国の生産フロンティアは原点に対して凸になると仮定する。**マーシャル的外部経済**とは，個々の企業の生産性が産業全体の生産規模が与えられている場合には一定だが，産業規模の増加に応じて上昇する現象を指している。たとえば，産業規模が拡大すれば技術や人員のプールが拡大するので，個々の企業による利用効率も高まると考えられる。これはイギリスの経済学者**マーシャル**によって指摘され，個々の企業が価格受容者としてふるまうとする完全競争の仮定と矛盾しない産業全体の収穫逓増の現象として注目された。論点を明確にするために，両国の生産技術，要素賦存はまったく同一であり，両国の生産可能領域はそのフロンティアを含めて完全に一致するものとしよう。また，両国の消費者の選好は，同一の相似的な社会的無差別曲線によって表されるものとしよう。これらの仮定によって，貿易前(自給自足時)の完全競争均衡では両国の相対価格は完全に等しくなり，比較優位の差異はなくなる。したがって，比較優位の差異に基づく貿易はおこりえない。

　マーシャル的外部経済によって比較優位の差異がなくても国際分業が行われ，自由貿易のもとで両国が貿易利益を享受する可能性がある。図5.4は，財2の数量を横軸に，財1の数量を縦軸にとり，自国の生産可能領域 OTt を通常の位置におき，外国の生産可能領域 O^*Tt を逆さまにして両者の端点がちょうど重なる位置においたものである。貿易前の均衡において，自国は生産フロンティア Tt 上の A 点で，外国は生産フロンティア tT 上の A^* 点で両財を生産，消費している。このときの自国，外国の効用水準はそれぞれ無差別曲線 $U_A u_A$，$U_{A^*} u_{A^*}$ で示される。自国，外国があらゆる点で同じだとする仮定によって，貿易前の両国の2財の消費量と効用水準は同じだといえる

5.3 産業の収穫逓増と国際分業

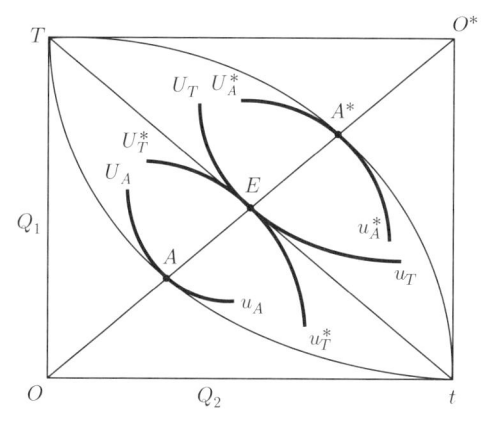

図 5.4 対称的な貿易均衡

だろう。

貿易が始まると，自国は財1に，外国は財2に完全特化するとしよう。このとき，世界全体として消費可能な財1の数量は OT，財2のそれは Ot となる。そこで，点 O から自国の消費量を測り，点 O^* から外国の消費量を測ることにしよう。両国の無差別曲線が同一で相似的であることから，このボックス・ダイアグラムの契約曲線は対角線 OO^* となる。自由貿易のもとでの消費の均衡点は OO^* 上になければならない。

図 5.4 では，消費均衡点 E がちょうど OO^* とボックスのもうひとつの対角線 Tt との交点に一致するケースが描かれている。この点を通る自国，外国の無差別曲線 $U_T u_T$，$U_T^* u_T^*$ はそれぞれ貿易前の均衡点を通る $U_A u_A$，$U_A^* u_A^*$ の上方にある。したがって，このケースでは自国も外国も貿易利益を得ている。しかも，この点で両国の消費量は同じであるから，両国はまったく等しい利益を得ているといえるだろう。この場合，各国がどちらの財に特化するかは問題ではない。

しかし，これは特別なケースである。一般に，消費の均衡点がボックス・ダイアグラムの2つの対角線に一致するという必然性はない。それどころか，両国の無差別曲線の形状によっては貿易がいつも両国の利益になるともいえないことに注意しよう。図 5.5 には，貿易が外国には利益をもたらすが，自

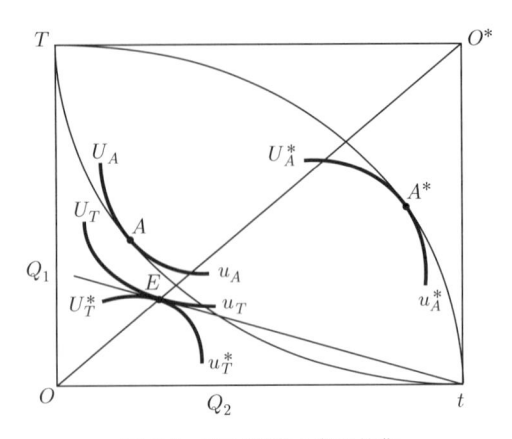

図 5.5 非対称的な貿易均衡

国には損失となる場合が示されている。外国の効用水準は貿易前の $U_A^{*}u_A^{*}$ から貿易後の $U_T^{*}u_T^{*}$ に大きく上昇しているが，自国のそれは U_Au_A から U_Tu_T に低下している。このような国際分業は外国にとっては大いに有利だが，自国には受け入れがたいものである。

これらの2つのケースの違いはどこにあるのであろうか。明らかに，それは財1と財2に対する消費選好の違いに起因している。図5.4の場合，各国の両財に対する貿易後の支出性向は等しくなっている。各国は総支出のちょうど半分ずつをそれぞれの財の購入に当てているのである。供給側の条件を所与とすれば，財2が財1に対して強く選好されればされるほど，財1に特化した国が不利に，財2に特化した国が有利になる。

しかし，支出性向の低い財に特化した国が必ず不利益を受けるわけではないことに注意しよう。図5.5は極端なケースだ。支出性向の低い財に特化した国でも貿易利益を確保する場合があることは明かだろう。以上の分析の結果は次のようにまとめられる。支出性向の高い財に特化した国は大きな貿易利益を享受することができる。支出性向が低い財に特化した国は一般にそれより少ない利益しか得られず，場合によっては損失をこうむる可能性もある。各国が等しい貿易利益をあげるのは貿易後において両財に対する支出性向が等しい場合だけである。

自国と外国が異なった国で両者の間に比較優位の差異がある場合でも，収穫

逓増のもとでは比較優位にしたがった国際分業が行われる必然性はない。歴史的な偶然によって各国が比較劣位産業に特化し生産を増やしていくと，収穫逓増の作用によってその生産費が低下していくため，やがて強い国際競争力を持つようになり，そのような特化パターンが定着する可能性がある。また，かりに比較優位にしたがった分業が行われるとしても，すべての国が同じように貿易利益にあずかる必然性もない。小島清 (1920–2010) によって提唱された「**合意的分業原理**」(principle of agreed specialization) は，収穫逓増産業の国際分業を貿易利益の公平な配分を実現するように国際的合意にもとづいて配分・決定することを求めるものだ[3]。

演習問題

1. 図 5.1 で労働の単位ではかった平均費用曲線が U 字型になることを説明しなさい。企業の収穫逓増や逓減とは何か。それはこの図でどのように表現されているか。平均費用の最低点はどのような意味をもっているか。

2. 本章 2 節の設定のもとで自国，外国の生産技術，産業組織が全く同一なら国際分業が行われる余地はない。仮にすべての産業で参入制限がないとすれば，自国の生産集合が縮小するにせよ拡大するにせよ，内外の生産フロンティアが等しい傾きをもつからだ。図 5.3 を修正してそのことを例示しなさい。

3. 国際分業の比較優位は，かつては国々の間の風土の違いや生産技術の違いによって説明されたが，近年になると政府規制や競争政策の違いも無視できない要因とされるようになった (3.2 節参照)。本章 2 節の分析を復習して，それらの制度的，政策的要因の役割を整理し評価しなさい。

4. 企業の収穫逓増と不完全競争を考慮する本章 2 節のモデルは伝統的なリカード・ミルの完全競争モデルを特殊ケースとして含むものだ。不完全競争革命を強調したクルーグマン等の「新しい貿易理論」は伝統的理論を書きかえる革新的なものか，あるいはその延長線上にあるものかについて考察しなさい。

5. 合意的分業とは何か。なぜそのような分業が意味をもつのかについて，産業の収穫逓増 (マーシャル的外部経済) の観点から論じなさい。

---

[3] 根岸隆 (1971), III, IV 章，小島清 (2003), 第 1 章参照。

6
差別化と産業内貿易

　国際貿易の基本モデルでは，各国の輸出産業と輸入代替産業は画然と分けられ，国際貿易は異なる産業の製品が国際的に交換される現象としてとらえられている。このモデルの問題点は同質的な先進国間の**水平貿易** (horizontal trade) を十分に説明できないことである。異なる産業の製品が国際的に交換される貿易は**産業間貿易**といわれる。しかし，現代の世界では，各国が同一産業の財を同時に輸出し，輸入するという**産業内貿易**の現象が顕著に見られる。たとえば，日本が食料を輸入し，工業製品を輸出しているのは典型的な産業間貿易である。他方，繊維製品，電機製品，精密機械，工作機械，半導体，パソコン，自動車等を輸出すると同時に輸入もしているのは，産業内貿易である。現在，工業国相互間で行われている水平分業の大部分は産業内貿易からなっている。

　産業内貿易といわれるものの中味は雑多である。古典的な産業内貿易の例としては，(1) 同一の財が一国のある地方では輸出され，他の地方では輸入される**国境貿易** (border trade)，(2) 同一の財が収穫期に輸出され，端境期に輸入される**周期的貿易** (cyclical trade)，(3) 同一の財がある国から輸入され，別の国に輸出される**中継貿易** (emtrepot trade) などである。これらは特定の国や産業について認められてきた特殊な現象であり，国や期間の取り方を修正するか，輸送，流通サービスを考慮することで説明できる。

　しかし，このような特殊な貿易とは別に，現代の世界ではほとんどの国や産業分野で産業内貿易の比重が増大していることに注目する必要がある。現

代の産業内貿易は，(1) **工程差別化** (process differentiation)，(2) **市場差別化** (market defferentiation)，(3) **製品差別化** (product differentiation) という3つの差別化現象と関連づけて説明されることが多い。このうち，工程差別化による産業内貿易は，産業分類を適当に修正すればこれまで解説してきた比較優位の理論で十分理解することができる。しかし，市場差別化と製品差別化による産業内貿易は通常の比較優位に基づく国際貿易とは異質なものだ。

6.1 産業内貿易の概念と計測

産業内貿易は，各国，各産業について定義される。上記のように，各国がある産業の産品を輸出すると同時に輸入している場合，産業内貿易が行われているといわれる。これに対して，各国がある産業の産品を輸出するが輸入はしていない場合や，輸入するが輸出はしていないような場合には，純粋な産業間貿易が行われているとされる。産業内貿易の概念を表現し計測するために**産業内貿易指数** (intra-industry trade index) という指標が考案されてきた。

最も簡単には，ある産業での一国の輸出額を X，輸入額を M で表わすとき，産業内貿易指数 $IITI$ は

$$IITI = \left(1 - \frac{|X - M|}{X + M}\right) \times 100$$

のように与えられる。$IITI$ は 0 から 100 までの値をとり，その数値が高いほど産業内貿易の程度が高いといえる。$IITI = 0$ のときには輸出ないし輸入だけが行われ，産業内貿易はゼロとなる。また，$IITI = 100$ のときには輸出と輸入が同額となり，産業内貿易がフルに行われていると解釈される。この指標は，国の範囲や産業の範囲をどうとらえるかで変化する。たとえば，ここでいう一国が特定の国 (たとえば日本) を指しているかある地域の複数の国 (たとえば東アジア諸国) を指しているかで，またある産業が製造工業か農業か全産業かで，異なる計算式が立てられ異なる計測が行われる。日本の産業内貿易指数は東アジアとは違う値になるし，日本の製造業の指数は全産業の指数とは違う値になる。それに応じて，産業内貿易指数の理論的，政策的

意義も異なったものとなる。

　一国の**産業間貿易**のパターンは比較優位原理でかなりの程度まで説明できる。これに対して，**産業内貿易**のパターンはそれとはまったく異なる要因によって決まる。一国の特定産業の比較優位が強ければ強いほど，その**純輸出**(輸出 − 輸入額)は増大するが，産業内貿易はかえって減少することが指摘されてきた。たとえば，日本の対外貿易の重要な特徴として**製品輸入比率**が低く，産業内貿易指数が他の工業国にくらべて小さいといわれてきた(表 6.1 参照)。

　こうした日本の対外貿易構造はしばしば日本の輸入市場の閉鎖性によるものとされ，日本経済が大幅な貿易黒字を続けた 1980 年代には日本をめぐる国際経済摩擦の火種となった。製品輸入比率が低く産業内貿易指数が小さいのは，何よりも日本が製造業に強い比較優位をもっていた(換言すれば非製造業では強い比較劣位にあった)ことによるものと考えられる。とはいえ，仮に日本の製品市場が閉鎖的だったとすれば，それもまた製品輸入比率の上昇を妨げ，製造業の産業内貿易指数の低下を招いたといえるかもしれない。表 6.1 によれば，ニュージーランド，オーストラリアなどの産業内貿易指数も日本，韓国とならんで際立って低いが，両国が農産物に強い比較優位を持って

表 6.1　産業内貿易指数　国際比較

	1988–91	1992–95	1996–2000
数値が低い国々			
日本	37.6	40.8	47.6
韓国	41.4	50.6	57.5
ニュージーランド	37.2	38.4	40.6
オーストラリア	28.6	29.8	29.8
数値が高い国々			
アメリカ	63.5	65.3	68.5
イギリス	70.1	73.1	73.7
ドイツ	67.1	72	72
フランス	75.9	77.6	77.5
カナダ	73.5	74.7	76.2
オーストリア	71.8	74.3	74.2
オランダ	69.2	70.4	68.9
スウェーデン	64.2	64.6	66.6
イタリア	61.6	64	64.7

出所：OECD, Economic Outlook, No.71, (2002) N.0. 71, June 2002

いることを反映するものといえそうだ[1]。

6.2 工程差別化と産業内貿易

まず、**工程差別化**について考えよう。工業製品の工程は幾つかの部分に分割されているのが普通である。そのうち、ある部分は原料や部品の生産に特化し、他の部分は加工、組立、販売などにかかわっている。これらの部分がすべて一つの国の中で行われているわけではない。

たとえば、石油製品、鉄鋼、非鉄金属などの素材産業の場合、原料が資源保有国で採取され、その精製や加工は別の国で行われ、再び資源保有国に輸入されることが多い。産業のコメといわれる半導体の場合、その前工程は知識労働集約的であるが、後工程は単純労働集約的で、それぞれ別の国で操業される可能性がある。自動車産業や電気機器などの加工組立産業の場合、ある企業の本国で部品が生産され、その組立は別の国で行われ、製品が本国に逆輸入されることが少なくない。最近では衣料、製靴、食品などの身近な消費財でも、企画、デザイン、製造、流通などの工程を世界各国に分散し、最終製品の流通は消費国周辺に展開するといったやり方がごく普通に行われるようになった。この現象は**分断化** (fragmentation) と呼ばれている。その結果、素材産業でも加工組立産業でも日用品産業でも、同一産業内で生産されたものがある国に輸入されると同時に同じ国から輸出されるという産業内貿易が広く見られるようになった[2]。

このような貿易は比較優位の理論で説明がつくものである。資源保有国は当然その資源からできる原料に、資源の乏しい国は製品に比較優位を持つであろう。先進工業国は知識労働集約的な工程に、一部の発展途上国は単純労働集約的な工程に比較優位を持つと考えられる。したがって、同一産業の原料と製品の交換という形で観察される産業内貿易や、同一産業の部品と製品の交換という形態をとる産業内貿易はいずれも比較優位の理論にしたがうも

---

[1] 松村 (2010) 第 7 章に産業内貿易の詳しい解説がある。
[2] Jones (2000), Feenstra (2004) などに先駆的研究が見られる。若杉 (2007) は東アジアの工程差別化と産業内貿易のミクロデータをとりあげて、その態様を詳しく論じている。

のと考えられる。ところで，このような産業内貿易は産業分類を細かくしていくと消滅し，産業間貿易に転化することに注意しよう。ある原料ないし部品を生産する産業とそれを用いて製品を生産する産業を区別し，別の産業と見なすことにすれば，原料と製品，部品と製品の交換という形で生じる貿易は産業間貿易としてとらえられるからである。それは，用途においても外形においても生産方法においても類似した製品が同時に輸出され輸入されるという意味での産業内貿易とは区別されるべきものである。

6.3 不完全競争と産業内貿易

産業内貿易は産業間貿易と区別される現代貿易の特異な現象であるかのように思われるが，上記の工程差別化に由来するものは産業分類を精緻にすることで産業間貿易として再解釈できるし，その多くは伝統的な比較優位の理論で説明可能なものだ。しかし，産業内分業といわれる貿易の中には，これまでに論じてきた比較優位原理や収穫逓増産業の合意的分業原理だけでは十分に説明できないものもある。そこでは，不完全競争と結びついた**市場差別化**や**製品差別化**といった現代的な差別化の概念が重要な役割を果たす。

市場差別化と産業内貿易

鉄鋼，石油製品，半導体などのように製品の品質が標準化されている産業において，異なる国々に本拠をおく多くの企業が同時に世界中にその製品を輸出しているという現象が見られる。その結果，各国は外国からそれを輸入すると同時に，外国に類似のものを輸出していることになる。このようなことが起こるのは，どの企業も各国の市場を差別して，それぞれの場所で一定のシェアを確保しようとするためだ。その最も簡単なモデルは，異なる国々の企業がまったく同一の製品を同一コストで生産し，各国の市場でクールノー型の寡占的販売競争に従事するとするものだ。各国の市場が孤立しているとすれば，それぞれの市場で異なる国の企業が同一の市場需要曲線に直面し，クールノー均衡で市場を分け合うことになる。

このような産業内貿易は，明らかに比較優位に基づくものではない。それ

6.3 不完全競争と産業内貿易

が利益をもたらすとすれば，各国の市場で国際的な競争が行われることにより価格が下がり消費者余剰が増大するからである。しかし，他方では損失が生じる可能性もある。各国がまったく同一の製品を輸出し，同時に輸入することにより余計な輸送費が必要になるからだ。各国の消費量，生産量をそのままにしておいて，その差のみを輸出するか輸入することにすれば，同じものを輸出し輸入することによる無駄を省くことができる。こうした無駄な輸送による損失が競争による消費者余剰の増加を上回ることもありうる。

市場差別化による貿易が実際にどれくらい重要かについては疑問が残る。各国の需要曲線が異なっていれば，それぞれの市場で成立するクールノー均衡も当然異なり，市場ごとに異なる価格が設定されることになる。国際的な裁定(鞘取り)取引が可能であれば，このような国際的価格差は長続きしないかもしれない。また，ある国の企業が自国よりも外国で安い価格で販売する行為はダンピングと認定され，現行の国際的取り決めのもとでは排除される可能性が大きい。さらにいえば，異なる企業が生産する製品は同種のものであっても多少とも異なっているのが普通である。したがって，異なる企業がまったく同一の製品を生産するという設定自体現実的なものではないかもしれない。異なる企業が何らかの意味で異なる製品を生産しているとすれば，それは次ぎに述べる製品差別化のケースに含まれることになる[3]。

製品差別化と産業内貿易

製品差別化とは，同一の用途を持つ製品が品質，性能，デザイン，包装などさまざまな点で多様化し，ユーザーによって差別的に取り扱われる現象である。高級品，中級品，低級品といった品質，性能の明確な格差による差別化は**垂直的差別化**，それ以外の面での差別化は**水平的差別化**と呼ばれる。一般の消費者は，食品，衣服，家具，住宅，自動車，パソコン，カメラ，レジャー用品などの消費財に見られる製品差別化を充分に認識しているはずだ。しかし，製品差別化の事例は，原料，部品，半製品，産業用機械など生産財にも広範に見られる。それはあらゆる産業分野にわたる普遍的な現象であるといっ

---

[3] Brander and Krugman (1983) 参照。

ても過言ではない。

　異なる国の異なる企業がほとんどあらゆる分野で多様に差別化された製品を生産し，異なる銘柄で世界各国に販売している。その結果，同様な用途，外形を持ち，同様な方法で生産される財が各国から輸出され，同時に各国に輸入される産業内貿易が広く生じている。その結果，各国のユーザーは世界中から自分の好みやニーズに合った銘柄の製品を取り寄せることができるようになった。逆に，各国のユーザーの多様な欲求に応えるために，さまざまな製品差別化が推し進められてきたという面もある。

　製品差別化に基づく産業内貿易は，リカードの比較生産費説やヘクシャー・オリーン理論で重視された生産技術，気候風土，要素賦存などの国際的差異がない場合でも起こり得る。しかし，厳密に考えると，そのような場合に産業内貿易が生じるためには，製品差別化が存在するだけでは十分ではない。各国で，差別化財の産業に「範囲の不経済性」が存在すること，すなわち，多数の差別化された製品を生産することが経済的でないという状況が存在することが必要だ[4]。

　たとえば，まったく同様な生産構造を持つ複数の国々がデザインの異なる複数の自動車を生産できるものとしよう。もし各国であらゆる可能なデザインの自動車が同一の平均費用でいくらでも生産できるとすれば，各国はそれらをすべて国内で生産し，自給自足するであろう。そのような場合には，確かに国際貿易の誘因は存在しない。しかし，新しいデザインの自動車を開発するためには通常固定費用がかかり，その自動車の平均費用は結果として逓減するのが普通である。また，各国においてデザイン開発に要する固定費用それ自体もデザイン数が増えるにつれて逓増する可能性が大きい。もしそうなら，各国が固定費用を負担してすべてのデザインの自動車を生産することはきわめて不経済である。各国が独自のデザインの自動車を生産して内外の市場に提供すれば，開発費用の重複を避けることができる。

　ひとたびあるデザインの自動車を開発し，その市場化に成功した企業は他の企業に対して優位に立ち，市場を独占できるだろう。したがって，自由貿易

---

[4] 製品差別化の下での貿易モデルについては，たとえば鈴木 (2001)，菊池 (2001) を参照。

6.3 不完全競争と産業内貿易

のもとでは，各国の企業は自社の製品を国内でも国外でも販売するようになり，産業内貿易が発生する。その結果，各国とも貿易が制限されている場合にくらべてより多くのデザインの自動車を使用することが可能になる。これは，人々が消費の多様性にメリットを見出す限り，望ましいことである。それに加えて，各国の企業は自社の製品の独占的供給者としてある程度の市場支配力を持っていると考えられるから，異なるデザインの自動車が増えることにより，国際競争のもとで価格が低下することも消費者の利益になる。しかし，同じような製品を輸出し，同時に輸入することにより，輸送費がかさむことも忘れてはならない。これは自由貿易の利益を減殺する要因となる。

上記の自動車のケースは**水平的差別化**による産業内貿易が比較優位の差異がない場合でも生じうることを示すものだ。しかし，水平的差別化による産業内貿易であっても，比較優位の理論で説明できるものもあることはいうまでもない。自動車の例に即していえば，ある種のデザインはきわめてイタリア的であり，別のデザインはきわめて日本的であって，イタリア，日本はそれぞれのデザインの自動車に強い比較優位を持っているかもしれないからだ。

これに対して，**垂直的差別化**による産業内貿易は，同一の用途のものでも品質が高く性能の良い製品が先進国で生産され，それらの点で劣るところのある製品が発展途上国で生産されるようなケースに見られる。具体的には，繊維素材，衣服，加工食品，テレビ，ステレオ，エアコンなどの家電製品，自動車など，生活関連のさまざまな製品について高級品と低級品の産業内分業が行われている。また，中間財・部品についても，たとえば集積回路 (IC) に見られるように，同様な分業が行われている。このような貿易のかなりの部分は，各国で利用可能な生産技術や要素賦存などの違いから生じる比較優位の差異によって説明可能だ。しかし，比較優位の差異がなくても範囲の不経済性がある場合には，歴史的偶然によってある国が高級品を輸出し他の国が低級品を輸出するといった事態が生じる可能性があることは否定できない[5]。

---

[5] たとえば，若杉 (2007) 参照。

6.4 異質企業と製品差別化のモデル

上述したように，日本の対外貿易の重要な特徴として製品輸入比率が低く，産業内貿易指数が他の工業国にくらべて小さいと指摘されてきた。これは，日本が製造業に強い比較優位をもっていた (非製造業では強い比較劣位にあった) ことによるものと考えられる。それはまた，日本をめぐる貿易摩擦の中でしばしばいわれてきたように，日本の製品市場が「見えない」貿易障壁のために閉鎖的であったことに起因するものかもしれない。

閉鎖経済の均衡

簡単な部分均衡モデルによって，製品差別化にもとづく産業内貿易の決定要因を考えてみよう。とりあえず，自国について差別化された製品が存在する産業を想定する。これらの製品は消費者の「多様性への欲求」によって需要される。簡単化のために，個々の銘柄は差別されるがその間に優劣はなく，各銘柄の平均生産費は生産量にかかわらず一定だが，国内で生産される銘柄が増えるに従って限界的な銘柄の平均生産費は上昇すると仮定する。その理由は，各銘柄の生産にたずさわる企業は同質的ではなく，効率の良い企業が先に，悪い企業があとに参入することによる[6]。

図 6.1 はこの産業の均衡を図解したものだ。縦軸に各銘柄の価格 p，横軸に生産量 (銘柄数) y がとられている。各銘柄は 1 単位ずつ需要，供給されるものとして，Dd, Ss はそれぞれ需要曲線，供給曲線，両者の交点 A が閉鎖経済の均衡を表わしている。均衡価格，均衡銘柄数はそれぞれ OB, OC である。消費者余剰，生産者余剰 (限界内企業の利潤) はそれぞれ $\triangle DBA$, $\triangle BSA$ で表わされる。この産業の社会的余剰，すなわちその存続によって達成される経済厚生の増分は両者の和 $\triangle DSA$ となる。

供給曲線は価値標準財 (貨幣) の単位で測ったこの産業の限界的な銘柄の平均費用を示している。技術進歩などの要因でそれが一様に下がると，均衡価格は下がり，均衡銘柄数は増え，社会的余剰は増加する。図 6.1 には，当初

---

[6] 企業の異質性を考慮した産業内貿易のモデルは，今世紀に入ってから Melitz (2003)，をはじめ多くの論者によってとりあげられた。

6.4 異質企業と製品差別化のモデル

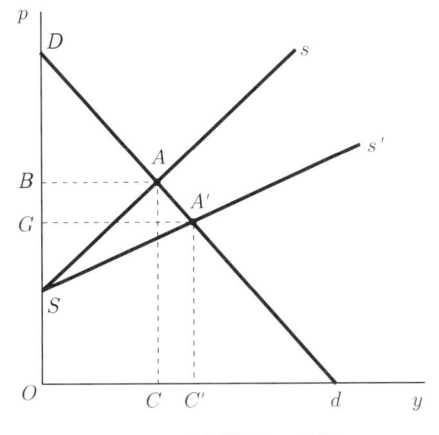

図 6.1 閉鎖経済の均衡

の均衡が A であったとして，こうした技術進歩の効果が例示されている．供給曲線は Ss' にシフトダウンし，均衡点は A' に移動する．その結果，均衡価格は OB' に，均衡銘柄数は OC' に変わり，社会的余剰は $\triangle ASA'$ だけ増加して $\triangle DSA'$ となる．

産業内貿易の利益

ここで自国のほかに外国が存在するものとして，両者の間の産業内貿易を考えてみよう．自国，外国の代表的消費者は同一の効用関数をもち，それぞれ差別化財の各銘柄を 1 単位ずつ消費すると仮定しよう．自国で生産される銘柄と外国で生産される銘柄は識別されるが，平均費用に見合う価格で売れる限りまったく同様に消費者の欲求をみたすものとする．両国企業の唯一の違いは生産費の相違である．自国企業の生産費が外国企業より低ければ低いほど，したがって自国がこの産業に対してもつ比較優位が強ければ強いほど産業内貿易指数が小さくなることが示されよう．この産業を製造業，価値標準財を非製造業と見立てるならば，このことはまた自国の製品輸入比率の低位をもたらすことになる．

自国の観点から見た開放経済の均衡は図 6.2 に示されている．Dd は自国の需要曲線，Ss, Ss^W はそれぞれ自国企業の国内市場に対する供給曲線，両国

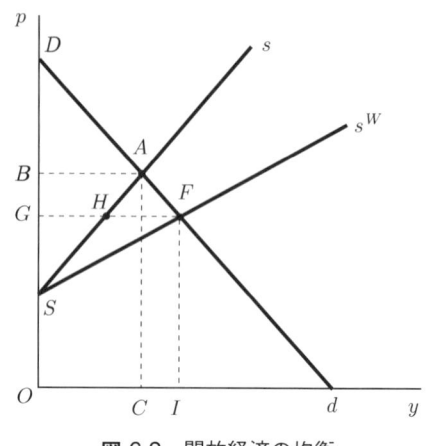

図6.2 開放経済の均衡

企業の両国市場に対する総供給曲線である。いうまでもないが，Ss^W は Ss と外国企業の自国市場向け供給曲線 (ここには描かれていない) を水平に加算したものである。均衡は F 点で示され，均衡価格は OG，自国市場に供給される総銘柄数は CI である。このとき，自国企業によって供給される銘柄数は GH，外国企業によって供給される銘柄数は HF となる。両国企業の間に比較優位の差は存在しないものとすれば，この均衡では $GH = HF$ となっている。自国は GH だけの銘柄を外国から輸入し，それと同数の銘柄を自国で調達している。このとき，外国でもまったく同じ均衡が成立するので，各国の差別化財の輸出額は輸入額に等しく，産業内貿易指数は 100 となっているはずだ。

産業内貿易の利益はどうなっているのだろうか。すでに見たように，貿易前の自国の社会的余剰は $\triangle DSA$ によって表わされる。貿易後には消費者余剰は $\triangle DBA$ から $\triangle DGF$ に台形 $BAFG$ だけ増加する。他方，自国企業が国内市場から獲得する生産者余剰は $\triangle BSA$ から $\triangle SGH$ に $BGHA$ だけ減少するが，外国市場から新たに $\triangle SGH$ だけの生産者が余剰をかせぐことができる。したがって，自国の社会的余剰は全体として $\triangle AHF$ と $\triangle GSH$ の合計に相当する額だけ増加する。

図6.2 では両国の供給曲線は同一と仮定されている。そこで実現される貿

6.4 異質企業と製品差別化のモデル

易利益は比較優位差によるものではない。それは貿易によって消費者に提供される銘柄数が増えることによるものである。これは内外の企業が同時に自国市場に参加することによってはじめて可能になる。その結果，消費者は以前よりも安い値段でより多くの銘柄を消費でき，消費者余剰が増加する。これに加えて，現在のモデルでは生産者余剰も増加する可能性がある。各国の企業は国内市場で失った利益以上の利益を国外で取り返せるかもしれないからだ。

比較優位差の影響

以上のモデルに少し手を加えて，比較優位構造や輸入障壁の変化が産業内貿易や製品輸入比率に及ぼす影響を解明することができる。日本の産業内貿易指数や製品輸入比率が諸外国に比べて低かったのは，必ずしも国内市場が閉鎖的だったためではなく，むしろ日本が従来製品の生産に強い比較優位をもっていたことによるものではないかと考えられる。ここでは，比較優位の変化が貿易構造にどのような効果をもつかを明らかにする。貿易障壁の影響については読者の考察にゆだねたい (本章演習問題 5)。

当初，自国，外国の供給曲線が同一で，相互に同数の銘柄を輸出し合っていたとしよう。図 6.2 と同様に，図 6.3 の F 点は当初の自国市場の均衡を表わしている。ここで，自国の供給曲線は一定のままで外国の供給曲線が右方に

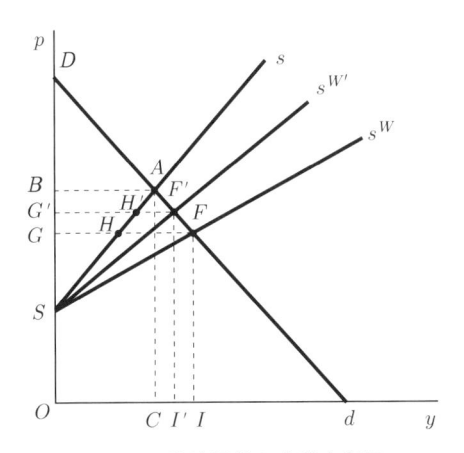

図 6.3　比較優位と産業内貿易

シフトしたとしよう.これは外国で差別化財を生産する産業が比較劣位に転じたことを意味している.図 6.3 はその効果を例示している.自国の供給曲線はこの変化によって影響を受けないが,外国のそれが変わるため総供給曲線は SS^W から $SS^{W'}$ に左方にシフトし,均衡は F 点から F' 点に移動する.その結果,均衡銘柄数は OI から OI' に減少し,均衡価格は OG から OG' に上昇する.外国企業が自国市場に供給する銘柄数は HF から $H'F'$ に減少し,自国企業が供給する銘柄数は GH から $G'H'$ に増加する.外国市場でもこれと同様の変化が生じる.つまり,自国が外国から輸入する銘柄数は減少し外国に輸出する銘柄数は増加する.その結果,両国の産業内貿易指数は当初の 100 から低下し,自国の製品輸入比率は低下し外国のそれが上昇して産業間貿易が発生する.

演習問題

1. 以下の①〜④の事項の中から比較優位理論では<u>説明できないもの</u>を 1 つ選んでその理由を述べなさい
   ① 異質国間の工程分業
   ② 同質国間の産業内貿易
   ③ 国境貿易
   ④ 周期的貿易

2. 産業内貿易に関する下記の文章①〜④真偽を判定し,コメントしなさい.
   ① 日本が食料を輸入し工業製品を輸出しているのは典型的な産業内貿易である.
   ② 先進工業国相互間の水平貿易は産業内貿易を含んでいる.
   ③ 工程差別化による産業内貿易は比較優位の理論で説明できる.
   ④ 市場差別化による産業内貿易は比較優位の理論では説明できない

3. 製品差別化が見られる産業で産業内貿易が生じるためには,差別化だけでなく何らかの「範囲の不経済性」が存在することが必要だ (本章 3 節参照).具体的な事例を挙げてその理由を説明しなさい.

4. 市場差別化による産業内貿易の経済的意義はどこに求められるか.その重要性についてコメントしなさい.

5. 輸入障壁,たとえば関税の導入は産業内貿易の減少と産業内貿易指数の減少をもたらすといわれてきた.本章 3 節で示した簡単な製品差別化のモデルによってこの主張を検証しなさい.

7
経済成長とトランスファー

　人々の嗜好や所得の制約，生産技術や資源の賦存状況など，理論モデルの外部から与えられる要因は外生変数とよばれている。これに対して，相対価格，貿易量，さらには人びとの実質所得など，モデルで説明される事柄は内生変数とよばれる。いうまでもなく，外生変数が変化すれば内生変数の均衡値も変化する。均衡理論で**比較静学** (comparative statics) といわれる分析の目的は，外生変数の変化が内生変数に及ぼす影響を調べることだ。ただし，その結論は均衡が安定であるか不安定であるかによって正反対になり，安定である場合にのみ意味をもつことが知られている。**均衡の安定性**と比較静学の結論との間に見られるこの密接な関係は**対応原理** (correspondence principle) と呼ばれている。

　本章では，比較静学の手法を用いて**経済成長**や**経済援助**が国際貿易に及ぼす効果を検討する。各国の国内要因による経済成長は貿易を通じて他国に波及する。それが**国際交易条件**にいかなる影響を及ぼすかで，成長の利益が内外にいかに配分されるかが決まる。ここでは，経済成長は生産物の供給に影響する生産性上昇や生産要素の賦存量の増加としてとらえられる。同様に，経済援助が援助国，被援助国の経済厚生に与える効果も国際交易条件がどう変化するかで異なってくる。**トランスファー**は一国の政府から他国の政府への一方的かつ継続的な移転支払いとしてとらえられる。その分析は経済援助のほか，賠償支払いや移民の本国送金にも適用可能だ。

7.1 安定条件と比較静学

これまでと同様に，自国および外国が財1および財2という2つの財を消費する2国2財モデルを考える。2章で説明した自由貿易均衡を思い出し，均衡の概念を復習しておこう。均衡価格の下で，各国の生産者は最大の利潤をあげ，消費者は予算の制約の範囲内で効用を最大にし，そして世界全体として諸財の需給はバランスする。つまり，個々の経済主体はそれぞれ自分の目的を達成するという意味で**主体的均衡** (subjective equilibrium) を実現する。しかも，この状態は全体として需給に過不足を生じることなく維持可能となるという意味で**客観的均衡** (objective equilibrium) (**市場均衡**) でもある。ひとたび自由貿易均衡が確立されると，経済はいつまでもその状態にとどまりつづける。

なんらかの要因によって均衡からの離脱が生じた場合，すなわち各財の需給にくい違いがあらわれ，需要が供給を上まわったり下まわったりする事態が生じた場合，経済の動きについてどのようなことがいえるだろうか。そうした「不均衡」の状態では，需要が供給を超える財については買いはぐれる人びとが生じ，逆に供給が需要を超える財については売りはぐれる人びとが生じる。前者の場合，買い急ぎでその財の価格をつり上げ，後者の場合，売り急ぎでその価格を引き下げる動きが出てくると考えられる。その結果，市場価格は変化し人々は財の需給を再調整することになる。

したがって，経済は特定の不均衡状態にいつまでもとどまりえない。不均衡状態にある経済が，こうした価格変化と需給調整の過程を経てやがて均衡の達成に向かうかどうかは，市場機構のはたらきをうらなう重要な問題だ。経済が不均衡状態から均衡へ近づいていく傾向が認められるとき，均衡は「安定」(stable) だといわれ，そうでない場合，均衡は「不安定」(unstable) だといわれる。実際のところ，経済がいつでも均衡状態にあるとは考えられないから，かりに均衡が不安定だとすれば，均衡を論ずることの理論的・現実的意義の大半は失われてしまう。

以下の分析の基本的仮説として，ある財が需要過剰 (供給不足) の状態にある限りその価格は上昇し，需要不足 (供給過剰) の状態にある限りその価格は

7.1 安定条件と比較静学

下落するものとしよう。一般均衡理論の創始者とされれるスイスの経済学者ワルラス (Leon Walras, 1834–1910) の説を尊重してこれを「ワルラスの仮説」とよぶ[1]。需要過剰の場合には買い急ぐ人びとが値段をつり上げ、需要不足の場合には売り急ぐ人びとが値段を引き下げるという日常の経験に立脚するものだ。財2が需要過剰の状態にある場合にこの仮説をあてはめると、財2の相対価格 p が上昇することになる。このとき、価格が均衡値よりも低い水準にあれば、経済は時とともに均衡に接近していくが、均衡値よりも高い水準にあれば、経済は時とともに均衡からますます乖離していくだろう。つまり均衡は不安定となる。これに対して、財2が供給過剰の状態にある場合に上記の仮説を適用すると、まったく逆の関係が導かれる。つまり価格 p が均衡値から下方にはずれたとき財2の需要過剰が生じ、上方にはずれたとき財2の需要不足が生じるようであれば、均衡は安定だ。

このことは、図7.1によっていっそう明確に示すことができる。横軸に世界全体として財2の需給量 Q_2 をとり、縦軸に相対価格 p をとって、両者の間に考えられるひとつの関係を示したものだ。供給曲線 $S_2^W s_2^W$ は自国と外国の供給曲線 (ここでは省略) を水平に足しあわせたもので、右上がりに描かれている。需要曲線 $D_2^W d_2^W$ は自国と外国の需要曲線を水平に足し合わせたもので、右下がりに描かれている。両者の交点 E の横座標 p_E が自由貿易の

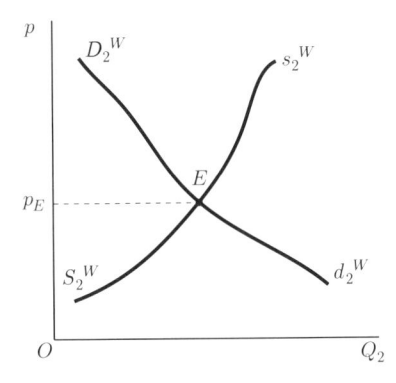

図 7.1 財1の世界需要：安定均衡のみのケース

---

[1] Walras (1874–77) 参照。

もとでの国際均衡価格だ。価格 p が均衡値 p_E よりも高い水準にあれば需要が供給を下回り需要不足の状態となり、逆に p_E よりも低い水準にあれば需要が供給を下回り需要過剰の状態となるので、自由貿易均衡 E は安定だ。

これと対照的に、図 7.2 に示した需給の関係は不安定な均衡を含んでいる。ここでは、世界の需要曲線は**需要法則**に反して右上がりの部分をもち、全体として逆 S 字形に蛇行している。ことに均衡点 E_A の近傍では、右上がりの需要曲線が供給曲線を左から切るかたちになっている。このため、価格が均衡値 p_{EA} からわずかでも上方に乖離すると需要過剰となり、わずかでも下方に乖離すると需要不足が発生して、均衡値からの離脱をますます著しくするような値動きを誘発する。すなわち、E_A 点によって示される自由貿易均衡は不安定だ。これに対して、E_B 点または E_C 点によって示される均衡は安定で、不安定な均衡点 E_A を上下からはさみつける格好になっている。

均衡点 E_A が不安定となるのは、その近傍で需要曲線が右上がりであることによる。なぜこのようなことが生じるのだろうか。2.3 節で見たように、価格変化が需要に及ぼす影響は代替効果と所得効果に分けて考えられる。財 2 の相対価格が下落したとすれば、その代替効果はかならず財 2 の需要を増加させるように作用する。これは需要法則を支持する動きだ。しかし、財 2 の価格下落は、その輸入国である自国の交易条件の有利化を意味し、輸出国である外国の交易条件の不利化を意味する。だから、それは自国の実質所得を高め、外国のそれを低めるという所得効果をもつことに注意しなければなら

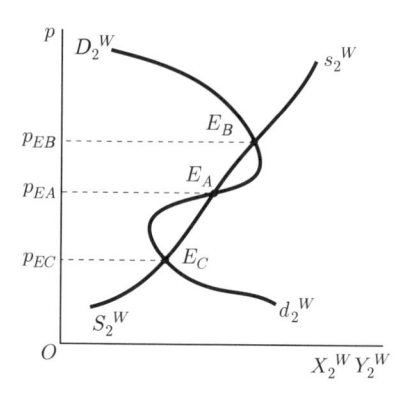

図 7.2 財 2 の世界需要：不安定な均衡があるケース

7.1 安定条件と比較静学

ない。財2が下級財でない限り，この所得効果は自国の財2への需要を増加させ，外国のそれを減少させるようにはたらくだろう。財2の輸出国である外国については，所得効果が需要法則と相反する方向に作用するのだ。世界の需要曲線が右上がりとなるのは，外国の所得効果が自国の所得効果と両国の代替効果のすべてをしのぐ場合にはじめて生じる現象として理解することができる。

不安定な均衡点 E_A の上下に安定な均衡点 E_B, E_C が存在するのはなぜだろうか。上方に安定な均衡点 E_B があるのは，次のように考えれば理解できる。財2の相対価格の上昇は財1の相対価格の下落を意味している。かりに財2の価格が p_E から無限に上昇していくとすれば，財1の価格がゼロに向かって下がり，極限では財1の需要は際限なく増大する。他方，財1の供給は価格の下落とともに減りはしても増えることはない。こうして，いつかは需要が供給を上回るようになる。財2の市場が当初の需要不足から需要過剰の状態に移行するとき，上方の均衡点 E_B が出現する。下方の均衡点 E_C については，価格が当初 p_E から下方に乖離するとして，財2の市場に上記と同様の考察を適用すればよい。財2の相対価格の下落は当初のうち財2の需要不足をもたらすとしても，それがゼロに向かって下がり続ければ需要過剰に転換すると考えられる。

理論的には，均衡点は3点だけでなくそれ以上奇数個存在する可能性がある。上記のロジックからわかるように，それらが交互に安定，不安定となり，不安定な均衡点はその上下にある安定な均衡点に挟まれる。均衡点が多数存在する場合，市場価格が当初どこにあっても，ワルラスの仮説のもとで遅かれ早かれ安定な均衡点に収束する。そ意味で市場で長期的に観察される均衡点は安定であると考えてよい。ある均衡が不安定であるとすれば，それは不均衡状態での調整を通じて実現される見込みはない。それが実現するのはたまたま何かの偶然によってそれがはじめから実現していた場合だけだ。サミュエルソンはこのことを「卵が逆立ちしているのを見た人はあまりいない」と表現している。不安定な均衡は無視し，安定な均衡に対応する比較静学の結論を採用するのが妥当だ。この選択は**対応原理** (correspondence principle) とよばれている。

7.2 経済成長と国際貿易

経済成長の効果は，それが輸出産業で生じるか輸入代替産業で生じるかでまったく異なる。簡単化のために，本節では各財の生産が固有の特殊生産要素によってなされるものとしよう。この場合，生産技術と要素賦存が変わらないかぎり，各国各財の生産量は一定となり，各国の生産フロンティアは長方形となる。

図 7.3 は世界の需給曲線と自由貿易均衡を示している。$S_2^W s_2^W$ 線は成長がおこる前の世界全体としての財 2 の供給を示している。それが垂直線になっているのは，仮定によって財 2 の供給量が一定で価格から独立となるからだ。他方，$D_2^W d_2^W$ 線は世界全体としての財 2 の需要曲線であり，右下がりに描かれている。需給均衡点は E で示されている。この均衡点は安定とする。上に述べたように，かりにその前後に不安定な均衡点が存在するとしてもとりあえず無視してかまわない。

この図を使って，財 1 を生産する産業で生じる成長 (財 1 の生産だけに使われる特殊要素賦存量の増加ないし財 1 の生産性上昇) の効果を考えよう[2]。ただし，成長の前後を通じて自国は財 1 を輸出し，財 2 を輸入するものとする。

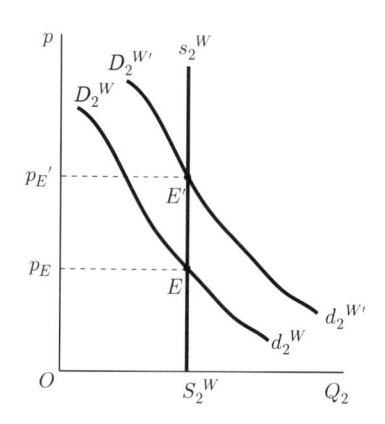

図 7.3 財 1 を生産する産業の成長

---

[2] 比較静学による経済成長の分析は第 2 次世界大戦後の「長期ドル不足」問題を論じたヒックスの教授就任講演によって始められた。Hicks (1953) 参照。

7.2 経済成長と国際貿易

財 2 の生産は成長によって影響を受けないと仮定すれば,財 2 の供給曲線は当初と同じ垂直線 $S_2^W s_2^W$ 線にとどまる。成長は所得の増加をもたらすから任意の価格に対して財 2 の需要は増加する。その結果,需要曲線は $D_2^W d_2^W$ から $D_2^{W\prime} d_2^{W\prime}$ に右方シフトし,成長後の均衡は E' となる。当初の均衡点 E と比較してみれば,財 2 の均衡価格は成長の結果として p_E から $p_{E'}$ に上昇する。財 2 の価格上昇は各国の経済厚生にどのような影響を及ぼすだろうか。それは成長が自国で起きたか外国で起きたかに強く依存している。

まず,成長が自国で起きる場合を考えよう。外国が財 1 の輸入国であることを考慮すると,外国は成長によって生産性向上による利益をあげるだけでなく,交易条件の有利化を通じてさらなる利益を得ることになる。これに対して,自国は交易条件の不利化によって損失を被る。一般的には,一国の輸入代替部門で生じた成長はその国に成長の直接的利益を上回る利益をもたらすと同時に,貿易相手国には不利益を与えるのだ。**赤松要 (1896–1974)** は,日本経済の発展過程で輸入代替産業 (羊毛工業) の国内生産が増えてから時間をおいて輸出が増加していく様子を活写した[3]。この「雁行形態発展」と呼ばれた現象は輸入代替産業の特殊生産要素の増加がもたらしたと解釈できるが,貿易パターンが維持される限り,それは日本の利益になったはずだ。

成長が自国で起きるとしたらどうだろうか。財 2 の輸出国である外国は交易条件の有利化を通じて確実にその利益にあずかる。他方,輸入国である自国は,生産性の上昇によって利益をあげるとともに交易条件の不利化によって損失をこうむる。需要の価格弾力性が低ければ,財 1 の供給増加にともなう財 2 の相対価格の上昇,したがって自国の交易条件の不利化の程度はそれだけ大きくなる。その結果,自国の経済厚生はかえって下がってしまうかもしれない。一般的には,一国の輸出産業に生じる成長は交易条件の不利化を通じて貿易相手国には利益を及ぼすが,まさにその理由によってその国の成長の利益は外国に流出することになるといえる。**篠原三代平 (1919–)** は日本の輸出産業の成長が交易条件の不利化を梃子にして達成されたと論じたが,現在のモデルで考える限り輸出産業の成長が交易条件の不利化を引き起こし

---

[3] 赤松 (1935),小島 (2003),大山 (2009) などを参照。

たと見ることもできる。篠原説を批判した小島清との「交易条件論争」はいまだに決着がついていない[4]。

財 1 に対する需要の価格弾力性が著しく低いときには，自国は輸出部門の成長によってかえって貧しくなるおそれさえある。輸出産業の成長がかえって貧窮をもたらすという逆説的な帰結は，古くから多くの国で経験されてきた。インドの経済学者バグワッティ (Jagdish Bhagwati, 1934–) はこれを**窮乏化成長** (immiserizing growth) と名付けて注目された[5]。インド，ベンガル出身の**セン** (Amartya Sen, 1933–) は窮乏化成長がベンガルをはじめ多くの貧しい国で起きた飢餓の一要因であったと論じた[6]。日本では,「豊作貧乏」という言葉がある。野菜や蜜柑の「当たり年」には，値段が暴落して農家が大打撃を受けるということだ。そのような結果を避けるために，収穫物を捨てたり，焼いたりすることさえ行われてきた。

以上の分析では，経済成長は生産性上昇や生産要素の増加による量的な拡大を指すものと仮定されている。しかし，成長は量的な拡大だけでなく，質的な改善という形を取ることが少なくない。ここでは詳しくのべないが，そのような場合には上記の分析はかなり修正する必要がある[7]。また，ここでは比較静学の応用という形で特殊要素の供給増加など外生的な成長要因の貿易に及ぼす効果を分析したが，時代が進むにつれて成長と貿易との動学的な関係の研究も行われるようになった。本書では割愛するが，関心ある読者は挑戦してほしい[8]。

---

[4] 篠原 (1954,1963), 小島 (1956) 参照。

[5] Bhagwati (1958)。

[6] Sen (1981)。

[7] Ohyama (2010) 参照。

[8] Oniki and Uzawa (1965) は 2 国 2 財 2 要素モデルを拡張して，労働 (ないし技術) の成長率と貯蓄率が外生的に与えられるときに資本蓄積を通じて国際貿易がどのような影響を受けるかを研究した。その後，Gossman and Helpman (1991) に代表されるように，技術進歩率や貯蓄率を内生化した内生内成長理論の立場から貿易と成長との動学的な関係を追究する研究が盛んになった。大東 (2001) に要領よい展望と解題がある。

7.3 トランスファー問題

トランスファーとは，国々の間で行われる**移転支払い**のことであり，民間の**贈与**その他の各種送金，また政府間の**経済援助**などをその内容としている。移転支払いは，その代償として貨幣・物品の受取りを前提としない点で特徴的だ。**交易条件**が不変であれば，それは支払国の所得を減少させ，受取国の所得を増大させるという再分配効果をもつ。トランスファーがとくに問題とされるのは，それが交易条件の変化を通じて各国の実質所得に追加的な影響を及ぼすためだ。

説明を明確にするため，自国が外国に対して一定の経済援助をするとりきめが成立したと考えよう。この援助は，財1の単位で決められた定額の購買力の移転という形をとるとする。とりあえず，経済援助が行われても，財1の相対価格，したがって交易条件は影響を受けないと仮定しよう。そうすると，1単位の援助について，自国の財2に対する需要は限界支出性向 m_2 だけ減少し，外国のそれは同じく m_2^* だけ増加するだろう。このとき，各国で財2の供給量に変化しないから，財2の市場に $m_2^* - m_2$ だけの超過需要が生じることになる。だから，$m_2^* > m_2$ ならば市場は需要過剰の状態におちいり，財2の相対価格 p は上昇するだろう。逆に $m_2^* < m_2$ ならば市場は需要不足の状態におちいり，p は下落するだろう。価格 p が不変にとどまるのは，$m_2^* = m_2$ の場合に限られる。このように，両国の財2への限界支出性向の値が異なれば，財2の相対価格は結局変化せざるをえない。

図7.4は，$m_2 < m_2^*$ のケースについて世界の財2への需要と供給を示したものだ。経済援助が行われると，供給線はなんら変化しないが，需要曲線は右方へシフトする。これは，同一価格の下で経済援助は世界の財2に対する需要を増加させるように作用するからだ。$D_2^W d_2^W$ は経済援助が行われる以前の需要曲線を，$D_2^{W'} d_2^{W'}$ はそれ以後の需要曲線を示している。安定な均衡点 E の近傍で需要曲線は右下がりであり，経済援助の後にその上方に新しい均衡点 E' が成立する。ここでも，不安定な均衡点が存在する可能性があるが，上記の理由によって無視してかまわない。

このように，$m_2 < m_2^*$ である限り，自国から外国への経済援助は，財2

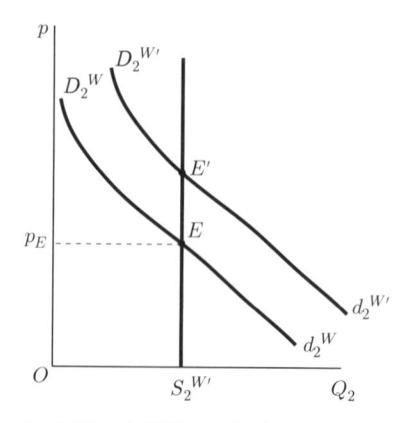

図 7.4 自国から外国への支払い：$(m_2^* > m_2)$

の相対価格の上昇，すなわち自国の交易条件の不利化もたらす。自国は，経済援助にともなう直接的な負担に加えて，交易条件の不利化を通じてさらに**追加的な負担** (additional burden) を負わされるわけだ。これは古典派の経済学者ミルによる朝貢貿易の分析以来受け継がれてきた考えで，**正統派の見解** (Orthodox presumption) とよばれることがある。第 2 次世界大戦後のド**イツの賠償問題**をめぐる議論のなかで，ケインズによって強調された可能性でもある。ケインズは，ドイツが交易条件の不利化をふくめて過大な賠償負担を負わされることで大戦後の国際政治経済の不安定化要因になりかねないと憂慮したのだ。これに対して，$m_2 > m_2^*$ の場合，経済援助は逆に財 2 の価格の低下，すなわち自国の交易条件の有利化にみちびくだろう。これは図 7.4 の例示とは反対に，需要曲線がこのとき左にシフトすると考えられるためだ。したがって，自国は経済援助による直接的負担を交易条件の有利化によって軽減できるので，ケインズの警告を弱めるものとなる。$m_2 < m_2^*$，すなわち $m_1 > m_1^*$ のケースは**自国財への選好** (home good preference) が強いという「現実的な」仮定だといわれることがある。しかし，それが一般に正しいかどうかは先験的に決められず，トランスファーが交易条件に及ぼす影響を理論的に確定することはできない。

オリーンはケインズを批判して，ドイツの賠償支払いがドイツに対する追加的負担をともなうとは限らないと主張した。少なくとも自由貿易下の 2 財

モデルの範囲では，オリーンの見解が古典派やケインズの見解よりも妥当だといえる。ここでは立ち入らないが，サミュエルソンは関税や輸送費のような貿易障壁が存在する場合には，古典派やケインズの見解に分があるとする分析を示している[9]。

7.4 経済成長とトランスファーの解析 +

　以上，2国2財の自由貿易モデルを図解し経済成長とトランスファーの比較静学分析を示した。2章で説明したように，ここでは財2の市場均衡に注目して説明したが，その本質は財1の市場もその裏側で連動する一般均衡分析であることを確認しておこう。そこでは，財1(貨幣)の限界効用を一定とする部分均衡の余剰分析は用いられていない。しかし，窮乏化成長やトランスファーの追加的負担が内外の経済厚生に及ぼす効果を解明するには，図解による幾何学的分析だけでは不十分で，安定条件と比較静学分析の「対応原理」を明確にするためにも数学的分析が必要だ。これまでの図解では納得できない読者のために，必要最小限の数学的解析を示しておきたい。

マーシャル・ラーナー条件

　2章の式 (2.5) で見たように，自由貿易の一般均衡は財2の需給均衡式

$$X_2 - Y_2 = Y_2^* - X_2^* \tag{2.5}$$

で示される。自国，外国の予算制約式から，財2の需給均衡が満たされれば，財1の需給均衡も同時にみたされなければならない。ここで便宜上，自国の財2の超過需要量を E_2，外国のそれを E_2^* と書くことにすれば，式 (2.5) は

$$E_2 + E_2^* = 0 \tag{7.1}$$

と表現できる。外国の予算制約式 (2.4) を書きなおした

$$E_1^* + pE_2^* = 0 \tag{7.2}$$

---

[9] Samuelson (1952, 1954) 参照。

を使えば，式 (7.1) は

$$E_2 - E_1^*/p = 0 \tag{7.3}$$

とも書ける。すなわち，自国の財 2 の輸入額 (E_2) は外国の財 1 の輸入額 (E_1^*/p) に等しい，あるいは貿易収支が均衡するということだ。2 国 2 財の国際貿易モデルでは，これが一般均衡を表わす式として用いられることが多い。ここで，E_2, E_1^* はどちらも相対価格 $p(=p^*)$ に依存して決まる関数で，$E_2 = E_2(p)$, $E_1^* = E_1^*(p)$ と書ける。この関係を式 (7.3) に代入すれば，

$$E_2(p) - E_1^*(p)/p = 0 \tag{7.4}$$

となる。これは p を未知数とする方程式と見なすことができる。均衡価格 p_E はこの関係をみたすように決まる。

ところで，式 (7.4) の左辺は世界全体としての財 2 の超過需要関数と考えられる。本章 2 節で説明したように，相対価格 p が均衡値から上方にずれたときに超過需要が負になるようであれば，その均衡は安定だといえる。そのための条件は

$$\frac{d(E_2(p) + E_2^*(p))}{dp} < 0 \tag{7.5}$$

あるいは

$$\frac{d(E_2(p) - E_1^*(p)/p)}{dp} = -\frac{E_2}{p}(\varepsilon_2 + \varepsilon_1^* - 1) < 0 \tag{7.6}$$

と表わされる。ただし，ε_2, ε_1^* はそれぞれ自国，外国の輸入需要の価格弾力性で，

$$\varepsilon_2 \equiv -\frac{p}{E_2} \cdot \frac{dE_2}{p}, \quad \varepsilon_1^* \equiv \frac{p}{E_1^*} \frac{dE_1^*}{dp}$$

と定義され，均衡で自国が財 2 の輸入国 ($e_2 > 0$)，外国が財 1 の輸入国 ($e_1^* > 0$) という仮定の下ではどちらも正の値をとなる。式 (7.6) から均衡の安定条件は，

$$\varepsilon_2 + \varepsilon_1^* > 1 \tag{7.7}$$

すなわち「自国と外国の輸入需要の弾力性の和が 1 よりも大きい」という条件に帰着する。この式は，その導出に関与した 2 人の学者にちなんでマーシャ

7.4 経済成長とトランスファーの解析

ル・ラーナー条件とよばれている[10]。

窮乏化成長の可能性

自国の輸出部門である産業 1 で固有な特殊要素の成長が生じ，その供給量が増大するものとしよう。簡単化のため，内外の他のすべての産業の供給量は変わらないとする。このとき，財 1 の自由貿易均衡の条件 (7.4) は，自国の財 1 の供給量 Y_1 に依存して変化することを考慮して

$$E_2(p, Y_1) - E_1^*(p)/p = 0 \tag{7.8}$$

と修正される。相対価格 p は明らかに Y_1 に依存して変化する。その比較静学は，式 (7.8) を Y_1 に関して微分することで

$$\frac{dp}{dY_1} = \frac{m_2}{e_2(\varepsilon_2 + \varepsilon_1^* - 1)} \tag{7.9}$$

と求められる。ただし，$m_2 = p\partial X_2/\partial Y_2$ は所得増加にともなう財 2 への限界消費性向を表わし，正の値をとると考えてよい。マーシャル・ラーナー条件がみたされていれば，財 2 の相対価格は上昇し，財 2 を輸入する自国の交易条件は不利化することがわかる。成長が生じない外国の実質所得は増加するが，自国のそれは減少する可能性がある。代表的消費者が存在するものとすると，自国の実質所得の変化は，2 章で見たように

$$\frac{dy}{dY_1} = -e_2\frac{dp}{dY_1} + 1 \tag{7.10}$$

と表わされる (式 (2.11) 参照)。式 (7.9) を (7.10) に代入して整理すれば

$$\frac{dy}{dY_1} = \frac{\varepsilon_2 + \varepsilon_1^* - 1 - m_2}{\varepsilon_2 + \varepsilon_1^* - 1} \tag{7.11}$$

を得る。この場合，窮乏化成長が生じる条件は $\varepsilon + \varepsilon^* - 1 < m_2$ である。マーシャル・ラーナー条件がみたされていても，自国が輸入する財 2 に対する限界消費性向が相対的に大きければ窮乏化成長が生じる可能性があるのだ。

---

[10] Marshall (1923) および Lerner (1944) が前後して独立に同趣旨の条件を導いたとされている。

トランスファー逆説の可能性

　自国から外国へのトランスファーが自国の交易条件の不利化を通じて「追加的負担」をもたらすのではないかという懸念がある一方で，外国の交易条件の不利化によって外国にトランスファーの利益を上回る損失をもたらすのではないかという**トランスファー逆説** (transfer paradox) の可能性もささやかれてきた。この問題も前項に続く数学的解析によってより明確にすることができる。

　自国から外国へ財1の単位で表わして A の援助がおこなわれるものとしよう。この場合，自国，外国の予算制約条件はそれぞれ

$$E_1 + pE_2 = -A \tag{7.12}$$

$$E_1^* + pE_2^* = A \tag{7.13}$$

となる。貿易均衡の条件は

$$E_2(p, Y_1) + A/p - E_1^*(p)/p = 0 \tag{7.14}$$

と表わされる。自国の輸入代金と援助で外国の輸入代金がまかなわれるということだ。当初 $A=0$ であったとして，この関係を A で微分すると

$$\frac{dp}{dA} = -\frac{m_2 - (1 - m_1^*)}{E_2(\varepsilon_2 + \varepsilon_1^* - 1)} \tag{7.15}$$

マーシャル・ラーナー条件が満たされるものとして，自国から外国への経済援助が自国の交易条件の不利化 (p の上昇) をもたらすとする正統派の見解は，自国の限界輸入性向が外国のそれより大きい場合にのみ成立する。$1 - m_1^* = m_2^*$ という関係があるので，この条件は $m_2^* > m_2$ と書くこともできる。

　自国の実質所得の変化は

$$\frac{dy}{dA} = -E_2 \frac{dp}{dA} - 1 \tag{7.16}$$

これに式 (7.15) を代入して

$$\begin{aligned}\frac{dy}{dA} &= \frac{m_2 - (1 - m_1^*)}{\varepsilon_2 + \varepsilon_1^* - 1} - 1 \\ &= -\frac{\varepsilon_1^* - m_1^* + \varepsilon_2 - m_2}{\varepsilon_2 + \varepsilon_1^* - 1}\end{aligned} \tag{7.17}$$

7.4 経済成長とトランスファーの解析

同様に，外国の実質所得の変化は

$$\frac{dy^*}{dA} = -E_2 \frac{dp}{dA} + 1 = \frac{\varepsilon_1{}^* - m_1{}^* + \varepsilon_2 - m_2}{\varepsilon_2 + \varepsilon_1{}^* - 1} \tag{7.18}$$

この符号を評価するためには，内外の輸入需要の弾力性という概念を詳しく見る必要がある。2 章の代表的消費者が存在する場合の分析 (2.8 参照) を考慮すると，自国の輸入需要 (財 2 の超過需要) は

$$E_2 = X_2 - Y_2 = D_2(y, p) - S_2(p) \tag{7.19}$$

と書くことができる。ただし，$S_2(p)$ は財 2 の供給関数で，p の増加関数 ($S_2' > 0$) と仮定する。これから 2 章の式 (2.14) を用いて，自国の輸入需要の弾力性は

$$\varepsilon_2 = \frac{D_2}{E_2} \delta_2 + \frac{S_2}{E_2} \sigma_2 + m_2 = \bar{\varepsilon}_2 + m_2 \tag{7.20}$$

と表わされる。ただし，$\sigma_2 \equiv \frac{p}{S_2} \cdot S_2'$ は自国の財 2 の供給弾力性で，正の値をとる。同様に，外国の輸入需要の弾力性は

$$\varepsilon_1{}^* = \frac{D_1{}^*}{E_1{}^*} \delta_1{}^* + \frac{S_1{}^*}{E_1{}^*} \sigma_1{}^* + m_1{}^* = \bar{\varepsilon}_1{}^* + m_1{}^* \tag{7.21}$$

と分解される。$\bar{\varepsilon}_2$ は財 2 に対する補償された需要の弾力性 δ_2 と供給の弾力性 σ_1 の加重和で正の値をとる。同様に，$\bar{\varepsilon}_1^*$ は外国の財 1 に対する補償された需要の簿弾力性と供給の弾力性の加重和であり，やはり正の値をとる。式 (7.20), (7.21) を用いれば，式 (7.17), (7.18) は

$$\frac{dy}{dA} = -\frac{\varepsilon_1{}^* + \bar{\varepsilon}_2}{\varepsilon_2 + \varepsilon_1{}^* - 1} < 0 \tag{7.22}$$

$$\frac{dy^*}{dA} = \frac{\bar{\varepsilon}_1{}^* + \bar{\varepsilon}_2{}^*}{\varepsilon_2 + \varepsilon_1{}^* - 1} > 0 \tag{7.23}$$

と改められる。現在の設定のもとでは，トランスファー逆説は起きないことがわかった[11]。

---

[11] 関税が存在する場合やひも付き援助 (何らかの意味で援助国の輸入を促進するようなトランスファー) の場合には「逆説」が発生する可能性がある。たとえば，Ohyama (1974) 参照。第 3 国が存在する場合にも「逆説」の余地がある。Yano (1983) 参照。

演習問題

1. 簡単な2国2財モデルで，安定な均衡と不安定な均衡が互い違いに連なって生じる可能性がある。このことを図解し，「対応原理」の意義を論じなさい。
2. ワルラスの仮説とは何か。その妥当性を論じなさい。この仮説のもとで，2国2財モデルの均衡が安定となるための条件を求めなさい。
3. 篠原 (1955)，小島 (1956) の論争について調べ，本章の分析に照してそれぞれの主張を比較検討しなさい。
4. 経済成長が産業の生産性の向上ではなく品質の改善によって起きる場合，それが交易条件や経済厚生に及ぼす効果はどうなるか。生産性上昇の効果と対比して論じなさい。
5. 貿易障壁がある場合，トランスファー問題をめぐる「正統派の見解」の妥当性が増すといわれる。その理由は何だろうか。

8 国際投資と技術移転

　これまで見てきた国際貿易のモデルでは，生産物は国際的に自由に移動するが，生産要素はまったく移動しないと仮定されている。しかし，これはあまり現実的ではない。さまざまな生産要素のなかで，未熟練労働や土地の国際移動はたしかにきびしく制限されている。しかし，資本や技術的ノウハウを体化した**経営資源**は国際的な移動性が高い。本章では，資本や経営資源の国際移動の効果と意義について考察する。

　一般に，国際投資は**間接投資**と**直接投資**に分けられる。間接投資は，利殖目的のために，外国の会社の債券や株式を買うとか，直接貸し付けることだ。したがって，それは経営ノウハウや生産技術の国際移転をともなうものではない。これに対して，直接投資は外国で企業活動を行うことを目的として子会社を設立するとか，経営権を得るために外国の会社の株式を買い取ることだ。その本質は，国際的な資金移動にあるというよりは経営ノウハウや生産技術の国際移転にある。このような認識から，以下では有料または無料 (長期的に利潤がある場合にはその移転の有無) の区別は考慮するが，直接投資を本質的に国際的な技術移転と同一視して分析する。

8.1　間 接 投 資

　資本とは何であろうか。実物資本と貨幣資本という 2 つの概念がある。**実物資本**は，生産に用いられる機械や工場のような設備を指している。これに

対して，**貨幣資本**というのは実物資本を購入するための資金と解釈できる。国際的に資本が移動するというとき，いったい実物資本と貨幣資本のどちらを考えているのであろうか。まず，自国から外国へ貨幣資本が移動するものとしよう。自国では，実物資本を購入する資金が減るから，実物資本の蓄積や更新が阻害され，長期的には国内各産業の実物資本ストックが減少する。逆に，外国では実物資本の手当に使える資金が増えるから，やがては国内各産業の実物資本ストックが増加する。つまり，自国から外国への貨幣資本の移動は，長期的には実物資本の移動と同様な効果を持つと考えられる。

2国1財モデル

まず，国際貿易を捨象した簡単な国際投資モデルでこのような**資本移動**の効果と意義を例解してみよう。自国と外国の2国が資本と労働などの生産要素を用いて同一の財を生産しているとしよう。労働は国際的に移動しないが，資本は移動する可能性があるとする。上に述べたように，貨幣資本の国際移動と実物資本の移動が一致するような長期を考える。各国で完全競争が行われるとすれば，実物資本のレンタル(貨幣資本の利子率と解釈できる)はその限界生産物に等しくなる。

図 8.1 を見よう。**ボックス・ダイアグラム**の底辺 OO^* の長さは，世界全体で利用可能な実物資本のストックを表している。原点 O から横軸の右方向に

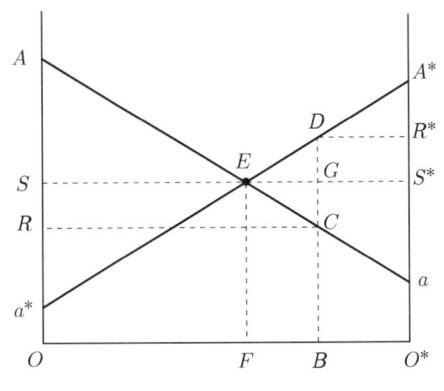

図 8.1 間接投資の均衡

8.1 間接投資

自国で用いられる資本量，O^* から左方向に外国で用いられる資本量をはかる。また，O, O^* から縦軸の上方向に自国，外国の資本の限界生産物をはかる。曲線 Aa，A^*a^* はそれぞれ自国，外国の資本の限界生産物曲線だ。これらの曲線は，資本の使用量が増加するにつれて，その限界生産物が減少するという収穫逓減の法則にしたがうとする。

自国は OB，外国は O^*B の実物資本を所有しているとしよう。資本移動が行われないときには，自国，外国の生産量はそれぞれ $OBCA$，O^*BDA^* の面積で表される。資本レンタルはそれぞれ OR，O^*R^* である。資本レンタルは外国で自国よりも高くなっている。資本移動が自由化されれば，外国のレンタルが自国よりも高い限り，資本は自国から外国に流れる。それは内外のレンタルが等しくなるところで止まるだろう。いうまでもなく，国際均衡レンタルは，曲線 Aa，A^*a^* の交点 E に対応する $OS = OS^*$ となる。そこでは，自国，外国はそれぞれ OF，O^*F の資本を国内で使用する。つまり，自国から外国に BF の資本が「輸出」されるわけだ。

なぜこのようなことになるのだろうか。仮に自国と外国の生産関数や資本以外の生産要素の賦存状況が全く同一であるとすれば，曲線 Aa，A^*a^* は完全に対称的になり，両者の交点 E に対応する資本使用量 OF，O^*F は等しくなるはずだ。このとき，自国から外国に資本が移動するのは，両国の資本所有を示す B 点が F 点の右方にある場合，すなわち自国が外国より豊富に資本を持ち，外国で自国より資本レンタルが高い場合である。他の条件が同じなら，資本はそれが豊富にある国から乏しい国に流れるのだ。

自国から外国に資本が移動することにより，世界全体の生産量が増大することを見よう。自国では資本使用量が OB から OF に減少するので，国内生産量は $BCEF$ だけ減少する。逆に，外国では資本使用量が同じだけ増加することにより内生産量は $BDEF$ だけ増加する。世界全体の生産量は差し引き CDE だけ増えることになる。このとき，外国から自国へ $BGEF$ の資本レンタルが支払われることを忘れてはいけない。その結果，自国の国民所得は CGE だけ，外国の国民所得は GDE だけ増加する。したがって，自由な資本移動は，自国にも外国にも利益をもたらすといえる。

自国から外国への資本移動によって世界の生産量が増加するのはなぜだろ

うか。資本の限界生産力が外国で自国よりも高い状態が続くかぎり，1単位の資本移動にともなう外国での生産の増加は当然のことながら自国での減少を上回り，世界の総生産量の増加をもたらす。逆に，資本の限界生産力が自国で外国よりも高い状態での自国から外国への資本移動は世界の総生産量を減らしてしまう。このことから，世界の総生産量は，資本の限界生産力が内外均等になるところで最大になることわかる。このように，両国の資本の限界生産力，したがって資本レンタルの差によって生じる自由な資本移動は，自然に資本の最も効率的な配分を達成するのだ[1]。

2国2財モデル

以上の分析は自国も外国も同一の財を生産し，貿易が行われない状態での資本移動の効果を見たものである。自国と外国がそれぞれの比較優位財を持ち貿易を行う場合についても簡単にのべておきたい。

まず，自国と外国が労働と資本を用いて財1，財2に不完全特化するヘクシャー・オリーンモデルを考えてみよう。両国の生産関数が同一ならば，4章で見たように，賃金，レンタルはともに国際的に完全に均等化する。このような状況では，**資本移動の誘因**はなく，また内外の資本の限界生産力は等しくなっているので，かりに一国から他国へ資本を無理に移したとしても，世界の生産量は変わらず，各国の国民所得も変わらない。財の貿易と資本移動が完全に「代替的」なケースであり，自由貿易が行われている限り，資本移動の経済的意義はない[2]。いうまでもなく，この結論は一国または両国が完全特化している場合や両国の生産関数が異なる場合には妥当しない。**資本移動と国際貿易との相互関係**は多くの学者によって論じられた。

たとえば，自国は財1に，外国は財2に完全特化しているとしよう。自国から外国への資本移動は，自国の輸出財の供給を減らし外国の輸出財の供給

---

[1] ここでは論じていないが，国際的な労働移動が自由に行われるとすれば，基本的には同様な分析が妥当する。現実には各国が課する移住や移民に対する規制によって労働移動は自由ではない。しかし，近年交通・通信の発達によって不法な労働移動が激増している。不法労働移動の実態と理論については，太田・吉田 (2001) 参照。

[2] この点を最初に明確にした Mundell (1957) は資本移動が国際貿易と代替的か補完的かという問題提起の口火を切った。その後，多くの研究者がこの問題をとりあげた。Markusen (1983), Svenson (1984), Ohyama (1989) など。

を増やすので，自国の交易条件の有利化をもたらす。自国の輸出量は減少するが，輸入量は増加するかもしれない。この場合，資本移動と国際貿易は代替的とも補完的ともいえない。

両財の生産関数が自国と外国で異なる場合には，自由貿易のもとで両国が比較優位財に不完全特化するとしても，資本の限界生産力は国際的に必ずしも均等化しない。資本移動によって世界の資源配分はさらに改善される余地がある。資本移動と国際貿易はケースによって代替的にも補完的にもなりうる。

8.2 直接投資

現実に直接投資と見なされている行動の中には，利殖目的のためのものや，資金移動とワンセットになっているものがある。たとえば，外国の高収益会社の株を10パーセント以上所有し経営には干渉しないとか，経営にも参加し技術も提供するなどである。しかし，そのような場合も含めて，直接投資が間接投資と区別されるのは，それが直接的な経営ノウハウや生産技術の外国での活用を狙いとする点にある。そうであれば，理論的には，現実の直接投資の中から利殖動機による資金移動を捨象して，直接投資を広い意味での国際的な**技術移転** (technology transfer) としてとらえることが適切である。以下では，企業利潤が消滅するような長期均衡を考え直接投資を技術移転と同一視する。直接投資にともなう利殖目的の資金移動は間接投資として理解できるからだ。しかし，このような想定はかならずしも標準的なものとはいえない。**小宮隆太郎** (1932–) が論じたように，短期的には企業が所有する生産要素や経営資源を利潤追求の手段として活用するという発生論的な視点から見直し補完する必要がある[3]。

貿易を拡大する技術移転

自国 (先進国) と外国 (途上国) の簡単な2国部分均衡モデルを考える。自由

---

[3] 小宮 (1975) 第10章。この他にも，直接投資を経営資源の移転としてとらえる研究は多い。伊藤・大山 (1985) 第5章，出井 (1991) 第I部，木村・小浜 (1994) 第5章，馬田 (2001)，原・中西 (2001)，若杉 (2007) 第I部，松村 (2010) 第10章などを参照。

貿易のもとで，自国は外国からある財 (衣料) を輸入するものとする。このとき，自国から外国へ技術移転が行われるのはなぜであろうか。少なくとも 2 つの理由が考えられる。ひとつは，自国の衣料産業が外国よりコスト面で優れた技術をもっている場合だ。自国の衣料産業は，外国に対して比較劣位部門でありながら絶対優位部門でもあるといえる。これを**費用削減型技術移転**とよぼう。もうひとつは，自国の衣料産業が品質面で優れた製品を作り出す技術を外国に移転する場合である。これは，コスト面での優位性がなくても，デザイン，素材，仕上げの面で独自性をもっていれば可能になる。これを**品質改善型技術移転**と呼ぼう[4]。

費用削減型技術移転の効果を考えよう。分析を明確にするため，内外で生産される衣料は同質的であると仮定する。自国の衣料産業の技術が外国に移転されると，世界全体として衣料品の供給は増大し，その結果として価格は低下し，国際貿易は拡大する。これによって，衣料品の輸入国である自国の交易条件は改善し，その経済厚生は高められる。他方，衣料品の輸出国である外国の交易条件は悪化し，その損失が技術移転による生産性向上の利益を削り取ることになる。極端な場合には，外国の経済厚生が低下することさえあり得る。これは，技術移転が外国で**窮乏化成長**を引き起こすケースだ。しかし，技術移転によって，世界全体の総余剰は増大する。

図 8.2 は外国で生産された衣料に対する需給均衡を示している。p は衣料の相対価格，D^*d^* は衣料に対する外国の需要曲線，D^*Gd^W は外国で生産される衣料に対する世界全体の需要曲線である。任意の価格のもとでの両者の水平差は自国の輸入需要量を表している。これに対して，S^*s^* は技術移転前の外国の供給曲線，$S^{*\prime}s^{*\prime}$ は技術移転後の外国の供給曲線だ。ここでは，余剰分析のために，マーシャル型の代表的個人を仮定し，分析の背後にある財 2 (貨幣) の限界効用は一定とする (2 章参照)。技術移転前の自由貿易均衡は S^*s^* と D^*Gd^W との交点 E で，技術移転後のそれは $S^{*\prime}s^{*\prime}$ との交点 E' で示されている。技術移転によって，均衡価格は OA から OA' に低下し，外国

---

[4] Ohyama (2011) は費用低減型技術革新と品質改善型技術革新が交易条件や経済厚生に及ぼす効果を比較検討している。本章で取り上げる 2 つの型の技術移転はその応用例となる。

8.2 直接投資

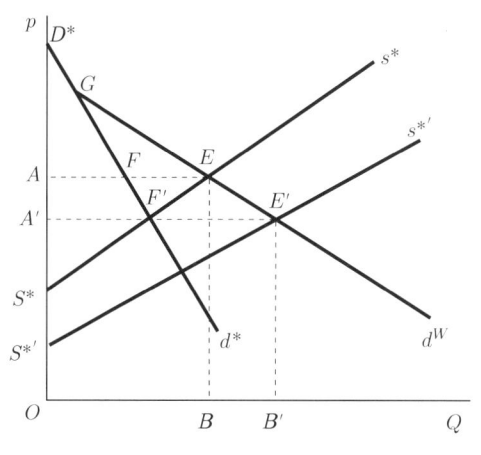

図 8.2 貿易を拡大する技術移転

の均衡生産量は OB から OB' に増加する。

　技術移転の結果，衣料の価格が下がることにより自国の貿易利益 (あるいは社会的余剰) は $FEE'F'$ の面積だけ増加する。外国では，消費者余剰は増加するが生産者余剰が増えるか減るかは明確でない。技術移転の直接的な費用削減効果は生産者余剰を増やす方向に，価格低下は逆にそれを減らす方向にはたらくからである。外国の社会的余剰は $F'E'S^{*\prime}S^*$ の面積が $AEF'A'$ よりも大きければ増加し，小さければ減少する。世界全体の余剰は $S^*EE'S^{*\prime}$ の面積だけ増加する。

　これに対して，品質改善型技術移転の効果はまったく異なったものとなる。当初，自国の衣料は外国のそれよりも高品質であり，自国は外国から低品質ではあるが価格の低い衣料を輸入していたとしよう。自国の衣料産業から外国に品質改善型の技術移転がおこなわれると，外国の衣料に対する需要が増加し，国際貿易は拡大する。この場合には，外国が生産し輸出する衣料の価格が上昇するため，外国の経済厚生は高められる。他方，自国の輸入品の品質改善の厚生効果が価格上昇のコストを下回れば，このような技術移転は自国にとっては不利になろう。

　まとめると，自国の輸入代替産業から外国の輸出産業への技術移転は，費用削減型の場合には確実に自国の利益になる一方，外国には不利になるかも

しれない。他方，それが品質改善型の場合には外国に確実な利益をもたらす半面，自国には不利にはたらく可能性がある。ただし，この結論は，自国から外国への技術移転が無料でなされるという暗黙の仮定に依存していることに注意する必要がある。もしそれが有料であれば，自国にはその分だけいっそう有利になり，外国には不利になることはいうまでもない。

貿易を縮小する技術移転

　前節と同様に，自国 (先進国)，外国 (途上国) の2国モデルを考える。ただし，今度は自国が外国に自動車を輸出するものとする。この場合にも，自国から外国に対して費用削減型と品質改善型の技術移転が行われる可能性がある。

　費用節減型の技術移転の場合，外国での自動車の供給曲線は右方にシフトし，その結果世界市場で自動車の価格は低下し，国際貿易は縮小する。これは自動車の輸出国である自国の交易条件の悪化，その輸入国である外国の交易条件の改善を意味している。外国は，自動車産業の生産性の上昇と交易条件の有利化を通じて二重の恩恵を受ける。これに対して，自国は交易条件の悪化を通じて損失をこうむる。しかし，世界全体としての社会的余剰は増大するといえる。この場合，貿易パターンが逆転し，自国が自動車の輸入国，外国がその輸出国となるかもしれない。

　図8.3は外国の自動車市場の需給を示している。D^*d^* は外国の需要曲線である。これに対して，S^*s^*, $S^{*\prime}s^{*\prime}$ はそれぞれ技術移転前，技術移転後の外国の供給曲線，Ss は自国の輸出供給曲線 (技術移転によって影響を受けないとする)，SFf, $SF'f'$ は技術移転前後の外国需要に対応する世界全体としての供給曲線である。これらの概念を理解するためには，たとえば，SFf, $SF'f'$ と S^*s^* との水平差が何かを考えてみればよい，それらは技術移転前後の自国の輸出供給量にほかならない。また，SFf, $SF'f'$ はそれぞれ Ss と S^*s^*, $S^{*\prime}s^{*\prime}$ との水平和として求められる。技術移転前の均衡は E で，技術移転後のそれは E' で示される。技術移転によって，均衡価格は OA から OA' に低下し，外国の均衡消費量は OB から OB' に増加する。このとき，外国の国内供給量は AG から $A'G'$ に増加し，自国の輸出供給量は AI $(= GE)$ から $A'I'$ $(= G'E')$ に減少している。

8.2 直接投資

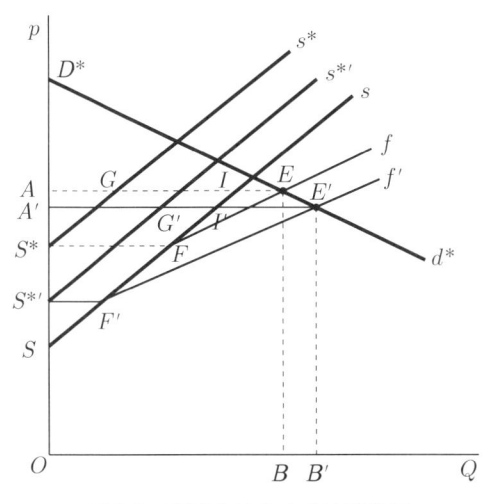

図8.3 貿易を縮小する技術移転

　均衡価格の低下による輸出供給量の減少は自国に台形 $AA'I'I$ の面積に相当する損失をもたらす。これに対して，技術移転によって外国の生産者余剰は AGS^* から $A'G'S^{*\prime}$ に増え，消費者余剰は $AA'E'E$ だけ増加する。つまり，自国の輸出産業からの技術移転は自国を犠牲にして外国の厚生を高めるのだ。しかし，世界全体の余剰は D^*EFS から $D^*E'F'S$ に拡大することがたしかめられる。

　品質改善型の技術移転はどうだろうか。当初，自国は外国に高品質の自動車を輸出していたとしよう。技術移転は外国で生産される自動車の魅力を相対的に高めることにより自国車から外国車への乗り換えを誘発し，自国車の価格低下と外国車の価格上昇を引き起こす。国際貿易は縮小し，自国の交易条件は悪化する。そのため，自国の経済厚生は低下する。この場合，外国の経済厚生は交易条件の有利化と品質改善のメリットを通じて明確に増大する。

　以上の分析から，自国の輸出産業から外国の輸入代替産業への技術移転は，費用節減型のものであれ品質改善型のものであれ，国際貿易の縮小，自国の厚生低下，外国の厚生上昇をもたらすといえる。ここでも，自国から外国への技術移転が有料であれば，自国の不利益はその分だけ軽減され，外国の利益は削減されることに注意する必要がある。

演習問題

1. 2国2財モデルを想定し，費用削減型技術の国際的移転に関する下記①〜④の記述の真偽を判定し，その理由を述べなさい．
   ① 貿易を縮小する技術移転は世界の経済厚生に悪影響を及ぼす．
   ② 自国の輸入代替産業からの技術移転は自国の経済厚生を高める．
   ③ 自国の輸入代替産業からの技術移転は貿易を拡大する効果を持つ．
   ④ 自国の輸出産業からの技術移転は自国の交易条件を改善する．

2. 自国の輸入代替産業から外国の輸出産業への費用削減型技術の国際移転に関する下記①〜④の記述の真偽を判定し，その理由を述べなさい．
   ① 技術移転によって製品の国際価格は低下する．
   ② 技術移転によって自国の交易条件は有利化する．
   ③ 技術移転によって自国の輸入量は増加する．
   ④ 技術移転によって自国の貿易利益は増加する．

3. 完全競争が行われる財市場で利潤最大化を追求する企業は，実物資本の限界生産物価値がそのレンタルに等しくなるまで利用する．証明しなさい．

4. 間接投資と直接投資はどのように区別されるか．本章では，どちらも貨幣資本(資金)というよりは実物資本(経営資源，生産技術)の国際移動としてとらえているが，両者の違いを論じなさい．

5. 費用削減型の直接投資と品質改善型の直接投資の効果はまったく違ったものになる．一国の輸出産業から貿易相手国の輸入代替産業に向かう直接投資と，輸入代替出産業から貿易相手国の輸出産業に向かう直接投資に分けて，国際交易条件，貿易量，内外の経済厚生に及ぼす影響を分析し，比較しなさい．

9 貿易政策の理論

　これまでのところ，政府の存在は全く捨象してきた。しかし，一国にとって，政府の対外経済政策はきわめて重要な関心事である。**アダム・スミス**以前のイギリスでは，政府は対外貿易を制限し，貿易収支の差額をできるだけ大きくして，金・外貨を蓄積すべきだという**重商主義**(mercantilism)の主張が大きな影響力を持っていた。スミスは，はじめて体系的に重商主義の考え方を批判し，自由貿易の利益を明らかにした学者であり，その功績によって現代経済学の祖と称せられるようになったといっても過言ではない。

　現代の政府はさまざまな形で経済に介入する。政府の経済政策は，大きく分類すると**マクロ政策**と**ミクロ政策**に分けられる。マクロ政策は経済活動全般に無差別に影響を及ぼそうとする政策で，ミクロ政策は個別の経済活動を目標にして差別的な影響を及ぼそうとする政策である。マクロ政策の典型的な例は金融政策である。それは貨幣の供給や利子率を制御することを通じてあらゆる経済活動に作用する。政府支出の一様な拡大や一律の所得減税のような財政政策も同様な意図をもってなされるマクロ政策である。これに対して，ミクロ政策の典型的な例は，特定産業に対する産業政策である。それは，たとえば生産補助金や生産税を通じて特定産業の振興や抑制をはかる。本章の対象である貿易政策も，特定の貿易活動を差別的に制御しようとするものであり，ミクロ政策に分類される。本章では，ミクロ政策，とりわけ貿易政策の効果を論じる。マクロ政策の効果については，15章で取り上げる。

　経済活動は，生産，消費，貿易という3つの活動に大別される。政府のミ

クロ政策は，これに応じて**生産政策**，**消費政策**，**貿易政策**に分類される。これらの政策はさらに，その運用形態によって**直接統制 (数量政策)** と**間接統制 (価格政策)** に分けられる。直接統制というのは政府が個別の経済主体に対して直接その活動を制御するもので，生産割当，消費割当 (配給)，輸入割当のような数量規制という形で行われる。他方，間接統制は特定の財の生産，消費，貿易の総量を市場を通じて制御しようするもので，生産者価格と消費者価格，国内価格と国際価格を差別する補助金や課税といった手段が用いられる。一般に，直接統制は間接統制にくらべて確実な効果が得られるが，手続きが煩雑で膨大な行政費用がかかり，参入制限を伴うことから独占的行動の温床となりがちで，政府と個別主体の間に癒着が生じやすいという欠点がある。したがって市場経済では，事情の許す限り，間接統制が用いられる。

9.1 関税政策の効果

貿易政策は，**関税** (tariff)，**数量割当** (quota)，さらには両者の組合せという形で行われてきた。関税政策は，貿易される財が国境 (税関) を通る際に課される輸入税，輸出税，供与される輸入補助金，輸出補助金を総称するものである。もっとも，実際には輸出税が課されたり，輸入補助金が供与される例はほとんどない。これは，一国にとって輸出はよいことで輸入はよくないことだというポピュラーだが重商主義的な社会通念にねざすものであろう。同様に，数量割当も理論的には輸入割当 (import quota) と輸出割当 (export quota)，それも抑制的なものと促進的なものがあっていいはずだが，実際には抑制的な輸入割当が多く用いられてきた。関税と輸入割当を組み合わせた**割当関税**というものもある。これは，一定期間の輸入数量が一定の水準を超えると高率の関税を課すという方法である。

貿易政策の代表的な手段である輸入税の効果を考えることにしよう。自国が財 1 を輸出し，財 2 を輸入しているものとする。図 9.1 は財 2 の市場に焦点を絞って国際貿易の均衡を示したものである。縦軸には財 2 の国際相対価格 q が，横軸には自国の輸入量，外国の輸出量がとられている。Md は自由貿易のもとでの自国の輸入需要曲線，X^*s^* は外国の輸出供給曲線である。こ

9.1 関税政策の効果

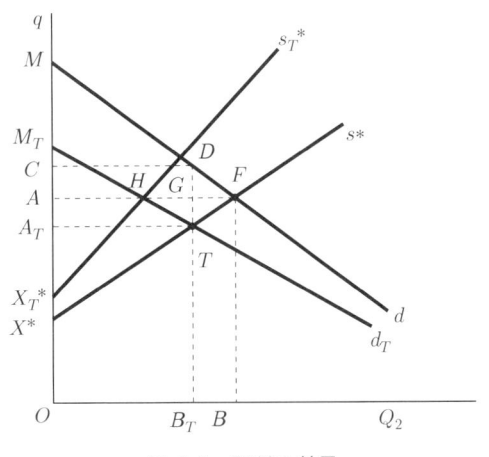

図 9.1 関税の効果

れらはそれぞれ自国，外国の需要曲線，供給曲線の水平差として求められる (1 章参照)．完全競争のもとでの自由貿易均衡は Md, X^*s^* の交点 F で示される．ただし，簡単化のために輸送費はゼロと仮定し，財 2 の相対価格は内外で均等化するとしている．自由貿易均衡では，財 2 の価格は OA となり，自国は外国から財 2 を AF だけ輸入する．

ここで，自国が財 2 の輸入に $t \times 100$ パーセントの輸入税をかけ，外国は自由貿易を維持するとしよう．自国，外国の財 i の貨幣価格をそれぞれ p_i, p_i^* ($i = 1, 2$) とすると，この関税のもとではそれらは

$$p_1 = p_1^* \tag{9.1}$$

$$p_2 = (1+t)p_2^* \tag{9.2}$$

のような関係をみたすはずである．財 1 には関税がかかっていないから，内外価格は従来通り均等化する．これに対して，財 2 の自国価格は，外国からの輸入価格 p_2 に関税分を上のせした $(1+t)p_2^*$ となるからである．財 2 の相対価格 p_2/p_1, p_2^*/p_1^* をそれぞれ p, p^* とおくと，両式から

$$p = (1+t)p^* = (1+t)q \tag{9.3}$$

という関係が導かれる．自国の消費者，生産者はいずれも国際相対価格 q に対して関税分だけ高い $(1+t)q$ という相対価格に直面することになるので，

自国の輸入需要 (需要マイナス供給) は同一の q に対して減少すると考えられる。その結果，輸入需要曲線は一様に左方にシフトし，たとえ $M_T d_T$ のようになる。外国の輸出供給曲線は変わらない。

この関税のもとでの均衡はどうなるであろうか。財 2 の国際価格 (外国価格) は，自由貿易のときの均衡価格 OA から $M_T d_T$ と $X^* s^*$ との交点 T の縦座標 OA_T に下落する。自国が輸入する財 2 の国際価格が下がるということは自国の交易条件の有利化を意味している。他方，自国の国内価格は国際価格に関税分を足した OC に上昇する。貿易量は AF から $A_T T$ に減少する。その背後で，財 2 の国内供給量は増加し，国内需要量は減少していると考えられる。自国が手に入れる関税収入は長方形 $A_T CDT$ の面積によって示される。

ここで，輸出税の効果は輸入税の効果と同じになることに注意しよう。仮に自国が輸入税ではなく，$t \times 100$ パーセントの輸出税をかけるものとすると，内外の貨幣価格は

$$p_1(1+t) = p_1^* \tag{9.4}$$

$$p_2 = p_2^* \tag{9.5}$$

という関係をみたす。このことから，内外の相対価格の関係は，輸入関税の場合と同様に，式 (9.3) のようになることがわかる。したがって，現在のモデルでは同率の輸出税と輸入税は全く同じ効果を持つのだ。これは，アメリカの経済学者**アバ・ラーナー** (Aba P. Lerner, 1903–1982) によってはじめて指摘されたので，ラーナーの**対称性定理** (symmetry theorem) と呼ばれている[1]。常識的には，輸出税は輸出を抑制し貿易収支の黒字を増やすのに対して，輸入税は輸入を抑制し貿易収支の黒字を減らすと考えられ，全く逆の効果があると思われがちである。しかし，1 章で説明したように，ここでは貿易収支の不均衡が調整され尽くすような長期を考えている。対称性定理が成立するのはそのためである。

---

[1] Lerner (1936) 参照。

9.2 関税の余剰分析

関税政策が自国，外国の経済厚生に及ぼす影響を余剰分析で考えよう。自由貿易均衡では，自国の貿易利益（貿易による社会的余剰の増加分）は三角形 AMF の面積で，外国の貿易利益は三角形 AX^*F の面積で表される。両者の和，すなわち，世界全体の貿易利益は大きな三角形 MX^*F の面積となる。

自国が輸入税をかけると，自国の貿易利益は三角形 CMD に減少する。それによる損失は台形 $ACDF$ で表される。他方，政府は長方形 A_TCDT に相当する関税収入を得る。その全額を消費者に所得補助金として還付するとしよう。このとき，自国の社会的余剰は，長方形 A_TCDT と台形 $ACDF$ との差，したがって長方形 AA_TTG と三角形 DGF との差だけ増加することになる。もちろん，この差がマイナスになり，社会的余剰が結局減少してしまう可能性もある。しかし，関税率が十分に低ければ，DGF は AA_TTG より必ず小さくなるので，この差は正となる。換言すれば，政府は低率の関税をかけることによって自国の経済厚生を高めることができるのだ。

ところで，関税率を際限なく高めていけば，しまいには DGF は AA_TTG より大きくなり，自国の社会的余剰は減少するようになるだろう。実際，関税率が X^*M/OX^* より高くなれば，貿易は消滅することになる。このように貿易を無くしてしまうほど高い関税率は**禁止的関税** (prohibitive tariff) と呼ばれている。このことから，関税率をゼロの水準から徐々に引き上げていくと，はじめのうちは社会的余剰が増大するが，ある水準をすぎれば減少し始め，しまいには貿易利益が完全に消滅してしまうことがわかる。自国の利益だけ考えれば，関税率をその分水嶺となる水準に設定することが最も望ましい。そこでは，自国の社会的余剰が最大になるからである。そのような関税は**最適関税** (optimum tariff) と呼ばれる。

このときの関税率は，自国の観点から見ての「最適率」であって，外国の観点に立てば望ましいものとはいない。再び図 9.1 を見よう。自国が輸入税を導入すると，外国の貿易利益は X^*AF から X^*A_TT に減ってしまう。これは，外国の交易条件が悪化することによるものである。しかも，自国の関税率が高くなればなるほど，外国の社会的余剰の減少の程度が大きくなるこ

とも作図から明らかだろう。外国にとっては自国の関税率がゼロである状態が「最適」なのである。だから，外国は自国が好き勝手に輸入税を設定するのを手をこまねいて見ているわけにはいかない。

外国は財1の輸出に課税することによって対抗するかもしれない。ここで，外国価格は縦軸にとった国際価格から乖離することに注意する必要がある。このとき，外国の輸出供給曲線が自国の輸入需要曲線とちょうど自由貿易のときの国際価格に対応する H 点で交わるように上方にシフトし，$X_T^* s_T^*$ の位置にくるとしよう。この場合には，国際交易条件は自由貿易のときと変わらず，貿易量だけが減少するので，両国の貿易利益はともに減少する。各国の貿易利益の減少がどれほどのものになるかも図の上で示すことができるが，ここでは省略する。読者は応用問題として考えて欲しい。

ここで，世界全体の貿易利益が自由貿易のときに最大になることを確認しておこう。すでに見たように，自由貿易下の貿易量は OF で，貿易利益は三角形 MFX^* の面積で表される。それよりも貿易量が少ないと場合，たとえば OB_T のときには，世界全体の貿易利益は $MDTX^*$ の面積になる。これは明らかに自由貿易のときより少ない。それが両国の間でいかに分けられるかは国際交易条件がどこに決まるかに依存している。交易条件がたとえば OA であれば，自国の貿易利益は $AGDM$，外国のそれは $AGTX^*$ となる。貿易量が自由貿易のときより多い場合にも，世界全体の貿易利益は自由貿易時にくらべて少なくなることも容易にわかる。こうして，自由貿易均衡は**パレート最適** (Pareto optimum)，そこから逸脱すれば少なくともどちらか一方の国の経済厚生が低下するような状態) であることがたしかめられる。

自国と外国がたがいに相手の関税率を所与として最適関税をかけあう均衡は，ゲーム理論で**ナッシュ均衡** (Nash equilibriun) と呼ばれる事態である。そこでの貿易量は明らかに自由貿易のときより少なくなるので，両国の貿易利益がともに増加することはありえない。両国の貿易利益は自由貿易のときよりともに少なくなるか，少なくともどちらか一方の国の貿易利益が少なくなる。交易条件の決まり方によっては，どちらか一方の国の貿易利益が自由貿易のときより大きくなることもありうる。そのような国は**関税戦争**を始めようという誘惑にかられるかもしれない。しかし，その場合でも自由貿易を

9.3 数量割当と輸入関税

行い世界全体で最大の貿易利益を実現できれば,それをうまく分け合うことにより両国の経済厚生をナッシュ均衡のときよりも高めることができるはずである。この認識は**関税貿易一般協定** (General Agreement on Tariffs and Trade,略称 GATT) のような**国際協調機構**の理論的根拠となるものだ[2,3]。

9.3 数量割当と輸入関税

輸入関税とならぶ代表的な貿易政策の手段である**輸入割当**(輸入数量制限)の効果についても見ておくことにしよう。これは一定期間中の貿易量に上限を設け,その枠内で個別の貿易業者に輸入ライセンスを割り当てるものである。一定の条件のもとでは,輸入割当は,それと同一水準に輸入量を抑制する効果を持つ関税と同等であることを示すことができる。

一定の条件とは次のようなものだ。

(1) 輸入関税のもとでも輸入割当のもとでも,市場では完全競争が行われ,一定の輸入需要曲線,輸出供給曲線が維持される。
(2) 政府が輸入割当のもとで生じる輸入業者の利益を召し上げ,輸入関税のもとで生じる関税収入と全く同様に処分する。
(3) 輸入関税と輸入割当の間で行政費用に違いはない。

これらの条件の下で,輸入割当と輸入関税が同等になることを図解しよう。図 9.2 の点 T は,図 9.1 と同様に一定の関税率のもとで OB_T の輸入が行われる貿易均衡を表している。いま関税の代わりに,このときの輸入量 OB_T

---

[2] 本章では,わかりやすくするためマーシャル型の効用関数を持つ代表的消費者の存在を仮定し,部分均衡的な完全競争モデルによる余剰分析を用いている。2 国 2 財の一般均衡モデルによる関税の効果分析については,たとえば伊藤・大山 (1985) 第 7 章を参照。Helpman and Krugman (1985) chaps. 4–6 は不完全競争モデルによる関税政策の理論を展開している。

[3] 本書では貿易される財は完成品だと仮定してきた。しかし,6.2 節で指摘したように,交通・通信手段の発達による工程差別化の結果,完成品だけでなく,あるいはそれ以上に原材料・部品など中間財の国際貿易が盛んになっている。関税政策の効果は加工段階ごとの税率の違いによって影響を受ける。加工段階が低い原材料や部品の名目税率を低くおさえて,完成品に至るまで税率を次第に上げていくいわゆる「傾斜関税」(tariff escalation) 政策が採用されると,完成品の有効保護率 (付加価値保護率) は中間財・原材料のそれよりも高くなる可能性がある。有効保護の概念と意義については,Ohyama and Suzuki (1980),伊藤・大山 (1985) を参照。岡本 (2001) はより広く中間財貿易の理論を展望している。

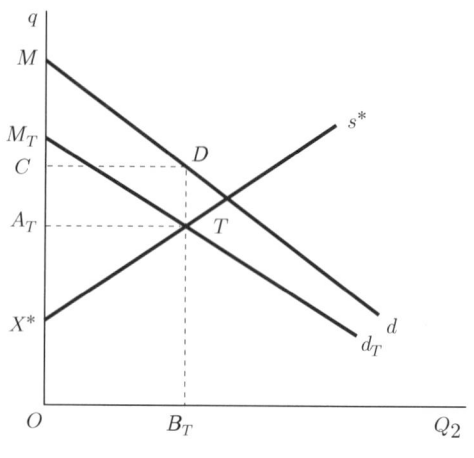

図9.2 輸入関税と輸入割当

を上限とする輸入割当が課されたとしよう。国際価格が OC より低い範囲にあるときには，輸入枠一杯を輸入して国内市場で売り払うことにより利益が得られる。国際価格が OC を超えて上昇していくと，国内の輸入需要は輸入枠の上限を割り込み，DM に沿って減少する。したがって，輸入業者の輸入需要は折線 $B_T DM$ によって表される。完全競争のもとでは，国際貿易の均衡はこの輸入需要曲線と外国の輸出供給曲線 X^*s^* との交点 T，すなわち関税のもとでの均衡点で達成される。国際価格は OA_T，国内市場価格は OC，輸入業者の売買差益は $A_T CDT$ となる。これは関税収入と同額であり，仮定によって関税収入と同様に処分される。以上の分析から，輸入関税を輸入割当に変更しても，何らの変化も生じないことがわかる。

GATT では，輸入割当は原則禁止としながら，関税については容認し交渉によってその引き下げをはかるとしている。これは輸入割当が関税よりも強力な貿易制限措置であるという認識にもとづく取り決めだ (17 章参照)。現実には上記の 3 条件はみたされそうもない。

まず，何らかの理由で外国財に対する需要が増えたり国内代替財の供給が減るような場合には，一定率の関税がかかっているだけならその財の輸入量はいくらでも増加しうる。しかし，輸入割当のもとでは，そのような構造変化があったとしても，あらかじめ決められた枠を超えて輸入量が増加するこ

とは許されない。

　輸入関税の場合にくらべて，輸入割当のもとでは国内の輸入代替産業に独占的行動が生じやすい。外国からの輸入量が一定水準に維持されるため，国内企業が共同で価格をつり上げることができるからである。もちろん，**独占禁止法**が整備されていて**カルテル行為**が完全に抑制されるならば問題はないが，現実には必ずしもそううまくいかない。特に，擬制された輸入割当といわれる輸出自主規制の場合には輸出国側で独占的な価格設定が容認される可能性が大きい。

　政府は関税収入を他の税収と一括して何らかの公共的な目的のために使う。少なくともそれが建前だ。しかし，輸入割当から得られる差益はかなりの部分が輸入業者の手許に残り私的な目的のために支出される。最後に，輸入割当の行政費用が輸入関税のそれと等しくなる必然性はない。輸入割当は特定の輸入業者を対象とする直接統制であるだけに，官民の間に癒着が生じやすいことにも注意する必要がある。

9.4　輸入割当と国内市場

　輸入割当と輸入関税との同等性を保証する上記 (1)〜(3) の条件の中で最も問題なのは (1) である。上に指摘したように，輸入割当ては関税政策と違って国内での独占的行動の温床となりやすいからだ。同等でないといわれる理由のうち，最も重要なのは国内市場の独占化につながりやすいというものだ。この点を簡単な図解で例示しておこう。

　図 9.3 で Ss は財 2 の国内供給曲線 (完全競争市場では国内企業の限界費用曲線)，Dd は国内需要曲線である。簡単化のために財 2 の国際相対価格が OF の水準に与えられているとする (小国の仮定) と，自由貿易のもとで自国企業が国内で事実上直面する需要曲線は FBd となる。このとき，輸入代替産業は財 2 を国内で FA だけ供給し，自国は外国から AB だけ輸入する。財 2 の輸入に関税がかけられる場合には，自国の輸入代替産業が直面する需要曲線は部分的に上方にシフトして，たとえば $GB'd$ のようになる。財 2 の国内相対価格は OG に上昇し，国内供給量は GA' に増加し，国内消費量は $A'B'$

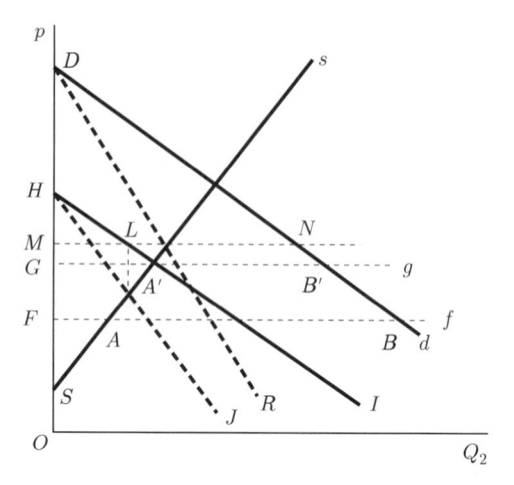

図 9.3 輸入割当による独占化の効果

に減少する。

　ここで輸入関税に代えて輸入割当が導入され，自国の輸入量がそれまでの水準 $A'B'$ に据えおかれるものとしよう。すでに見たように，国内市場で完全競争が維持される場合には，国内の供給量，需要量はこの政策転換によってまったく影響を受けない。しかし，はたして完全競争が維持されると想定してよいだろうか。輸入割当のもとでは自国の輸入代替産業が直面する需要曲線は Dd を AA' だけ左方に平行移動させた HI となることに注意しよう。このとき，輸入代替産業は全体として独占的に行動することで総合利潤を高めることが可能になる。かりにそのような謀議・結託が行われるならば，財 2 の国内供給量は限界費用曲線 Ss が需要曲線 HI から導かれる限界収入曲線 HJ との交点で決定される。財 2 の国内価格は OG から OM に上昇し，国内供給量は GA' から ML に減少する。国内価格の上昇にともなって国内需要量もそれと同じ量だけ減少する。以上の簡単な分析は，輸入関税から輸入割当への差し替えが国内市場の独占化を通じて社会的余剰の減少をもたらす可能性があることを示している[4]。

---

[4] この点を最初に指摘した研究として Bhagwati (1958), Shibata (1965) をあげておきたい。

演 習 問 題

1. 一国の関税政策に関する下記①〜③の記述の真偽を判定し,その理由をのべなさい。
   ① 輸入品に対する関税の引き下げは交易条件の悪化をもたらす。
   ② 輸入品に対する関税の引き下げは輸出量の増加をもたらす。
   ③ 輸入品に対する関税の引き下げは経済厚生を高める。

2. 6章5節で導入した産業内貿易のモデルを使って輸入関税が国際貿易に及ぼす効果を分析しなさい。

3. ラーナーの対称性定理は「同率の輸出税と輸入税が交易条件や国際貿易に及ぼす効果は同じである」というものだ。常識的には,輸出税は輸出を抑制し貿易収支の黒字を増やすのに対して,輸入税は輸入を抑制し貿易収支の黒字を減らし,正反対の効果をもつと考えられている。対称性定理を証明し,その主張がなぜ上記のような常識論とあいいれないのかを明らかにしなさい。

4. GATT/WTOで関税の引き下げが交渉される理由は何か。最適関税の概念を用いて考えなさい。

5. 「輸入関税と輸入割当の効果は同じである」。この命題が厳密に成立するためにはどのような条件が必要か,またその理由は何かについて論じなさい。

10
資源配分と保護貿易

　自由貿易対保護貿易の論争は長い歴史があり，多くの問題が論じられてきた。そのなかで，保護貿易の根拠として主張されてきた論点は，資源配分にかかわるものと一国内外の所得分配にかかわるものに大別される。前者は一国ないし世界の資源利用の効率性を高めることを目的とするものだ。これは**資源配分志向型の保護貿易論**といえよう。後者は，特定の集団(国，産業，地域，階層など)の利益を差別的に優遇し，助成することを目的とするものだ。これは**所得分配志向型の保護貿易論**と呼ぶことができる。本章では前者について考察し，次章で後者について述べることにしよう。

　一国の経済活動は，大きく生産，消費，貿易に分類できる。本書では，貿易は生産と消費との差としてあつかってきた。その意味で誤解をおそれずあえて単純化していえば，資源配分の観点から究極的に重要な活動は生産と消費である。国内外の希少な資源を有効に役立てるためには，まず財の生産が必要であり，次いでその成果の消費が不可欠である。国際貿易は生産されたものを消費に結びつける活動であり，生産と消費を前提としてなりたつものだ。したがって，第一次接近としては，資源源配分の効率性は生産と消費への資源投入の効率性と同義であるといえる。ミクロ経済政策は生産政策，消費政策，貿易政策に分けられると述べた(9章参照)が，その中で特に重視したいのは生産政策と消費政策だ。以下に論じるように，生産と消費に直接かかわる目標を実現するためには生産政策と消費政策を用いるのが最適である。貿易政策を用いる保護貿易は次善，三善の策に過ぎない。

10.1 自由貿易の利益 (i)：分業と交換

自由な貿易は消費者に利益をもたらす。この利益にはさまざまなものがあるが、大きく**交換・分業**の利益と、**競争・革新**の利益とに分けられる。前者は内外の生産物を自由に交換し、国際分業を進めることから得られる利益、後者は市場開放によって生産者間の競争が激しくなり、革新の機運が盛り上がることから生じる利益である。標準的な国際貿易論のテキストブックでは、交換・分業の利益が強調されることが多いが、現実には競争・革新の利益もそれに劣らず重要である。

本項では、市場開放に伴う交換・分業の利益を部分均衡モデルによって示しておきたい[1]。自国はある財 (コメとする) が外国にくらべて比較劣位にあり、国際市場で何らの価格支配力ももっていない「小国」とする。この仮定によって、国際交易条件の有利化を目的とする保護貿易論は排除すされることになる。図 10.1 の Dd はコメに対する国内需要曲線、Ss は国内供給曲線であるとしよう。

まず、国内市場が完全に閉鎖されている場合を考えよう。完全競争のもとでは、貿易前の需給均衡は Dd, Ss の交点 A で示される。このときのコメの

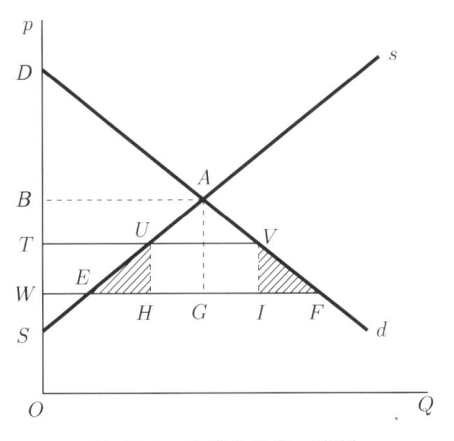

図 10.1　交換と分業の利益

---
[1] 一般均衡モデルによる図解が 1 章にある。比較・参照されたい。

価格は OB, 生産・消費量は BA だ。貨幣の限界効用が一定であるとすると，消費者がコメを消費することによって得る利益，すなわち消費者余剰は，Dd 曲線と価格線 AB が作る三角形 DAB で表される。また，生産者の利益，すなわち生産者余剰は，Ss 曲線と AB で囲まれる三角形 BAS の面積に等しい。生産者余剰は最終的には消費者の所得となるので，消費者がコメの生産・消費から得る総利益，すなわち社会的余剰は DAS の面積にで示される。

次に，コメの国際価格が (OB より低い)OW の水準にあるものとして，自国の完全な**貿易自由化**の効果を考えてみよう。国際価格が自国の輸入によって影響を受けないという仮定により，国内価格は OB から OW に下がり，消費量は BA から WF に増加する。その結果，消費者余剰は DAB から DFW に増加する。このとき，仮に生産量が以前の BA に維持されるとすれば，コメの輸入量は GF となり，生産者余剰は三角形 BAS の面積から「WES マイナス AEG」の面積に減少する。この場合の社会的余剰の増加は結局 AGF の面積となる。これが交換の利益だ。しかし，価格が OW に下がったことで，実際にはコメの国内生産量は BA から WE に減り，輸入量はさらに増えて EF となる。その結果，コメの生産者余剰は AGE だけ増加し，WES となる。これが割高なコメの国内生産が減少することによる分業の利益である。結局，社会的余剰は AEF だけ増加するわけだ。

完全な自由貿易が自国にとって最適であることを確認しよう。そのため，貿易自由化が不完全にしか行われない場合，たとえば輸入関税によって貿易が抑制されるようなケースを考えてみる。関税 WT が課されるとすると，コメの国内価格は OT，消費量は TV，生産量は TU，輸入量は UV となる。完全な自由化の場合にくらべて，消費者余剰は台形 $TVFW$ の面積だけ減少し，生産者余剰は台形 $TWEU$ の面積だけ増加する。$UHIV$ の面積に相当する関税収入が得られることを考慮すると，社会的余剰は完全な自由貿易のときにくらべて斜線を施した 2 つの三角形 EHU と IVF の面積だけ減少することがわかる。

10.2 自由貿易の利益 (ii)：競争と革新

以上の分析では，国内市場は貿易自由化の前後を通じて「完全競争」の状態にあると仮定してきた。この仮定は，もちろん現実的なものではない。実際には多くの市場で競争が不完全であり，カルテルによって値段がつり上げられたり，独占のもとで資源が浪費されたりしている。貿易の自由化は，国内の不完全競争の病弊に対する何よりの治療になるといわれる。

独占治癒の靜態的な利益を図 10.2 によって見ておこう。貿易前には，独占企業が市場を支配しており，利潤を最大化するように生産量と価格を決めていたとする。$Dr(MR)$ 曲線はこの独占企業が直面する限界収入曲線，$Ss(MC)$ は限界費用曲線だ。貿易前の独占均衡は Ss と Dr の交点 E に対応して，均衡価格は OA，均衡需給量は AC となる。消費者余剰，生産者余剰はそれぞれ三角形 DAC，台形 $ACES$ の面積に等しく，社会的余剰は両者の合計 $DCES$ の面積で示される。自由貿易に移行すると，この企業は価格支配力を失い，世界市場価格を所与として行動せざるをえない。議論を明確にするために，世界価格は貿易前の完全競争均衡価格 OW に等しいとしよう。したがって，貿易後の均衡価格も OW となり，均衡需給量は WF となる。この生産物は輸入も輸出もされず，通常の意味での貿易利益は得られない。しかし，市場構

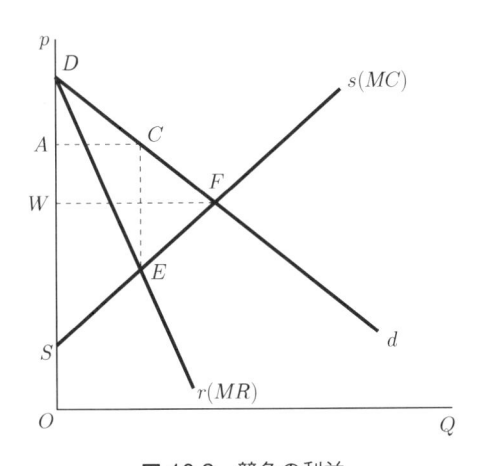

図 10.2 競争の利益

造が完全独占から完全競争に変わることにより，消費者余剰，生産者余剰はそれぞれ DFW, SFW に，社会的余剰は DFS に拡大する。

競争・革新の動態的な利益は，市場開放を通じて海外からの競争圧力が強められることによるものだ。それは，主として生産者間の生存競争の激化による企業の内部効率の向上と新製法や新製品，新組織などの開発，つまり，企業の革新という形であらわれる。その結果，消費者の所得は増大し，消費は質量とも豊かになると考えられる。貿易自由化は，交換と分業の利益をもたらすだけでなく，国内の輸入代替産業を海外との競争に直面させ，企業の内部効率を高めるとともに，様々な革新の起爆剤となる可能性がある。従来，標準的な教科書では貿易自由化の利益として，前者が指摘されることが多かった。それだけに，後者の重要性はいくら強調してもし過ぎることはないと思われる。

ここで企業の内部効率の向上とは，**ライベンシュタイン** (Harvey Leibenstein, 1922–1994) のいう **X 非効率** (X-ineffciency)，すなわち企業が所与の技術のもとで生産コストを最小にするように効率的に行動するとする通常の仮定が妥当しない状況の改善を意味するものだ。現実には企業の内部には種々の X 非効率と呼ばれるロスが生じている。例えば，不適切な人員配置，資材や時間の恣意的な浪費，さらには不注意による事故や失敗などである。こうした非効率が軽減されれば，企業の生産コストは所与の技術のもとでも引き下げられる[2]。

企業の技術も，決して一定不変のものではない。**シュンペーター** (Joseph A. Schumpeter, 1983–1850) が注目した「**革新**」(innovation) とは，新製法，新製品，新組織，新資源，新市場などの開発を意味する言葉である。企業は既存の製品のコストダウンを図ったり，新しい製品を導入することによって成長する。革新はそのために不可欠の条件である。資本主義経済は，こうした企業の革新を原動力として発展してきた[3]。

ところで，X 効率にしても革新にしても，企業がおかれた経済環境，市場構造によって大きな影響を受ける。一般に，市場構造が競争的であればある

---

[2] Leibenstein (1978) 参照。
[3] Schumpeter (1926) 参照。

ほど，いいかえれば企業間のなれ合いや協調が少なく，新規参入に対する障壁が低ければ低いほど，X非効率は小さくなり，革新へのインセンティブが強くなると考えられる。貿易自由化は，国内企業を海外からの競争にさらすことによって，X非効率の低減と革新の実現を促進すると考えられる。

10.3　保護貿易の根拠：国内の歪み

　外部経済，あるいは外部不経済とは，家計や企業などの経済主体の行動が市場を媒介せずに，直接他の経済主体に好ましい影響，あるいは好ましくない影響を及ぼすことだ。このような現象は現代社会では極めて広範に観察される。具体的には，コンピューター関連産業の発展は，汎用性の高いフリーウエアを数多く生み出すとか，技術を身につけた労働者を育成することを通じて他の産業にも恩恵を与えるかもしれない。これは外部経済の事例である。また，上流の化学工場が廃棄物を河に捨てることによって沿岸の住民に迷惑をかけるとか，下流の漁業の水揚げをだいなしにするといった公害は外部不経済の事例だ。これらの現象は，しばしば保護貿易政策の根拠として用いられる。

　コンピューター関連産業のようなケースでは，その製品のかなりの部分が無料で他産業に提供されるため，それ自体では採算が合わなくても保護育成が社会的に望ましいと考えられるかもしれない。また，ある企業が費用をかけて優秀な労働者を育成しても他の企業に引き抜かれてしまうおそれがある場合には，立ち上がりの段階で生じる損失を将来回収することが難しいので，何らかの保護措置を講じる必要があるとされる。これは**幼稚産業保護論 (Infant Industry Argument)** といわれ，昔からミル，マーシャルのような自由貿易論者によってすら，条件付きではあったが「妥当な保護貿易論」として認められてきたものだ[4]。さらに，ある種の公害産業の場合には，その輸出が輸出相手国によって規制されることがある。これはいわゆる**環境ダンピング論**で

---

[4] Hamilton (1791), List (1841) など，当時の新興国の論者が提唱した。Mill (1948), Book V, Chap. X (邦訳第5分冊, Marshall (1923), Book III, Chap. XI 参照。Kemp (1960) によれば，幼稚産業保護論は「動態的な」外部経済が存在する場合にのみ合理的な根拠を持つ。幼稚産業保護論の根拠については，伊藤・大山 (1985) 第8章参照。

あり，GATT/WTO 体制のもとでも不公正貿易の取り扱いを受け，対抗的措置をとることが正当化されるかもしれない。

より一般的には，一国のある産業が外部経済だけでなく，他の何らかの規制や市場の歪みによって国内の他の産業にくらべてハンディキャップを負い，社会的に過少な生産しか達成できない場合には，その助成が社会的利益になるといえる。1930 年代の初頭，ルーマニアの経済学者でのちに通産大臣をつとめたマノイレスコ (Mihail Manoilescu, 1981–1950) は工業化の過程で生じる農工間の賃金格差によって国際競争力を持ちえない新興国工業の保護育成を提唱し注目を浴びた[5]。その意味で，外部経済産業の保護論は形式的にはほとんどそのままハンディキャップ産業の保護論に拡張される[6]。しかし，以下で論じるように，そのような産業を差別的規制によって保護することが一般に正当化されるわけではない。

図 10.3 は，外部経済を生み出す財 2 の産業について対外差別的な保護が経済厚生に及ぼす影響を例示したものだ。右下がりの Dd は，この産業の製品に対する一国の需要曲線，右上がりの Ps はその供給曲線である。ここで，Ps は私的な限界費用曲線と解釈できる。この産業が生産物 1 単位当たりに $AC (= HF)$ の外部経済を他産業に及ぼしているものとすると，その社会的な限界費用曲線は，Ps をその分だけ下方にずらした Ss となる。この国は「小国」で，国際市場で財 2 の相対価格が OW の水準に与えられているものとしよう。自由貿易のもとでは，WB の需要があり，そのうち WA が国内で供給されるので，AB が外国から輸入されることになる。このとき，消費者余剰は DBW，生産者余剰は WAP である。しかし，社会的余剰はそれらに外部経済 $PACS$ を加えたものとなる。

さて，この国が輸入に WT の関税をかけるか，あるいはそれと同じ効果をもつ輸入数量制限を課したとしよう。国内価格は OT に上昇，需要量は TI に

---

[5] Manoilescu (1931) 参照。

[6] Haberler (1952) は自由貿易の問題点としてこうしたハンディキャップ産業の存在を指摘している。Harris and Todaro (1970) は発展途上国を想定した都市―農村の 2 部門モデルで都市の賃金規制が都市工業のハンディキャップとなり，都市の失業と工業化の抑制をもたらしていることを示した。近年の内生的成長モデルで Harris-Todaro の問題を分析した研究については，大東 (1997)，(2001)(第 7 章) を参照。

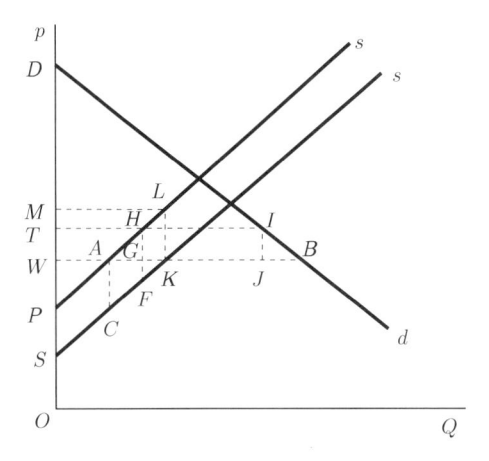

10.3 保護貿易の根拠：国内の歪み

図 10.3　外部経済と保護貿易

減少，供給量は TH に増加，したがって輸入量は HI に減少する．その結果，消費者余剰は DIT に減少，生産者余剰は THP に増加する．また，$HIJG$ の関税収入，あるいは輸入製品の売買差益が発生する．このとき，国内産業の生産拡大により，外部経済が $PHFS$ に増加することに注意する必要がある．自由貿易の場合にくらべて，社会的余剰はどのように変化するだろうか．消費者余剰の減少 $TIBW$ から生産者余剰の増加 $THAW$，関税収入 $HIJG$，外部経済の増加 $AHFC$ を差し引くと，残りは三角形 IJB と台形 $AGFC$ の差になる．つまり，$AGFC$ が IBJ より大きければ，輸入制限によって社会的余剰は増大する．実際，関税率，あるいは輸入数量制限の程度が十分に軽微であれば，$AGFC$ は IBJ より大きくなるので，この結論が成立する．

以上の分析は，国内の輸入代替産業に外部経済が存在する場合には，輸入の規制が一国の経済厚生を高める可能性があることを示している．同様の分析によって，輸入代替産業が輸出産業や非貿易財産業にくらべて割高な賃金や利子を払わされていたり，何らかの差別的な規制を受けていたりする場合にも，同様の結論が導かれる．たとえば，上述のマノイレスコの工業保護論は農工間の賃金格差を根拠とするものであった．しかし，ハンディキャップ産業の保護論は必ずしも輸入の規制を正当化するものではない．なぜなら，理論的には輸入の規制よりもすぐれた対応策があるからである．この場合，外

部経済の発生源である国内産業がその対価を回収できず，社会的に最適な水準の生産を実現できないことが真の問題である。これに対する最善の対策は，外部経済やその他の理由によって輸入代替産業がこうむる不利な影響を直接相殺する措置を講じることである。具体的には，自由貿易を維持しながら輸入代替産業に適切な生産補助金を供与してやればよい。

図 10.3 で，生産物 1 単位当たりに $AC\,(=HF)$ の生産補助金を与えた場合の効果を考えてみよう。国内価格は OW，需要量は WB，供給量は WK，したがって輸入量は KB となる。このとき，社会的余剰は，消費者余剰 DBW と真の生産者余剰 WSK の和となる。これが社会的に最適な対応である[7]。

10.4 最適政策の理論

通常，保護貿易政策の目標は国内輸入代替産業の生産水準を自由貿易の状態よりも高めることにあるとされている。前項で示したように，この目標を達成するための手段としては，貿易政策ではなく自由貿易のもとでその産業に適当な生産補助金を与えることが最適な政策である。

しかし，保護貿易政策は政府がある財の国内消費量を自由貿易のときよりも抑制するために用いられることもある。日本でもかつては贅沢品の国内消費を抑えるために宝石や香水の輸入に関税がかけられていた。健康被害が喧伝される喫煙や飲酒を減らすために煙草やアルコールの輸入に課税するとか，麻薬の輸入を「波打ち際で」くいとめる禁輸は多くの国で広く行われている。これらは，ある種の財の消費が有害な外部効果や耽溺効果を持つことに配慮するもので，消費者に対する保護貿易政策と解釈できる。しかし，このような目標を追求する場合にも，一般に貿易政策ではなくその目標に直接作用し有害な副作用をともなわない消費政策を用いることが最適である[8]。

図 10.1 に戻ってこのことを例証しよう。関税 WT のもとでは，自由貿易の

---

[7] マーシャル的外部経済による収穫逓増が存在する場合，5 章 3 節で示したように，国際分業によって不利益をこうむる国が生じる可能性がある。Graham (1933) はこの点をいち早く指摘し保護貿易の必要性を論じ，論議を呼んだ。根岸 (1871) 第 4 章，Ethier (1982) 参照。

[8] この原則については，伊藤・大山 (1985) 6.4 節参照。

10.4 最適政策の理論

ときにくらべて消費量が TV に抑制され，社会的余剰が 2 つの三角形 EHU と IVF の面積だけ減少することはすでに見たとおりである。政府の意図が煙草の国内消費を抑えることであり，目標消費量が TV であるとすれば，それはこの関税によって確かに達成できるといえる。しかし，関税は国内消費だけでなく国内生産にも影響を及ぼすという意味で副作用のある政策手段だ。これと同じ目標を消費税で実現するとしたらどうだろうか。

政府が関税の代わりに WT の消費税を課すとすれば，消費者の直面する価格は関税の場合と同じ OT となり，政府の目標消費量 TV が達成される。これに対して，生産者は自由貿易のときと同じ価格 OW で出荷しなければならないので，生産量は自由貿易下の水準 WE に減少する。その結果，消費者余剰は DVT に，生産者余剰は WES となる。他方，政府には消費税収入 $WTVI$ が入る。これが消費者に還元されるとすれば，社会的余剰はそれらの総和，すなわち台形 $DWIV$ と三角形 VIF の面積を足しあわせたものとなり，関税を用いた場合にくらべて三角形 EUH の面積だけ増加する。これは，消費税が直接消費だけに作用して，生産には何らの影響も及ぼさないことによるものだ。

同じ原理が特定産業の雇用量や特定財の貿易量などの目標についても妥当する。ある産業 (たとえば農業) に雇用される労働を一定水準に維持するという目標に対しては，生産補助金も有効ではあるが，それよりも雇用補助金を出した方がいっそう効率的である。ある財 (たとえば公害をもたらす財) の輸入量を制限するという目標が与えられた場合には，国内消費に課税したり国内生産に補助金を出すよりも貿易に直接作用する関税を用いた方が社会的費用が少なくてすむ。しかし，貿易量を制限すること自体が政府の目標として与えられることは少ない。多くの場合，政府にとって本質的に重要なのは，貿易の背後にあるより基本的な消費や生産を制御することである。そのような目標に対しては，保護貿易は一般に次善，三善の策であり，代わりに国内税や補助金を用いることが望ましいのだ。

演習問題

1. 「小国にとって自由貿易は最適な政策である」といわれる。その理由を説明しなさい。大国にとって最適な政策は何か。

2. 大国の関税引き上げが輸入品の相対価格の低下 (交易条件の有利化) をもたらすことを復習し再確認しなさい。メッツラー (1940) は関税が輸入品の国内価格の低下をもたらすという逆説の可能性を提示した。なぜそれは「逆説」なのか。あわせてメッツラーの逆説 (Metzler' Paradox) が生じるための条件を検討しなさい。

3. 下記の記述は正しいか。部分均衡分析の図で解明しなさい。「輸入代替産業の賃金が輸出産業の賃金より高い場合，貿易を制限すれば自国の経済厚生は低下する」。

4. 関税の引き上げは輸入代替産業の保護策として最適であるとはいえない。その理由を説明しなさい。

5. 小国で煙草の国内消費量を一定の水準に抑制することが求められるとしよう。そのために最適な政策手段は何か。部分均衡および一般均衡の図で解明しなさい。

11
保護貿易の政治経済学

　10章で見たように,自由貿易論と保護貿易論の論争は,効率的な資源配分を実現しようとする**博愛的政府** (benevolent government) を前提とする「べき論」として展開されてきた。このような観点に立てば,政府による産業保護が正当化されうるのは,**外部経済・不経済**,**二重構造** (産業間賃金格差) などの**国内の歪み** (domestic distortion) が存在する場合だけである。国内に歪みがあるために市場メカニズムがうまく働かなければ,政府による何らかの市場介入が事態の改善に役立つ可能性がある。保護貿易政策は最善の策ではないとしても,少なくとも**次善**,三善の策と見なされうる。ただし,**生産補助金**や雇用補助金といった国内政策が同等の**行政費用**で利用可能である場合には,保護貿易政策にまさる最善の策として推奨される。

　現実に行われている**産業保護政策**は,はたしてすべて国内の歪みだけで説明できるだろうか。たとえば,多くの国に見られる農業や**衰退産業**の保護は,外部効果や二重構造などの理由で正当化される範囲を超えているように思われる。一国の経済厚生を高めるために産業保護政策をとり行うというのはタテマエであって,ホンネは別のところ,すなわち被保護産業に従事する人々の所得の保護にあるのかもしれない。そうであれば,表むきは市場の欠陥を根拠とする保護主義の容認は,実はきわめて利己的な動機による政治活動を助長することになりかねない。こうした状況をどのように理解すべきだろうか。また,国内の歪みに基づかない「悪しき」保護主義はどうすれば克服できるだろうか。博愛的政府観に立脚した分析は,こうした問題の解明には無力である。

11.1 利己的な政府

貿易政策 (あるいはより広く産業政策) の政治経済学的研究では,「博愛的な政府」に代わって,錯綜した利害関係に立脚して政策を決定する「**利己的政府**」(selfish government) が想定される。政府がいかなる意味で利己的であるかは,もちろんその目的をどのように設定するかに依存している。それが国民経済厚生の最大化である場合には,利己的な政府は博愛的な政府と一致する。しかし,ここでは政府の目的は少なくとも部分的に「自己の保存」,すなわち政権の存続,あるいはそれに伴う金銭的ないし非金銭的な利益の追求を含むものとしてとらえられる。本章では,利己的政府の想定に立つならば,歪みが存在しない場合でも保護政策が行われる可能性があることを説明する。

10 章の分析によれば,国内の歪みが存在する場合でも自由貿易が資源配分上最も望ましい政策である。しかし,実際には自由貿易は必ずしも実現されない。それはなぜであろうか。輸入関税や輸入割当などの貿易政策にくらべて,生産補助金や雇用補助金の行政的,政治的コストが高くつくからかもしれない。少数の貿易港に配置した**税関**で集中的に関税を取り立てるのは,全国に分散して存在する生産者に適切な補助金を与えるより人手がかからず,容易であることが多い。また,関税は政府に新たな税収をもたらすが,補助金は新たな財源を必要とする。そのために増税や他の支出を削減することには大きな政治的抵抗があるかもしれない。しかし,ここでは**産業保護**の手段として,しばしば国内政策ではなく保護貿易政策がとられる理由については深く立ち入らない。本章の関心事は,国内の歪みがない場合にも何らかの手段による産業保護が行われる可能性があることを明らかにすることである。

11.2 国内所得分配と保護貿易

10 章では,小国の完全市場モデルによって自由貿易が社会的余剰を最大にすることを示した。自由貿易主義にとって最も好都合なこのようなモデルでも保護貿易への誘因が存在する。それを示すために,保護貿易が資源配分

11.2 国内所得分配と保護貿易

だけでなく国内の**所得分配**に及ぼす効果について見よう。どんな産業でも他産業には事実上移転不可能な固有の生産要素が存在する。具体的にはその産業の生産や経営の経験・ノウハウ，そこに投下され蓄積された物的資本である。産業の生産者余剰の大部分はこうした**特殊生産要素** (specific production factors) の所有者に帰属する。日本のコメ産業の場合，それは伝統的に米作農家だった。これに対して，消費者余剰の大部分は他の産業に従事する消費者に帰属するといえよう。

10 章の分析を思い出してもらいたい。図 11.1 は図 10.1 と基本的に同様な図である。自由貿易の状態から出発して輸入に単位当たり WT の関税が課されたとしよう。国内価格は OW から OT に上昇し，国内需要量は WF から TV に減少し，国内供給量は WE から TU に増加する。また，両者の差である輸入は EF から UV に減少する。それにともなって，消費者余剰は WDF から TDV に減少し，生産者余剰は SWE から STU に増加する。つまり，この産業の既得権益者は一般の消費者の犠牲のもとに利益を増やすことになる。このとき，生産者余剰の増加は消費者余剰の減少より小さく，関税収入の発生を考慮しても社会的余剰が減少することはすでに見たとおりだ。

国内の歪みがない場合には，輸入を自由化すれば被保護産業に**既得権益**を持つ人々の所得は減少するが，一般の消費者の利益はより大きく増大する。にもかかわらず，自由貿易が実現せず，保護貿易ないし補助金による国内産業保護が続けられるのはなぜか。少なくとも 2 つの理由が考えられる。第 1

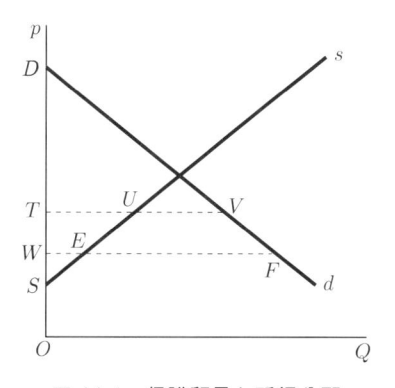

図 11.1 保護貿易と所得分配

に，輸入自由化によって損失を被る産業の既得権益者に対して，十分な補償が行われる見通しがないことである．自由化の結果，一般の消費者が被保護産業に携わる人々が失う以上のものを獲得するとしても，生産者の損失を償うことに対してコンセンサスが得られるとは限らない．第2に，生産者余剰の損失は比較的少数の人々に集中するため，有効な反対運動を組織することが容易である．これに対して，消費者余剰の増大は多数の人々に広く薄く分散するため，自由化賛成の勢力として組織することが困難かもしれない．有効な反対運動や賛成運動を展開するためにはコストがかかり，しかもそれは組織すべき主体の数が増えれば全体としても，一人当たりでも増大すると考えられる．

11.3 金権政治と保護貿易

簡単な政治経済学的モデルによって，保護貿易がいかにして実現されるかを例解してみよう．図11.2はある産業の自由化を支持する消費者団体と，それに反対する生産者団体とのゲームの均衡を示している．縦軸には消費者がこの運動のために集める政治資金，横軸には生産者が集める政治資金が測られている．この資金はそれぞれの運動の組織・運営，ロビー活動，さらには有力な政治家への献金や選挙運動に用いられるものとする．消費者も生産者

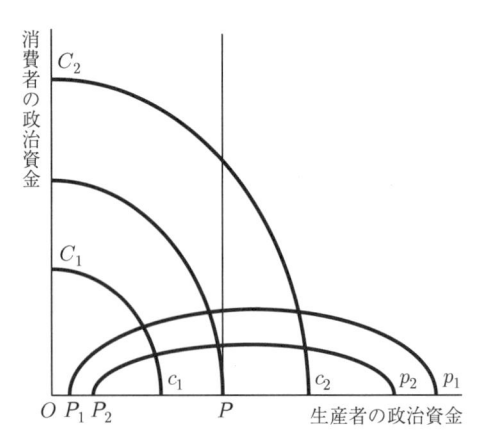

図 11.2 生産と消費者のゲーム (a)

11.3 金権政治と保護貿易

も組織されず何らの資金も拠出されない場合には,資源配分上最も効率的な自由貿易が実現するものと仮定しよう。

ここで,政府ないし政府に対して影響力を持つ政治家は,何らかの利己的な目的のために消費者,生産者の一方もしくは双方から政治的支援を受け,その大小に応じて関税率を高くしたり,低くしたりするものとしよう。消費者団体,生産者団体は主導的に行動し,いわば「共通の代理人」である政府を操ろうとするかもしれない。逆に,政府が主導的に行動し,消費者団体,生産者団体に政治的支援を呼びかける可能性もある。ここでは,消費者団体,生産者団体が両者の集金額に対する政府の反応を正確に読んで主導的に行動するケースを考えよう。政府は,生産者団体が集める政治資金が多ければ多いほど,またそれによる政治的支援を高く評価すればするほど関税率を高くし,消費者が集める政治資金が多ければ多いほど,またそれによる政治的支援を高く評価すればするほど関税率を低くすると考えてよかろう。政府にとって重要なのは各利益団体が集める資金額そのものではなく,それがいかに政治的支援のために有効に用いられるかであることに注意しよう。

これまでの分析から明らかなように,消費者余剰は自由貿易の下で最大となる。したがって,消費者にとって最も望ましいのは原点である。他方,生産者余剰は保護の程度(関税率ないし輸入割当量によってはかられる)が高いほど大きくなるので,生産者の**ブリスポイント** (bliss point, 至福点) が横軸上の P 点で示されるものとしよう。図 11.2 では,消費者の無差別曲線は原点のまわりの $C_1 c_1$, $C_2 c_2$ 等の右下がりの曲線として,生産者の無差別曲線は P 点を中心とする $P_1 p_1$, $P_2 p_2$ 等の山形の曲線として示されている。

ここでは,消費者,生産者の無差別曲線は消費者の組織力が生産者に較べて著しく弱いという前提の下で描かれている。消費者の無差別曲線が右下がりとなっているのは,消費者による資金の拠出が保護貿易の阻止に役立たず,純損失となっているのに,生産者によるそれは保護貿易の強化に有効に用いられていることによる。この場合,生産者が拠出する資金を増やせば消費者余剰は減るので,消費者の効用を一定に保つためには,自分が拠出する無駄金を減らさなければならないのだ。生産者の無差別曲線が山形になっているのは,生産者の拠出する資金が増大するにつれて,それによる純利益が減少

し，ついには純損失になることによる。図から明らかなように，このような場合には生産者のブリス・ポイント P がこのゲームの**ナッシュ均衡** (あるいは**シュタッケルベルグ均衡**) となる。ナッシュ均衡とは，ゲームの各プレーヤー (現在の場合には消費者ないし生産者) がそれぞれ相手の戦略変数 (拠金額) を所与として，自分のそれを最適水準に決めている状態だ[1]。シュタッケルベルグ均衡とは，一方のプレーヤーが主導者，他方のプレーヤーが追随者として，それぞれの戦略実数を最適水準に決めている状態だ。いうまでもなく，両者は通常一致しない。

この均衡では，消費者は何ら資金を拠出せず，生産者がもっぱら資金を拠出してある程度の保護貿易が実現することになる。生産者が拠出する資金の一部は，献金ないし賄賂として政治家にわたり，他はロビー活動や選挙運動といった非生産的活動に費やされることになる。その構成はここではブラック・ボックスとしている生産者の自由化反対運動のあり方に依存して決まる。政治家が消費者重視の立場から自由貿易に対して強くコミットしているような場合には，生産者の拠出する資金は少なく，またそれによって実現する保護の程度も低くなるであろう。また，政治家の**金権政治**体質が強ければ強いほど，生産者が拠出する資金，そのうち政治家に賄賂として提供される割合，さらには実現される保護貿易の程度が高まると考えられる。景気の好・不況も生産者のブリス・ポイントやそれに対応する保護貿易の度合いを左右するだろう。

消費者がある程度有効に組織されうる場合には，このゲームのナッシュ均衡は生産者のブリス・ポイントではなくなる可能性がある。図 11.3 は消費者の無差別曲線が横軸に近いところでは右上がりになっているケースの**ナッシュ均衡** (Nash equilibrium) N を図示している。この均衡では，生産者も消費者も競って資金を拠出するため，その総額は大きくなるとしても，保護の程度は生産者のブリス・ポイント P よりも低下しよう。生産者と消費者の利害は相反するとはいえ，両者が政治家に対して結託して行動すれば，それぞれの利得を増やすことができる。たとえば，両者の無差別曲線の接点であ

---

[1] ゲーム理論の基本的な解概念の 1 つで，経済学のみならずゲーム理論の応用分野で広く用いられている。アメリカの数学者ナッシュ (John Forbes Nash, Jr., 1928〜) にちなむ。

11.4 官民癒着と保護貿易   139

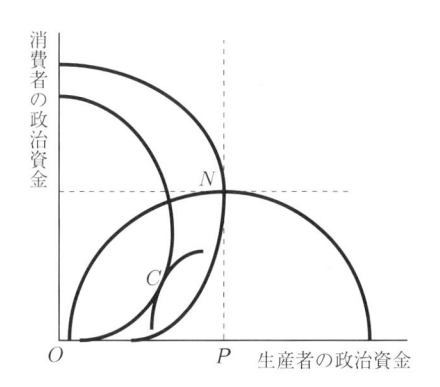

図 11.3 生産と消費者のゲーム (b)

る C 点は両者にとって N 点より望ましいばかりでなく，ある意味で効率的な点である．このような点は無数に存在する[2]．

11.4 官民癒着と保護貿易

　政府と産業との間に直接的な金銭や政治的支援の授受はなくても，何らかの非金銭的・非政治的な取引を通じて好ましくない保護貿易がおこなわれる可能性がある．ここでは，そのような政産の取引の一例として，に日本で指摘されてきた官民の「天下り」をとりあげよう．日本の政府は，一方では民間産業を規制しながら他方では天下りを通じて退職者の雇用を民間産業に依存してきた．このような慣行のもとでは，政府と産業は結託してあるべき規制を一定の方向にゆがめる可能性がある．

　規制主体である一国の官庁 (政府) とその対象となる国内業界のゲームを考える．両者の利得は規制水準 R と天下り数 N に依存している．官庁の**利得関数** (payoff function)

$$U = u(R, N) \tag{11.1}$$

---

[2] 利己的な政府がいかに利害関係者と対峙して貿易政策を実行するかという問題はつねに政治経済学の重要なテーマであった．近年，国際経済理論の研究者の間でも政治経済学に対する関心が高まっている．その代表的な著作として，Grossman and Helpman (2001), (2002) をあげておく．

は N の増加関数で,R については $R \leq R_G$ の範囲では非減少関数,$R > R_G$ の範囲では増加関数とする。官庁にとっては天下り数は多ければ多いほどよく,規制には最適水準があり,それに近ければ近いほどよいということだ。ただし,R_G は社会的に最適な水準 R_S に等しいという保証はない。官庁は社会的に最適な水準を知らないかもしれないし,仮に知っていても権限を大きくするためにそれよりも高い水準を目標とするかもしれない。しかし,無用な複雑化を避けるためにここでは $R_G = R_S = R$ と仮定しよう。(政府は**収穫逓増産業**について社会的に望ましい水準に参入を制限する可能性がある。5 章参照)。

国内業界の利得関数

$$V = v(R, N) \tag{11.2}$$

は規制の性質によって性格づけが異なったものとなる。規制の対象となる企業が差別的に取り扱われる**差別的規制**は,差別を受けない企業の立場からはきびしければきびしいほどよい。これに対して,すべての企業に一様に適用される**非差別的規制**は一般にゆるやかなほどよい。たとえば,外国企業を差別的に規制する保護貿易規制は,自国企業にとってはきびしいほど望ましいが,内外の企業行動を一律に規制する公害規制はすべての企業にとってゆるやかなほどありがたい。$v(R,N)$ は前者の場合には R の増加関数,後者の場合には R の減少関数と仮定できる。他方,天下り数に関しては,業界は官庁 OB に規制の適用を甘くする潤滑油的な役割を期待するから,一定限度までの天下りを歓迎すると思われる。したがって,$v(R,N)$ は $N < N_B$ の範囲では N の増加関数,$N \geq N_B$ の範囲では N の非減少関数としてよかろう。

以上の設定のもとで,官庁と業界のゲームはどうなるだろうか。図 11.4 の Ii 曲線,Jj 曲線はそれぞれ官庁と業界 (ここでは差別的規制によって守られる国内の既存企業) の利得無差別曲線である。両者が水平,垂直に交わる E 点はこのゲームのナッシュ均衡を示している。仮定によって,社会的に望ましい規制水準 $R_G = R_S$ はこの点で達成される。しかし,E は明らかに官庁,業界の両者にとってパレート最適な点ではない。両者が結託して行動するならば,E 点の東北方にパレート最適点,たとえば C 点が実現すると考えられる。そこでは天下り数は増大し,規制は社会的に望ましい水準を超えて過剰

11.4 官民癒着と保護貿易

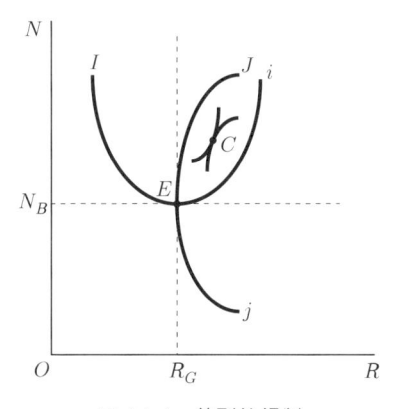

図 11.4　差別的規制

におこなわれることになる。ただし，規制を受ける企業(国内市場への輸出や直接投資による新規参入を希望する企業)はこのゲームには全く参加しないと仮定していることに注意する必要がある。仮に差別される外国企業が何らかのかたちでゲームに参加する途が開ければ，過剰な差別的規制(保護貿易)が緩和される可能性がある。外圧がかならずしも国益を損なうものでないことは，この簡単な分析からも読み取られよう。この問題に対する基本的な解決策は天下りの廃止ないし官民の結託の排除だが，最近までの日本の経験が示すように現実にはその実行は容易ではない。

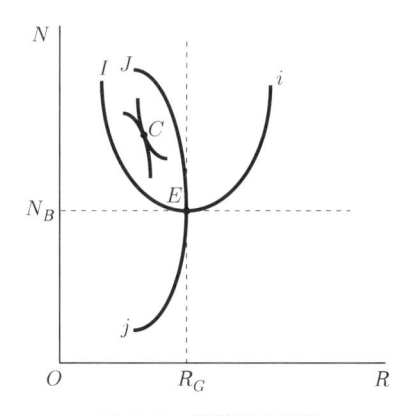

図 11.5　非差別的規制

これに対して，図 11.5 は非差別的規制の下での官民のナッシュ均衡と協調均衡を示している。ナッシュ均衡点 E では社会的に望ましい規制水準が実現するが，協調均衡点 C で採択される規制水準はそれよりも低くなる。こらは非差別的規制が一般に社会的に最適な水準まではおこなわれないことを示すものだ。この結論は，官庁が独自の視点から規制に強い選好をもつ場合には弱められる。対象となる産業が環境を汚染する公害産業であれば，その製品の輸出は**環境ダンピング**として不正貿易の烙印を押され，貿易相手国から規制される可能性がある。

以上に示したモデルは現実を極端に単純化したものである。政府規制の決定に当たっては，官僚機構と被規制産業だけでなく，政治家の果たす役割も重要だ。さらには，政治家の選挙基盤についても十分に目配りする必要がある。最近の日本では，政治家はいわゆる**族議員**として被規制産業の利益を代弁して行動する傾向があるが，実際の政策の立案・実行に当たっては官僚機構にゆだねるといわれてきた。この単純化されたモデルはそのかぎりである程度の現実的意味をもっていると思われる[3]。

11.5 国際的な所得再分配と保護貿易

本章では，これまで国際価格に影響力を持たない「小国」のモデルを用いて，国内所得分配の観点から保護主義の形成を論じてきた。しかし，日本や米国，中国のような「大国」の場合，かりに国内所得分配の問題が完全に解決されたとしても，なお保護主義への強い誘因があることを忘れてはならない。20 世紀のはじめに，イギリスの経済学者ビッカーダイク (Charles F. Bickerdike, 1876–1961) によって提案された**最適関税**の理論はその象徴である。市場支配力を持つ大国は輸入を制限することによって輸入品の価格引き下げを誘導することができる。最適関税論は，一国が外国の犠牲のもとに交易条件の有利化をはかる可能性を指摘するものだ[4]。同様の議論が国内雇用や企業利潤の観点からも展開できる。保護主義的な政策によって国内産業の雇用や利潤を増

---

[3] 本節の分析は大山 (1996) に基づく。

[4] Bickerdike (1906) 参照。

やすことが可能であり，それによって消費者がこうむる損失を考慮したとしてもネットの利益になるといえるからだ。これは不完全雇用や不完全競争といった市場の欠陥を前提とするもので，不完全競争理論の復活とともに**戦略的貿易政策論** (strategic trade policy) として脚光を浴びた[5]。

しかし，そのような政策は国際経済摩擦の原因となる。それが外国の報復を招くような場合には所期の成果を収めることは望み薄である。自国市場の保護は外国市場の閉鎖によって相殺され，国内産業の売り上げは減少することになりかねない。経済理論的にも，このような競争は世界全体の資源配分の悪化を招くことから，一般に正当化されないことは明らかである。市場経済の基盤が未成熟で対外的な影響力の低い途上国や経済小国はともかく，米国，日本，中国のような高度に発展した経済大国がとるべき政策ではない。

11.6　保護主義の克服

以上，一国の国内産業に既得権益を持つ勢力が政府と結託して内外の一般消費者の利益をそこねる保護主義的な政策の導入に成功する可能性があることを簡単なモデルによって例解した。保護主義を克服し，自由貿易を実現するためには何が必要であろうか。これまでの分析から得られるいくつかの教訓を示しておこう。

まず，保護を求める勢力の誘因を弱めることが必要だ。日本の農業の場合もそうだが，貿易自由化によって輸入代替産業に携わる人々の所得が減少することが，自由化反対運動のバネとなっている。したがって，その損失と軽減ないし補償する措置 (たとえば転業の助成やそれが不可能な場合には特別年金給付) が十分に講じられれば反対運動は弱まるだろう。その財源は一般消費者の負担となるが，貿易自由化の利益はそれを上回るはずである。この点に関連して，一般消費者の意識を高めることも重要だ。すでに指摘したように，特定産業の問題について一般消費者を有効に組織することは困難である。しかし，多数の消費者が自由貿易主義を標榜する政党を支持すれば，保

---

[5] 柳川範之 (1988)，石川城太 (2001) などを参照。

護主義的な政策を排除することも不可能ではない。

ここで政治家や選挙制度を根幹とする政治の仕組みのあり方が大きな鍵となってくる。一般消費者の自覚がいくら高くても、その投票が有効に生かされず特定産業の利害関係者の投票がものをいうような選挙制度や、その声が封じられる官民癒着体制のもとでは保護主義がはびこることは目に見えている。政治家の金権体質の是正や天下り慣行の改革が不可欠である。政治を志す者は私利私欲を追求する「政治屋」(politician) に堕してはならない。国民生活の向上を目指す「政治家」(statesman) として、希少な資源の浪費をもたらす保護主義の克服に努力することをもとめたいものだ。

演習問題

1. 低賃金国からの輸入に関税をかけると、国内労働の実質賃金はどのような影響を受けるか。また国内資本の実質レンタル (利子率) はどうか。この種の分析から、低賃金国からの輸入を制限すべきだといえるか。

2. 本章でとりあげた特定産業の生産者と一般消費者との部分均衡モデルは、2財が固有の特殊要素と汎用性の高い一般要素という2種類の生産要素で生産されるとする一般均衡モデルとどのような点で似通い、またどのような点で異なっているか[6]。

3. 特定産業に既得権益をもつ人々の所得は保護貿易によって増大するが、一般の消費者の利益は損なわれる。余剰分析によって後者の損失が前者の利益よりも大きいと考えられることを明らかにしなさい。にもかかわらず、現実に保護貿易がおこなわれるのはなぜだろうか。理由をあげて論じなさい。

4. わが国では、長年にわたって政治家による地元支持者への利益誘導が問題にされてきた。それがなぜ良くないことなのか、経済学の観点から明確にしなさい。

5. わが国ではまた、官僚の「天下り」が保護主義の温床であるとして批判されてきた、その理由について考えなさい。

6. 最適的関税理論の意義と限界を論じなさい。2国2財モデルで各国が互いに最適関税をかけあうような場合、自由貿易の場合に比べてそれぞれの経済厚生はどうなるだろうか。

---

[6] 特殊要素モデルについては、Jones (1976)、大山 (2009) など参照。

12
国際収支と国際金融

　経済取引とは何だろうか。それを広くとらえれば個人，企業，政府など経済主体間の資産・負債の交換を意味している。ただし，資産は何らかの価値のある対象に対する請求，使用，処分の権利，負債は同様に価値ある対象の提供，譲渡の義務と定義できる。経済主体には一国の国内に居住する者だけでなく外国に居住する者が存在する。国内に居住する者同士の取引は国内取引，内外の**居住者** (residents) の間の取引は国際取引と呼ばれる。また，資産・負債には実物的なものと金融的なものがある。これまでの章では，古典派的な国際取引の2分法の観点から主として実物取引(実物資産・負債の取引)を対象として，国際貿易，国際投資などの概念を論じてきた。しかし，それだけでは国際経済取引の全容をみることはできない。国際的な金融取引(金融資産・負債の取引)にも視野をひろげる必要がある。その手始めに，本章では一国の対外経済取引を**複式簿記原理**に準拠して体系的に整理・記録した**国際収支表**の構造を解説する。とりわけ，よく問題にされる**国際収支**の「均衡」の概念として**部分勘定**の収支である**経常収支**，**資本収支**，総合収支などの均衡の意味を論じる。それは国際取引の決済がどのように行われるか，さらにはその基本にある**国際通貨制度** (international monetary system) がどのようなものかに依存している。

　古典的な**国際金本位制度** (international gold standard system) のもとでも，現在主要国で採用されている**変動為替レート制度** (flexible exchange rate system) のもとでも，一国の**対外純資産**の変動要因である経常収支の概念が

特に重要な意味を持っている。そこで，経常収支が国民所得計算の中でどのように位置づけられるかについて正確に理解しておく必要がある。関連して，国際経済取引全体に影響する経常収支の「不均衡」がどのように調整されるかが重要な問題となる。実際，この問題は古典的な金本位制のもとではイギリスの哲学者・経済学者ヒューム (David Hume. 1711–1776) によって最初に論じられ，**価格・正貨の流出入メカニズム** (price-specie flow mechanism) と呼ばれた。現代の変動為替レート制度のもとではこのメカニズムはかならずしも自動的にはたらくものとは認められていないが，経常収支の調整に依然としてある程度の有効性を持っている。

12.1 国際収支

一国の居住者相互間の取引は国内取引と呼ばれ，一国の居住者と外国の居住者との間の取引は国際取引と呼ばれる。ここで，一国の居住者とはその国に居住する個人および法人を指す。一国の立場からみて，外国の居住者はまた**非居住者** (non-residents) とも呼ばれる。居住者，非居住者の区別はしばしば恣意的とならざるをえない。一国に滞在する外交団，駐留軍，旅行者，留学生，外国の海運，航空，保険会社の支店はいずれも非居住者と見なされる。これに対して，一国に置かれている国際機関とその職員，通常の外国企業の国内支店とその従業員は居住者と見なされる。

国際収支とは，一定期間中に一国の居住者と非居住者との間でなされたすべての経済取引の決済金額の体系的に記録したものだ。その集計表は国際収支表と呼ばれ，**国際通貨基金** (International Monetary Fund, 略称 **IMF**) の**国際収支マニュアル** (balance of payments manual) に準拠して，国民経済計算 (社会勘定) 体系の重要な一部として各国で作成されている。日本でも，1967 年以来，IMF 方式の国際収支表が公表されるようになった。IMF マニュアルの改訂にともなって，1996 年 1 月から新しい方式による国際収支表が作成されている[1]。

---

[1] 国際収支の概念と統計については松村 (2010)，第 2 章が参考になる。

12.1 国際収支

IMF 方式では，種々の国際取引の決済金額は①経常勘定と②資本勘定に分けて記載される。経常勘定はさらに3つの小勘定に仕訳される。第1は財・サービスの勘定だ。近年，農産物や工業製品のような物財の他に，金融，保険，通信などサービスの国際取引の重要性が増してきた。これらは一括して財貨及びサービスの取引としてここに計上される。第2は所得勘定である。ここには，賃金，利子，配当など，労働サービスや資本サービスの対価として直接人々の所得となる受払いが記載される。最後に経常移転と呼ばれる勘定がある。民間の贈与，送金，賠償，政府援助など，対価の受取りを伴わない一方的な資産・負債の移転のうち，消費目的のものがここにまとめられる。資本形成に用いられるものは資本勘定に回される。

資本勘定は投資勘定とその他投資に分けられる。投資勘定は，**直接投資**，**証券投資**，その他投資に区分される。証券投資は株式，債券の取引である。債券は，その満期期限によって短期，長中期に区分され，金融派生商品の取引も含む。株式取引のうち，取得株式が総株式の 10 パーセントに満たないものもここに含まれる。これに対して，直接投資は株式取引のうち出資比率が 10 パーセント以上のものや直接投資収益の未分配分 (再投資収益といわれる) からなる。その他投資勘定，貸付・借入，貿易信用，資本形成のための無償移転などを記載する。

国際収支表は**複式簿記**の原理にもとづいて構成されている。複式簿記では，取引の結果はいつも**借方**，**貸方**という2つの側面でとらえられる。詳しくいえば，ひとつの取引が行われるとき，それに伴う取引当事者の資産の増加ないし負債の減少は借方に，また資産の減少ないし負債の増加は貸方に記録される。国際収支表もまったく同様の考えで作成される。たとえば，財・サービスの輸出は一方で国内実物資産の減少をもたらすからまず**経常勘定**の貸方 (受取り) に記されるが，他方では外国貨幣資産の増加ないし外国貨幣負債の減少を伴うので，**資本勘定**の借方 (支払い) にも記される。また，**資本輸出** (外国有価証券の購入) は一方で金融資産の増加をもたらすから資本勘定の借方に，他方外国貨幣資産の減少ないし外国貨幣負債の増加を伴うので資本勘定の貸方に記録される。

贈与や**援助**などの移転支払いは元来対価の受取りのない不等価交換である

ため，便宜的な処理が必要とされる．外国に対して現物，たとえば小麦の援助を与えた場合，国内の実物資産が減少するので，その時価相当額が経常勘定の貸方に輸出として記入される．また，現金の援助を与えた場合，貨幣資産が減少するので資本勘定の貸方に記入される．しかし，そのままでは貸方，借方がバランスしないため，経常勘定の移転支払いのところに同額の借方記入を行い，帳尻を合わせるのだ．

以上を要するに，複式簿記では1つの取引が貸方と借方に2度記載されるため，経常勘定の差額としての**経常収支**，資本勘定の差額としての**資本収支**(外貨準備増減を含む) の合計は，誤差脱漏を除けば原理的にゼロ，すなわち

$$経常収支 + 資本収支 + 外貨準備増減 = 0$$

とならなければならない[2]．

表12.1 は1985年から2009年までの日本の国際収支総括表を示したものだ．経常収支のうち，貿易サービス収支は財の輸出入，運輸，旅行などサービスの輸出入からなる．また，経常移転収支は民間主体によるものと政府によるものがある．

表12.2 の資本収支は詳しく記載されていないが，民間非金融部門，預金銀行，政府，通貨当局の主体ごとに長短期の資本取引の諸項目があり，さらに現金勘定として貨幣用金，IMF特別引出権，IMFリザーブ・ポジションおよび外国為替資産の諸項目が設けられている．この期間中，日本の経常収支は毎年黒字，資本収支は2003,4年を除いて毎年赤字を計上している．このことから，日本の対外純資産は年ごとに増大し，それにともなって対外投資収益も膨大な額になってきた[3]．近年日本の財政赤字が増え続け政府の債務残高が桁外れに膨張したことが重大視されているが，日本国民全体としては外国から債務超過になっているどころか，外国人に対して多額の超過債権をを積み上げていることに注意する必要がある．

---

[2] Krugman and Wells, chap.19 (邦訳1節「資本移動と国際収支」) 参照．
[3] この間，日本の多くの年に外貨準備がマイナスの値になっているのは外貨準備の増加を表している．これは外貨準備の増加が民間部門の観点から見て貨幣資産の増加として借り方 (支払い) に記載されるためだ．

12.1 国際収支

表 12.1 日本の経常収支 (暦年)。単位 (億円)

	経常収支 (a+b+c)	(a) 貿易サービス収支	貿易収支	輸出	輸入	サービス収支	(b) 所得収支	(c) 経常移転収支
1985C.Y.	119,698	106,736	129,517	415,719	286,202	−22,781	16,036	−3,077
1986C.Y.	142,437	129,607	151,249	345,997	194,747	−21,640	15,675	−2,842
1987C.Y.	121,862	102,931	132,319	325,233	192,915	−29,389	23,483	−4,553
1988C.Y.	101,461	79,349	118,144	334,258	216,113	−38,800	26,436	−4,323
1989C.Y.	87,113	59,695	110,412	373,977	263,567	−50,716	31,773	−4,354
1990C.Y.	64,736	38,628	100,529	406,879	306,350	−61,899	32,874	−6,768
1991C.Y.	91,757	72,919	129,231	414,651	285,423	−56,311	34,990	−16,150
1992C.Y.	142,349	102,054	157,764	420,816	263,055	−55,709	45,125	−4,833
1993C.Y.	146,690	107,013	154,816	391,640	236,823	−47,803	45,329	−5,651
1994C.Y.	133,425	98,345	147,322	393,485	246,166	−48,976	41,307	−6,225
1995C.Y.	103,862	69,545	123,445	402,596	279,153	−53,898	41,573	−7,253
1996C.Y.	71,532	23,174	88,486	435,659	347,173	−65,312	58,133	−9,775
1997C.Y.	117,339	57,680	120,979	495,190	374,211	−63,299	70,371	−10,713
1998C.Y.	155,278	95,299	157,526	488,665	331,139	−62,227	71,442	−11,463
1999C.Y.	130,522	78,650	137,783	457,948	320,165	−59,133	65,741	−13,869
2000C.Y.	128,755	74,298	123,719	495,257	371,537	−49,421	65,052	−10,596
2001C.Y.	106,523	32,120	84,013	465,835	381,821	−51,893	84,007	−9,604
2002C.Y.	141,397	64,690	115,503	494,797	379,294	−50,813	82,665	−5,958
2003C.Y.	157,668	83,553	119,768	519,342	399,575	−36,215	82,812	−8,697
2004C.Y.	186,184	101,961	139,022	582,951	443,928	−37,061	92,731	−8,509
2005C.Y.	182,591	76,930	103,348	626,319	522,971	−26,418	113,817	−8,157
2006C.Y.	198,488	73,460	94,643	716,309	621,665	−21,183	137,457	−12,429
2007C.Y.	247,938	98,253	123,223	797,253	674,030	−24,971	163,267	−13,581
2008C.Y.	163,798	18,899	40,278	773,349	733,071	−21,379	158,415	−13,515
2009C.Y.	132,867	21,249	40,381	508,572	468,191	−19,132	123,254	−11,635

表 12.2 日本の国際収支 (暦年)。単位 (億円)

	経常収支	資本収支	外貨準備増減	誤差脱漏
1985	119,698	−130,134	602	9,836
1986	142,437	−122,503	−24,834	4,897
1987	121,862	−61,511	−55,492	−4,857
1988	101,461	−83,420	−21,255	3,214
1989	87,113	−74,651	18,487	−30,950
1990	64,736	−48,679	13,703	−29,761
1991	91,757	−92,662	11,391	−10,487
1992	142,349	−129,165	−753	−12,432
1993	146,690	−117,035	−29,973	318
1994	133,425	−89,924	−25,854	−17,648
1995	103,862	−62,754	−54,235	13,127
1996	71,532	−33,425	−39,424	1,317
1997	117,339	−151,323	−7,660	41,645
1998	155,278	−170,821	9,986	5,558
1999	130,522	−62,744	−87,963	20,184
2000	128,755	−94,233	−52,609	18,088
2001	106,523	−61,726	−49,364	4,567
2002	141,397	−84,775	−57,969	1,348
2003	157,668	77,341	−215,288	−19,722
2004	186,184	17,370	−172,675	−30,879
2005	182,591	−140,068	−24,562	−17,960
2006	198,488	−124,665	−37,196	−36,627
2007	247,938	−225,383	−42,974	20,419
2008	163,798	−183,895	−32,001	52,098
2009	132,867	−126,447	−25,265	18,844

出所：財務省ホームページ「国際収支状況」

12.2 国際収支の均衡

　国際収支の均衡とは何だろうか。また，それに関連して国際収支の赤字，あるいは黒字とは何だろうか。これらの概念は国際収支をめぐる論議でいつも取り上げられるが，その意味内容は必ずしも明確でない。前項で説明したように，ひとつの国際取引の決済金額はいつでも国際収支表の貸方と借方に1回ずつ記録される。したがって，すべての勘定項目についてみれば，貸方金額の合計と借方金額の合計はかならず等しくならなければならない。国際収支の均衡とはすべての勘定項目についての貸方，借方の会計的バランスを指すものではない。もしそうであれば，国際収支の赤字とか黒字は定義によってありえないことになる。

　このことから，国際収支の均衡は一部の勘定項目についての貸方金額と借方金額のバランスを意味するものであることがわかる。国際収支の勘定項目を適当な基準にしたがって上から下へ並べ，そのどこかに一線を引いてその上部の項目とその下部の項目に区分するものとしよう。このとき，上部項目について，貸方金額から借方金額を差し引いた値を上部項目の収支という。形式的には，国際収支の均衡は**上部項目の収支**がゼロである状態を指し，その赤字ないし黒字は上部項目の収支がマイナスないしプラスである状態をさすものといえよう。しかし，この考え方も勘定項目をどのような基準によって配列し，どこに線をひくかという問題が解決されなければ実質的な意味をもちえない。

　勘定項目の並べ方は IMF 方式によることにするのがよいが，どこに線を引くかで，種々の収支概念が得られる。具体的には，**貿易収支**，**財・サービス収支**，**経常収支**，さらには**総合収支**といった概念が重要である。貿易収支や財・サービス収支の黒字は一国が外国に売った財・サービスの額が買ったものの額を上回っているということである。外国の景気がよくないときには，巨額の貿易収支の黒字は貿易摩擦の火種になることがある。総合収支は，一国の通貨当局以外の主体による対外取引収支であり，通貨当局の管理下にある対外短期純資産の変化を示すと考えられる。それらはとりわけ通貨当局が為替相場の安定的維持を義務づけられている (たとえば IMF 平価制度のよう

な) 場合には政策的に最も重要な概念である。

　理論的に特に重要な意味を持つのは経常収支である。経常収支は経常勘定全体を上部項目とする収支である。経常勘定で圧倒的に大きなウェイトをもつ財・サービスの取引は，主として国境を超えて輸送される実物資産の取引である。その取引額，したがってまたその収支は，内外の生産，消費，投資といった本質的に時間を要する経済活動を反映し，さらに財・サービスの輸送に要する時間によって制約されるため，一定の条件の下では観測期間を短くとればとるほど小さな値になるという特徴をもっている。経常収支が短時日の間に急激に変化することはすくないが，それはこうした理由によるものである。

　すべての勘定についての総収支が会計的にバランスすることから，経常収支 (ただし，資本移転収支が無視できない大きさである場合には，経常収支にそれを加えた額) は，一国全体としての**対外純資産**の変化を示すものと見なしてよい。経常収支が黒字であれば，対外純資産は時間を通じて増加し，逆に経常収支が赤字であれば対外純資産は時間を通じて減少する。こうして，経常収支の不均衡は時間を通じて徐々に一国の対外純資産の変化をもたらし，それにともなって，生産，消費，投資などの経済活動に影響を及ぼす。それがまた経常収支の状態にはねかえってくることになる。つまり，静態的な経済にあっては，経常収支の均衡は経済的安定 (定常均衡) の必要条件であるといえよう。従来，それが国際収支の均衡概念として重視されてきたのはそのためだ。

12.3　経常収支の意味

　経常収支の不均衡は何によってもたらされるのだろうか。この問いに答えるための手がかりとしてまず，経常収支の意味・内容を考えてみよう。説明を簡単にするために所得移転収支を無視すれば，一国の経常収支は，一定期間中に発生した広義の財・サービスの総輸出額から総輸入額を差し引いた値，すなわち輸出入の差額と定義される。総輸出額に国内で生産され購入された財・サービスの価値額を加えると**国民総生産** Y (慣用に従って国民所得とも

よぶ) になる。また，総輸入額に同じものを加えると**国民総支出** (内外で生産された財・サービスに対する総支払額) E が得られる。したがって，経常収支を B とすると

$$B = Y - E \tag{12.1}$$

というよく知られた関係が導かれる。国民総生産は政府税収 T と民間可処分所得 $Y-T$ に分けられる。他方，国民総支出は民間消費 C_P，民間投資 I_P，政府消費 C_G，政府投資 I_G からなる。総生産と総支出をこのようにわけることにより，式 (12.1) の関係は

$$B = Y - T - C_P - I_P + T - C_G - I_G \tag{12.2}$$

と書きなおすことができる。ここで，民間貯蓄を $S_P = Y - T - C_P$，政府貯蓄を $S_G = T - C_G$，総貯蓄を $S = S_P + S_G$，総投資を $I = I_P + I_G$ とおくと，これはさらに

$$B = S_P - I_P + S_G - I_G \tag{12.3}$$
$$= S - I \tag{12.4}$$

となる。

　経常収支は基本的には財・サービスの輸出入の収支として定義される。しかし，式 (12.3), (12.4) の関係によってその意味を別の角度から考え直すことができる。たとえば，ある国が経常収支の黒字を出しているということは，総貯蓄が総投資を超過する分を何らかの形で外国に貸し付けて運用しているということだ。その国の観点からすれば，国内で運用するよりも有利な投資機会を外国に見出していると解釈できる。外国の観点からすれば，国内から調達するよりも有利な条件でその国から投資資金を獲得していると見ることができる。換言すれば，一国の経常収支の黒字はその国の貯蓄余力を外国で活用する国際資本移動そのものにほかならず，基本的には両国の利益になると考えられるのだ。もちろん，現実の国際資本移動がいつでも最適な水準で行われているとは限らない。経常収支の不均衡がときに国際経済摩擦の原因となるのは，少なくとも短期的にはどちらかの国の観点からそれが望ましくない水準に達していると判断されるからである。

12.4 不均衡の調整

経常収支の不均衡が過大になり際限もなく拡大することがあるであろうか。これについては，イギリスの哲学者デーヴィッド・ヒューム以来論じられてきた不均衡の「自動調整メカニズム」がはたらき，一定の歯止めがかかるという見方が有力である。かつて国際的な経済取引の決済手段が金あるいは金の裏付けのある正貨であった時代には，これは「価格・正貨の流出入メカニズム」と呼ばれてきたが，現代ではむしろ**資産の流出入メカニズム**と呼びかえた方がよいかもしれない。

ある国の経常収支が黒字で，外国のそれが同額の赤字だとすれば，時間がたつにつれてその国の対外純資産は増え，外国のそれは同額だけ減る。つまりその国の金融資産が外国に移転されるわけである。年々の額はそれほどではなくても，年とともに累積していく。その国は相対的に裕福になり，外国は貧しくなる。富んだ者は財布のひもを緩め，貧しい者は締めるのが世の常である。この資産効果を通して，その国の支出は徐々に増え，外国のそれは減る。式 (12.1) の「経常収支＝総生産マイナス総支出」という関係から明らかなように，これはその国の経常黒字を増やし外国の経常赤字を減らすように働く。このメカニズムは短期的にはともかく，中長期的には必ず効いてくる。

調整可能な**固定為替レート制度**や**変動為替レート制度**のもとでは，為替レートの変動が経常収支の不均衡の調整に役立つと考えられてきた。ある国の経常収支が黒字であれば，固定レート制度のもとでは為替レートの切り上げ (通貨の対外価値の上昇) が政策的に要請され，変動レート制度のもとではそれが市場の需給を通じて生じ黒字を減らすように作用するとされる。為替レートが切り上げられると，その国の輸出財の外国価格は上がり，輸入品の国内価格は下がるので，輸出が減り輸入が増えて経常収支の不均衡が是正されるというわけである。この推論には，少なくとも2つの重要な前提がある。ひとつは内外の輸入需要の価格弾力性が十分に大きく，もう一つは各国の輸出価格が一定に保たれるという前提である。これらの前提がみたされなければ，為替レートの切り上げは必ずしも経常収支の調整に有効ではない。変動レート制度のもとである国が経常収支の黒字を出していれば，その国の通貨の対

外価値が自然に高まるという前提も必ずしも正しくない。為替レートの決定要因とそれが経常収支の調整に果たす役割については，15 章であらためて論じたい。

　流出入メカニズムの効果は短期的にはおそらく微弱である。また，為替レートの市場での変動が経常収支の調整にいつでも有効であるとは限らない。したがって，経常収支の不均衡が短期的に過大な水準に達していると判断される場合には，何らかの応急的，政策的な調整が求められることがある。式 (13.3) は，経常収支が民間部門と政府部門の貯蓄・投資差額の和に等しいことを示している。このうち，政策的に直接調整可能なのは，政府部門の貯蓄・投資差額である。たとえば，ある国が過大な経常収支黒字を出していると判断されるような場合には，政府支出の拡大や減税を通じて政府部門の貯蓄を減らし，投資を増やすことが有効な対策となる。もっとも，政府支出や税収の変化は民間部門の可処分所得，ひいては民間部門の貯蓄・投資差額にも影響すると考えられるので，総合的なマクロ経済モデルによる慎重な分析が必要である。この点については，16 章で詳しく考察する。

演習問題

1. 国際収支表とはどんなものか。その基本的な構成と記録のために用いられる複式簿記の原理を説明しなさい。
2. 表 12.1，12.2 を見て，日本の経常収支，資本収支，外貨準備増減の推移と特徴を観察し整理しなさい。
3. 1985 年から日本の経常収支は一貫して黒字，資本収支はほぼ一貫して赤字であることがわかる。経常収支の黒字は日本の対外純資産の増加を意味している。これに対して，日本の資本収支の赤字はどのような関係にあるか。
4. 日本の経常収支の黒字とそれにともなう対外純資産の増加は，一方では日本の可処分所得と消費支出の増加をもたらすが，他方では日本の対外投資収益の増加を増やし所得収支の黒字幅を拡大する。これらの効果は経常収支の黒字にどのような影響を及ぼすだろうか。
5. 1990 年代以降，日本の巨額な財政赤字と国債残高の累増が問題視されている。これは将来世代に「ツケを回す」といわれることが多いが，なぜだろうか。日本の経常収支の黒字，対外純資産の増加は将来世代に「遺産」を残すことにはなら

ないのか。日本の国債残高の GDP に対する比率はイタリア，ギリシャ，スペインなどの EU 加盟国よりかなり高いにもかかわらず，ソブリンリスク (国家の債務不履行のリスク) がさほど重大視されていないのはなぜか。

13
古典派の国際マクロモデル
―完全雇用と流出入メカニズム―

　1章でものべたが，世界各国はそれぞれ独自の通貨をもってきた。誰でも知っているように，アメリカのドル，イギリスのポンド，中国の人民元などはその代表例だ。最近では，欧州連合のユーロも経済統合によって生れた新しい通貨として広く流通するようになった。通貨，すなわち支払手段として流通する貨幣はさまざまな商品の交換価値を表示する単位(価値尺度)として便利であるだけでなく，消費の購入や債務の決済のための支払手段として商品や資産の取引にともなう有形・無形のコストを軽減し，経済活動の維持，促進に大いに役立ってきた。しかし，貨幣がこうした機能をフルに発揮するためにはいつでもどこでも遅滞なく受け入れられること，すなわち**一般的受領性**をそなえていることが必要だ。

　各国の通貨は，国内では通常一般的受領性を保証されているといってよい。しかし，いったん国外に出るとそうした神通力を失うのがふつうである。個人や企業のレベルでは，異種通貨間の交換比率をめぐってその難易や条件が問題になる。国家のレベルでは，自国通貨の対外価値をどのように設定し，管理するかが問題になる。**国際通貨制度**はこれらの問題を解決するために設けられた有形，無形のルールだといえる。

　歴史をひもとくと，国際通貨制度は各時代の国際情勢を反映しながら，**国際金本位制度**，国際金為替本位制度，その特殊形態としてのIMF平価制度，さらには変動為替レート(フロート)制度と徐々に変遷してきた。3章で考察したリカード・ミルモデルも4章のヘクシャー・オリーンモデルも，完全雇

用と経常収支の均衡を仮定し，自由な貿易のもとで各国の実質所得が高められることを明確にする実物均衡のモデルだ．本章では，このような国際経済モデルを金融面で支えるものとされた国際金本位制度と**価格・正貨の流出入メカニズム** (price specie flow mechanism) について説明する．

13.1　国際通貨制度の要件

　国際通貨制度とは，国際決済と異種通貨間の交換に関して広く受け入れられ，何らかの形で制度化されたルールの総称である．その内容はおおむね次の3点に分けられる．

　第1に，異種通貨間の交換比率，すなわち**為替レート**(**為替相場**)の決定にかかわるルールである．為替レートの表示は，自国通貨の単位で外国通貨の価値を表示する「**自国通貨建て**」ないし「**邦貨建て**」の方式と，逆に外国通貨の単位で自国通貨の価値を表示する「**外国通貨建て**」ないし「**外貨建て**」の方式がある．どのように表示されようとも，重要な点は，それがどのように決められるかである．各国の通貨価値が金(あるいは銀でもコメでもよい)のような共通の**標準財**の単位で測られ，その財との自由な交換が保証されるならば，為替レートはその財を媒介として決まることになる．この場合，為替レートは各通貨に含まれる標準財の比率として固定される．他方，各国の通貨にそのような明確な裏付けがなく，市場で異種通貨が自由に交換されるような場合には為替レートは市場の需給に応じて決まり，変動する．

　第2に国際通貨の信認にかかわるルールである．**国際通貨** (international curency) とは，固定的な為替レート制度のもとで対外取引全般の収支尻の決済に用いられ，通貨当局がそのレートを維持するために準備すべき通貨を指す．国際金本位制度下の国際通貨はもちろん金にほかならない．**IMF平価制度**では，金為替(金の裏付けのある通貨)，すなわち金または1944年7月7日の金の量目および純分を有する米ドル(1オンス35ドル)とされた．通貨当局は保有する国際通貨を**為替市場**で売買し，自国通貨との交換比率が金平価もしくはIMF平価から乖離しないように介入しなければならない．そのため，国際通貨は準備通貨あるいは介入通貨とも呼ばれる．何らかの理由

(たとえば世界全体の金生産の不足やアメリカの金準備の枯渇) によって国際通貨の信認が失われるようなことがあれば, その制度は立ちゆかなくなる。

第3に, **国際収支の調整**にかかわるルールである。一国の総合収支の赤字が継続すると, 国際通貨の準備が枯渇し, 為替レートの維持が困難になる。**国際金本位制度**の場合, そのゲームのルールが遵守される限り, 国際収支の不均衡は自動的に調整され, このような事態は避けられる。IMF制度下のアジャスタブル・ペッグ (調整可能な釘付け相場) 制度のもとでは, 何らかの政策的調整 (たとえば国際金融協調, 適切な財政金融政策の運用, 為替レートの修正) が必要とされた。

13.2 国際金本位制度

歴史的に重要な国際通貨制度は固定為替レート制度, ないしそれに近い管理レート制度であった。1880年ごろから第1次世界大戦まで欧米の主要国で採用されていた国際金本位制度, 1920年代の国際金為替本位制度, さらには第2次世界大戦後にはじまり1971年まで続いたIMF協定下のアジャスタブル・ペッグ制度など, どれも金または何らかの意味で金との交換性を保証された通貨を媒介として, 為替レートを安定的に維持しようとするものだった。1920年代の**国際金為替本位制度**は世界恐慌に際会したこともあって短命に終わったが, 国際金本位制度とIMF平価制度は比較的長期にわたって維持され, その間の国際経済取引の発展に大きく寄与した。

国際金本位制度は, 当時主導的な工業国で, 最大の貿易国でもあったイギリスを中心に, 金とポンドを準備資産として運用された。金本位制度を採用した諸国の為替レートは**金の輸出入点** (金の輸出入が始まる為替レート) の範囲に安定し, 国際収支の不均衡は**価格・正貨の流出入メカニズム**を通じて自動的に調整されると考えられた。その基本的な仕組みは, 18世紀中葉にヒュームによってはじめて論じられた[1]。本章では, 古典派の国際経済モデルの支えとなった国際金本位制度と価格・正貨の流出入メカニズムについて説明する。

---

[1] Hume (1752)。その後の学説史的な研究については, Viner (1937) chap. VI 参照。

次節で詳しく見るように，それは古典派の国際マクロモデルとして定式化できる．しかし，ここではまずその概要を通説に基づいて簡単に説明しておこう．

国際金本位制度のもとでは，ある国の国際収支（正確には経常収支）が黒字であれば，その国にはちょうどそれに見合うだけの金が流入し，赤字なら金が流出する．金の流出入にともなって貨幣供給量が増減する．貨幣供給量の増加は価格効果と資産効果を通じてその国の黒字の減少をもたらす．まず，貨幣供給が増えると，国内生産物の価格，ひいては輸出品の価格が上昇し，自国品が外国品に対して割高になるため，価格効果を通じて輸出量が減少し輸入量が増加する．このとき，内外の輸入需要の弾力性が十分に大きければ，貿易収支の黒字は減ることになる．次に，人々が保有する対外純資産が増加すると，資産効果を通じて消費需要，債券需要がふえ，国内利子率の低下をもたらす．消費需要の増加と利子率の低下にともなう投資需要の増加は輸出をおさえ，輸入をうながす．赤字国の場合，以上とまったく対称的なプロセスを通じて赤字が自動的に是正されることになる[2]．

自動調整メカニズムが円滑に作動するためには，金の流出入にともなって各国の貨幣供給量が連動して増減することが必要である．これは**金本位制度のゲームのルール** (rules of game) とよばれ，制度本来の前提とされた．もし金が流入しても国内の貨幣供給量が増えず，金の流入量が減少しても国内の貨幣供給量が減らなければ，自動調整メカニズムがその出発点で蹉跌することは上の説明から明らかだろう．国際金本位制度は第1次世界大戦の勃発とともに終わりを告げたが，戦後物価と為替の安定を目指して形成された国際金為替本位制度が短時日のあいだに崩壊した主要な理由は，金本位制度のゲームのルールの遵守が困難になったことにある．

資本主義的な経済発展の結果，イギリス，アメリカなど主要国の政府・中央銀行は景気循環の大きなうねりを目の当たりにして，国内経済の安定化を目標にして行動するようになった．国内の景気が過熱しているような場合，金の流入によって国内の通貨供給が急激に膨張すると，インフレーションの高進を招くおそれがある．国内の景気がおちこんでいる場合，金の流出によって国

---

[2] たとえば渡辺 (1990)，池間 (2000) 参照．

内の通貨供給が急激に収縮すれば,不況の深刻化につながる危険がある。こうした理由から各国の通貨当局はいわゆる**不胎化政策** (sterilization policy) を通じて金の流出入にともなう通貨供給量の増減を相殺する措置を講じて金本位制度のゲームのルールを侵し始めた。1929年の株式大暴落を契機としておこった世界大恐慌はこの傾向に拍車をかけ,国際金本位制度の終焉を早めた。

13.3 古典派の国際マクロモデル

本書の前半(特に2, 3, 4, 7章)で取り上げた国際貿易理論のいろいろなモデルは,経常収支の不均衡や国際金融取引など,国際金融理論の諸問題を度外視していた。本書では次章から主としてケインズの一般理論以降に発展してきた現代の国際マクロモデルをとりあげるが,その前に古典派の国際マクロモデルの概要を示しておきたい。それは,リカード,ミル以来の古典派の貿易理論の前提として,金本位制度のもとで国際的な資本取引がどのように行われ,経常収支の不均衡がどのように調整されるかを明らかにするものだ。

自国,外国の2国を想定する。国際金本位制度のもとで,各国はそれぞれ1種類の国民生産物を生産し,外国の生産物と自由に貿易する。他方,内外の債券は完全に代替的で国際市場で自由に取引される。簡単化のため財および金の輸送費はゼロとする。各国の生産技術,労働,資本,土地などの生産要素の総供給量は所与で,賃金,利子,地代の伸縮的な変動を通じて完全雇用が成立する。

各国の通貨当局はあらかじめ定められた価格で金と交換することを約束し,為替レートは金を媒介として決定される。19世紀後半から第2次世界大戦まで維持された**国際金本位制度**のもとでは,**価格・正貨の流出入メカニズム**が有効にはたらいて経常収支の不均衡が自動的に調整されると考えられた。そのモデルは次のように表現できる。

内外債券が完全に代替的で資本取引が自由におこなわれることから,国際的な**金利裁定** (interest arbitrage) を通じて自国利子率 i は外国利子率 i^* と等しくなる。すなわち

13.3 古典派の国際マクロモデル

$$i = i^* \tag{13.1}$$

となる。内外の生産技術，生産要素の供給量が所与で，完全雇用が実現しているものとすれば自国，外国の国民生産物の産出量 Y, Y^* は一定となる。国際金本位制度のもとで，自国，外国の通貨当局は内外の民間主体との間で，あるいは相互間で金と国内通貨を自由に交換する。したがって，自国，外国のマネーサプライを M, M^*，世界の金ストックの総量を G，自国，外国の金平価を l, l^*，自国通貨建て為替レートを e とすれば，

$$l = el^* \tag{13.2}$$

$$lG = M + eM^* \tag{13.3}$$

という関係が成立する。式 (13.2) から為替レート e は l/l^* の水準 (金平価) に固定される。式 (13.3) は，各国の通貨が金との法定レートによる交換で供給されることを表している。内外の経済取引は貨幣を媒介として実現するため，**貨幣数量説** (quantity theory of money) が妥当する。これにはいくつかのバージョンがあるが，ケムブリッジ型の貨幣数量方程式 (14 章参照) はその典型的なものだ。自国財の貨幣価格を P，自国の実質 GDP を Y_D とすれば，自国の貨幣数量方程式は

$$M = kPY_D \tag{13.4}$$

と表される。同様に，外国財の貨幣価格を P^*，外国の実質 GDP を Y_D^* とすれば，外国のそれは

$$M^* = k^* P^* Y_D^* \tag{13.5}$$

と表わされる。これらは，各国の生産物を購入するにはその国の通貨を支払わなければならないという決済慣行に基づく定式化だ。簡単化のために，$k = k^*$ と仮定すると，

$$\frac{eM^*}{M} = \frac{eP^* Y_D^*}{PY_D} \tag{13.6}$$

という関係が得られる。

ここで，相対価格 p $(= eP^*/P)$ は外国生産物の自国生産物に対する相対価格で，一般的には両生産物の需給に依存して決まる。しかし，すぐあとで論じるように，一定の条件のもとでは経常収支の不均衡によって影響を受け

ず，一定水準にとどまると考えられる．とりあえず，最も簡単なケースとしてそのように仮定し，p は定数としよう．

式 (13.3), (13.6) から，自国，外国のマネーサプライは

$$M = \frac{Y_D}{Y_D + pY_D{}^*} \cdot lG \tag{13.7}$$

$$M^* = \frac{pY_D{}^*}{Y_D + pY_D{}^*} \cdot l^*G \tag{13.8}$$

となり，モデルの基本的な外生変数である各国の GDP $(Y_D, Y_D{}^*)$，金平価 l, l^*，世界の金ストック G に依存して決まる．上記の仮定のもとでは，M, M^*, ひいては p^H, p^F は経常収支の状態に依存せず，一定となる．

自国，外国の総支出 E, E^*（それぞれ自国財，外国財の単位で表記される）は国際利子率，$i^*(=i)$，国民所得 Y, Y^*，さらにはそれぞれの実質金融資産 W/p, W^*/p^* の関数になると仮定する．ここで，W は，自国のマネーサプライに対外純資産 N，すなわち自国の居住者が保有する外国通貨の保有高から外国の居住者が保有する自国通貨の保有高を差し引いた値を加えて，自国通貨単位で

$$W = M + eN \tag{13.9}$$

と表示される．外国の実質金融資産は外国通貨単位で

$$W^* = M^* - N \tag{13.10}$$

と表示される．この設定のもとで，E, E^* は，それぞれ

$$E = f\left(i^*, Y, \frac{M + eN}{P}\right) \tag{13.11}$$

$$E^* = f^*\left(i^*, Y^*, \frac{M^* - N}{P^*}\right) \tag{13.12}$$

と表わされる．ただし，Y, Y^* は自国，外国の国民所得で，それぞれ

$$Y = Y_D + \frac{ei^*N}{P} \tag{13.13}$$

$$Y^* = Y_D{}^* - \frac{i^*N}{P^*} \tag{13.14}$$

と定義される．関数 f は i^* の減少関数，$Y, W/P$ の増加関数，同様に関数

13.3 古典派の国際マクロモデル

f^* は i^* の減少関数, Y^*, W^*/P^* の増加関数と仮定する。以上を踏まえて,世界の貸借市場 (貯蓄・投資) の均衡は

$$Y - f\left(i^*, Y + \frac{ei^*N}{P}, \frac{M+eN}{P}\right)$$
$$= p\left(f^*\left(i^*, Y^* - \frac{i^*N}{P^*}, \frac{M^*-N}{P^*}\right) - Y^*\right) \quad (13.15)$$

と表される。左辺は自国生産物で表した自国の貯蓄余剰 (経常黒字), 右辺は外国の貯蓄不足 (経常赤字), したがって式 (13.15) は世界全体としての貸借市場の均衡 (貯蓄・投資の均衡) を表している。各時点で, 国際利子率 i^* は世界全体としての貸借市場の均衡, すなわち式 (13.15) を満たすように決定される。

図 13.1 は横軸にとられた自国の経常赤字, 外国の経常黒字がいかに国際利子率に依存しているかを示している。均衡利子率は両者が一致する点に決まる。ある一時点では各国の対外純資産は与えられているが, 自国の経常収支が黒字 (赤字) なら自国の対外純資産は時間を通じて増加 (減少) し, 外国のそれは減少 (増加) する。それにともなって, 自国, 外国の経常不均衡は時間を通じて減少していく。図 13.2 は自国の経常収支が赤字のとき, 自国から外国への金の移転を通じて内外の経常不均衡がいかに調整されるかを図解している。この金の流出入過程で均衡利子率がいかに変化するかは内外の限界投資性向や限界貯蓄性向に依存している。図解からわかるように, その変化の

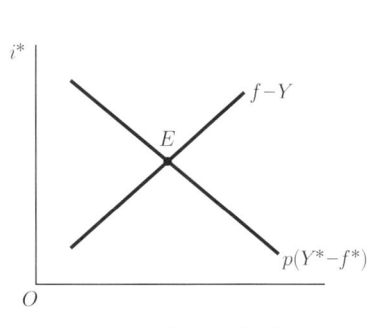

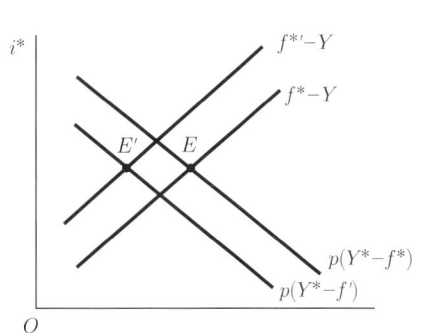

図 13.1 貸借市場の均衡 図 13.2 流出入メカニズム

方向は確定しない。

以上の2国モデルは,極端に単純化されたものではあるが,国際金本位制のもとでの完全雇用経済の国際マクロモデルの特徴を端的に表わしている。このモデルで内外の貨幣価格,相対価格,国際利子率が内外のGDP,世界の金ストック,金平価などから説明される。政府が金本位制度のゲームのルールを守るという前提のもとでは現代的な金融政策や財政政策による市場への介入は必要とされず,すべてが自由放任のもとで自動的に望ましい均衡に導かれる。

価格変動の要因と役割

式 (13.7),(13.8) に示したように,このモデルでは自国,外国の物価とマネーサプライは対外純資産に依存せず一定の値となる。したがって,経常収支黒字国のマネーサプライが増え物価が上がり赤字国のマネーサプライが減り物価が下がることにより自動的に経常収支の不均衡が調整されるという価格・正貨の流出入メカニズムの通説的解釈は必ずしも正しくない[3]。その代わり,黒字国の対外純資産が増えて支出が増加し,赤字国の対外純資産が減って支出が減少するという意味で,経常収支の不均衡が調整される基本的メカニズムは確かに働く。

経常収支黒字国の対外純資産は時とともに増加し,赤字国の対外純資産の同額の減少をもたらす。これは黒字国から赤字国への資産のトランスファーを意味している。7章で見たトランスファー問題の分析 (7.3節) を援用すれば,黒字国の各財への限界支出性向が赤字国のそれに等しければ,相対価格 (交易条件) はこのトランスファーによって影響を受けず,一義的に定まる。しかし,各国の輸出財に対する限界支出性向が輸入財に対するそれよりも強ければ,正統派の見解,すなわち黒字国の交易条件はこのトランスファーによって不利化するという見解が妥当する。この場合,自国が黒字国だとすれば自国の輸入財である財2の相対価格 p は上昇するので,結果的に輸入の減少と輸出の増加をもたらし,この価格効果で黒字の減少につながる可能性が

---

[3] Samuelson (1971) は古典派の国際マクロモデルを論じた先駆的論文でこの点を明確に指摘している。

ある。しかし，正統派の見解が妥当しない場合には，この効果ははたらかず，かえって自国の黒字は増加するかもしれない。いずれにせよ，この調整メカニズムの基本的な動因は「正貨」の流出入，あるいは金融資産のトランスファーであって，それにともなう「価格」の変動であるとはいえないことに注意する必要がある。

演習問題

1. 3章で見たリカード・ミルのモデルでは，自国，外国の社会的無差別曲線が相似拡大的でしかも同一であるという仮定のもとで，財2の相対価格 p は国際的な所得トランスファーに依存せず，一義的に決定される (3.3節参照)。この結論は経常収支の不均衡にともなう国際的な資産のトランスファーの場合にも妥当するだろうか。

2. 有名な「価格・正貨の流出入メカニズム」は国際収支不均衡の自動的な調整をもたらすとされてきた。内外「価格」がこのメカニズムで果たす役割について本章で説明した古典派の国際マクロモデル (13.3節) は何を教えてくれるか。

3. 金の世界供給量の変化は，内外の GDP，内外の「価格」，内外のマネーサプライにどのような影響を及ぼすだろうか。

4. 自国の技術進歩の結果，GDP の成長が生じるとしよう。このとき，他の条件を一定として内外生産物の相対価格，利子率，内外のマネーサプライはどのように変化するだろうか。

5. 古典派のマクロモデルで政府が果たすべき役割は何か。金本位制のゲームのルールとよばれるものは何で，いかにして守られたか。第1次世界大戦を経て国際金本位制度が破綻し，長期間再生されなかった理由は何か。関連する事実を調べ，本章で展開した古典派の国際マクロモデルを参考にして説明しなさい。

14
為替レートの理論

1973年3月に世界の主要国が変動為替レート制度に移行してから,かれこれ40年もの年月が経過した。この間に,為替レートは一部で予想されていた以上に大きく,また激しく変動してきた。国際収支の不均衡は為替レートの調整によって解消されるとする通説に反して,各国の対外不均衡は以前にもまして巨大なものになってきた。本章では,従来の為替レート理論を紹介し,その妥当性について検討することにしよう。

為替レートの理論としては購買力平価説が名高いが,その後種々の仮説が唱えられてきた。現実の為替レートの変動はきわめて複雑であるが,短期的変動,中期的動向,そして長期的趨勢の3つの側面に分けることができる。これらはそれぞれ異なった要因によって生じているので,単一の理論仮説でそのすべてを説明することはむずかしい。逆に,従来の為替レート理論はどの側面ないし要因に注目しているかという観点から整理できる[1]。

14.1　購買力平価説

消費,生産の基礎にある構造要因を所与とすれば,各国の財・サービスに対する需要,ひいては各国通貨に対する取引需要は,内外物価動向によって左右される。アメリカの物価が日本の物価より急速に上昇すれば,日本のアメ

---

[1] 横川 (2001) は,同様な観点から最近の為替レートの理論的,実証的研究を展望している。

14.1 購買力平価説

リカに対する国際競争力は高まる。その結果、アメリカの財・サービス、ひいてはドルに対する需要は減り、円はドルに対して増価することになる。逆の場合には、逆の結果になる。すなわち、各国通貨の対外価値は内外の物価比率と逆相関して変動すると考えられる。スウェーデンの経済学者**カッセル** (Karl Gustav Cassel, 1866–1945) はこの考えを第 1 次世界大戦後の均衡為替レートの計算根拠として用いることを提唱した。カッセルの理論は**購買力平価説** (theory of purchasing power parity, PPP) として広く知られている。

購買力平価説のもっとも単純な定式化は次のようなものである。自国と外国の 2 国のみを考え、すべての財・サービスが国際的に自由に取り引きされ、輸送費、関税などの貿易障壁がないとしよう。この場合、少なくとも長期的には 1 物 1 価の法則が支配し、すべての財・サービスは為替レートを媒介として均等化すると考えられる。そのような状態では、内外の物価関数が同じであれば、それらもまた為替レートを媒介として均等化する。すなわち、自国の物価を P、外国の物価を P^*、円建ドルレートを e とすれば、

$$P = eP^* \tag{14.1}$$

あるいは

$$e = \frac{P}{P^*} = \frac{1/P^*}{1/P} \tag{14.2}$$

という関係が成立する。これは、自国通貨建の為替レートが内外の物価比率、したがって自国通貨と外国通貨の購買力比率の逆数に等しいということである。ところで、複数の財が存在する場合、物価はそれらの財価格の総合的な指標として定義される。簡単化のため、ここでは自国生産物と外国生産物という 2 種類の財を考えよう。自国生産物の自国貨幣価格を P_H、外国生産物のそれを P_F として自国の物価が

$$P = P_H{}^\alpha P_F{}^{1-\alpha} \tag{14.3}$$

というコブ・ダグラス型の関数で表されるとしよう。同様に、自国生産物の外国貨幣価格を $P_H{}^*$、外国生産物のそれを $P_F{}^*$ として、外国の物価が

$$P^* = P_H^{*\,\alpha^*} P_F^{*\,1-\alpha^*} \tag{14.4}$$

という同じ型の関数で表されるとする。このとき、各財について価格裁定条

件 (一物一価の法則) $P_F = eP_F^*$, $P_H = eP_H^*$ がなりたつと仮定すると，

$$e = \frac{(P_H^*/P_F^*)^{\alpha^*}}{(P_H/P_F)^{\alpha}} \cdot \frac{P}{P^*} = p^{\alpha-\alpha^*} \frac{P}{P^*} \tag{14.5}$$

となる。これから，購買力平価説は内外の物価関数が同一，すなわち $\alpha = \alpha^*$ ならば厳密に成立する (**絶対的購買力平価説**)。長期的には，相対価格 $p(P_F/P_H = P_F^*/P_H^*)$ は経済の基本構造から実物均衡で決定されると考えることができる (古典派の2分法，1章参照)。したがって，経済の基本構造が変わらなければ，$\alpha \neq \alpha^*$ であっても名目為替レートは自国，外国の物価水準の比率に比例して決まる (**相対的購買力平価説**)[2]。

以上の購買力平価の定式化は，為替レートと内外の物価水準との関連を示してはいるが，為替レートの決定要因を明らかにするものではない。そこで，もう少し踏み込んで為替レートが内外の物価，ひいてはその背後にある内外のマクロ経済の諸要因，具体的にはマネーサプライや実物経済によってどのように決定されるかを考えてみよう。自国の実質 GDP を Y_D，マネーサプライを M とすれば，**ケンブリッジ型の貨幣数量方程式**は

$$M = kP_H Y_D \tag{14.6}$$

と表される。同様に，外国の実質 GDP を Y_D^*，マネーサプライを M^* とすれば，

$$M^* = k^* P_F^* Y_D^* \tag{14.7}$$

と書ける。これらは，だれでも各国の生産物を購入するにはその国の通貨を支払わなければならないという決済慣行を前提として成立する。上記の相対価格の定義と価格裁定条件を考慮すれば，式 (14.6), (14.7) から

$$e = \frac{pY_D^*}{Y_D} \cdot \frac{k^* M}{k M^*} \tag{14.8}$$

という関係が導かれる。これによれば，円建ドルレートは内外のマネーサプライの比率に正比例し，実質 GDP の比率に逆比例して変動するといえる。外国のマネーサプライの伸び率が自国のそれよりも高く，外国の実質 GDP の増加率が自国のそれよりも低ければ，自国通貨建為替レートは次第に低下

---

[2] 渡辺 (1990) は購買力平価説の歴史的な展望と平易な解説をあたえている。

14.1 購買力平価説

する。すなわち自国通貨の対外価値は上昇する。

しかし、こうした単純な購買力平価説の関係は現実の為替レートの推移を説明しているとはいえない。短期的には、購買量平価説の現実性は低いことが知られている。長期的に見ると、実勢レートが購買力平価レートから一方向に無際限に乖離することはなく、そのまわりを循環的に変動しているように見える[3]。しかし、為替レートの長期的な趨勢が購買力平価レートに一致するとは言いきれない。上記の単純な定式化では、すべての財・サービスが国際的に自由に取り引きされると仮定されている。しかし、実際には国際貿易の対象にならないものも多い。そのような**非貿易財** (non-traded goods) の価格は一般に国際的に均等化しないが、各国の物価形成要因になる。非貿易財の存在を考慮して修正された購買力平価は各国の非貿易財の貿易財に対する相対価格に依存する。

このことは、次のように考えれば理解できよう。ある期間について内外の一般物価が変化しなかったとしよう。この場合、単純な購買力平価はもちろん変化しない。しかし、この期間に自国の非貿易財の貿易財に対する相対価格が上昇し、外国のそれが下落したとしよう。内外の一般物価は不変だから、自国の貿易財の物価は下落し、外国のそれは上昇することになる。したがって、貿易財の一物一価と整合的な自国通貨建為替レートは下落しなければならない。一般に、自国の非貿易財の貿易財に対する相対価格の上昇ないし外国のそれの下落は (修正された) 購買力平価を自国通貨増価の方向に動かす[4]。

非貿易財の存在を考慮して購買力平価レートの推定を修正したとしても、それが実際の為替レートに一致するとは思われない。市場レートの大幅な循環的変動や急激な乱高下は購買力平価からの逸脱を意味するものであり、別の要因によって説明されなければならない。内外の物価は短期的、あるいは中期的にも硬直的であることが多い。購買力平価レートからの逸脱が生じる

---

[3] Rogoff (1996) は為替レートの短期的な激しい変動と購買力平価からの乖離のパズルをめぐる近年の実証研究と理論的説明を展望している。

[4] Balassa (1964) と Samuelson (1964) は高所得、高資産国の非貿易財価格は低所得・低資産国のそれよりも高くなるため前者の物価水準は後者より高くなり、実際の為替レートは購買力平価にくらべて増価すると論じた。これはバラッサ・サミュエルソン仮説とよばれることがある。

のは，各国通貨に対する投機需要や取引需要が短・中期的に大きく変動することによるものである。

14.2 利子平価説

購買力平価説は貿易財についての一物一価の法則に基礎をおいている。現代の世界では，貿易財以上に資本サービスの取引が活発に行われている。そうであれば，現実の為替レートの動きは内外の資本サービスに関わる一物一価の法則でよりよく説明できるのではないか。20世紀前半，ケインズが提唱し，その後**アインチッヒ** (Paul Einzig, 1897–1973) が広めた**利子平価説** (theory of iterest parity) は，**直物為替レート** (spot exchange rate) と**先物為替レート** (forward exchange rate) との間に成立する一物一価の法則に着目するものだ[5]。

まず，簡単な数値例で説明しよう。自国(たとえば日本)の居住者が外国(たとえばアメリカ)の銀行に1億円を1年間間預けると2％の率で利子が得られるが，日本では1％の利子しか得られないとする。日本での運用によって得られる元利合計額は1億100万円だ。他方，1億円をドルに替えてアメリカで運用して1年先の円の先物為替を買うことで為替リスクをカバーするとしよう。先物レートが1ドル100円のとき，直物レートが1ドル90円ならばこの操作で得られる元利合計額は約1億133万円となる。この場合には，東京からニューヨークに資金を移すことが有利になり，そのような鞘とり(裁定取引)が行われるだろう。内外金利と先物レートを仮に一定とすれば，ドルは直物で買われる。このようなさやとりは直物レートが1ドル101円になるまで続くと考えられる。その結果，直物レートは先物レートより約1％高くなる。これは内外の金利差にほぼ等しい。一般に，ニューヨークの利子率が東京の利子率よりも高ければ，直物レートは先物レートよりもその差に相当するだけ高くなる。ニューヨークの金利が上がれば，先物レートを一定として直物レートはその分だけドル高，円安になる。

---

[5] Einzig (1961) 参照。

14.2 利子平価説

数値例による推論を数式でより一般的に表現してみよう。自国，外国の債券の一定期間の利子率を i, i^* とし，自国通建直物為替レート，一定期間後の先物為替レートをそれぞれ e, e_f とすると，上記のような鞘とりが行き尽くした状態では

$$1 + i = (1 + i^*)\frac{e_f}{e} \quad (14.9)$$

という関係が成立する。先物為替レートは契約時点で確定しているので，為替変動リスクはカバーされている。その意味で式 (14.9) は**リスク・カバーがついた利子裁定条件** (covered interest arbitrage condition) とよばれる。これを少し書き直すと，

$$\frac{e_f - e}{e} = \frac{i - i^*}{1 + i^*} \quad (14.10)$$

この式の左辺は先物レートが直物レートを上回る率という意味で「**先物プレミアム率**」とよばれることがある。それは自国利子率が外国利子率を上まわる率にほぼ等しくなっている。この関係が上記の数値例による分析と符合することを確かめてほしい。

購買力平価の関係を表す式 (14.5) がそれだけでは為替レートの決定要因を示すものではないのと同様に，式 (14.9)，あるいは式 (14.10) は，直物為替レートと先物為替レートとの間に成立する関係を表しているが，それだけでは為替レートを説明するものではない。そこで，e_f を一定期間後の直物レートの予想値と読み替えてみると，式 (14.9) を書き換えた

$$e = \frac{1 + i^*}{1 + i} \cdot e_f \quad (14.11)$$

は直物為替レートの決定式と読むことができる。これは**リスク・カバーのつかない金利裁定条件** (uncovered interest arbitrage condition) とよばれる。この場合，直物レートの予想値 e_f は不確実な変数，すなわちリスクをともなう変数となるからだ。しかも，それは多くの人々が一致して，相当の確信を持って予想する値でなければならない。式 (14.11) によれば，外国の利子率の上昇，自国の利子率の下落は直物為替レートの上昇 (自国通貨の減価) をもたらす。また，将来の予想レートの変動は直物レートの比例的な変動を引き起

こす。ここでとくに重視されるのは将来の為替レート予想である。内外の利子率が安定しているときに現行レートが大きく変動することがあるが、それは予想レートの大幅な変動によるものと考えられるからである。為替レート予想については種々の見解があるが、定説といえるほどのものはない。しかし、人々は少なくとも現在利用可能な情報をフルに活用して将来を予想しようとするにちがいない。そうであれば、新しい情報 (ニュース) が入るたびにその将来の予想を再検討するはずである。

　しかし、新しい情報がなく内外の経済構造が落ち着いた静態的状態にあるものとすれば、将来の予想レートは中・長期的に為替レートが回帰する値になると考えられる。そのような**回帰的予想** (regressive expectation) のもとでは、上記の購買力平価説の関係式 (14.6) を代入することにより、式 (14.11) は

$$e = \frac{1+i^*}{1+i} \cdot \frac{rY^*}{Y} \cdot \frac{k^*M}{kM^*} \tag{14.12}$$

と表わされる。利子平価説と購買力平価説を組み合わせたこの定式化によれば、為替レートは内外経済の**ファンダメンタルズ** (基本的構造)、すなわち購買力平価を決定する諸要因 (GDP、マネーサプライ) に加えて内外の利子率に依存して決まるといえる。

　しかし、実際の為替レートはしばしばファンダメンタルズからはとうてい説明できない水準に逸脱することもある。これは**バブル** (泡) とよばれる現象である。たとえば、1980年代前半、90年代半ば、最近では2010年から2011年に生じた円高ドル安はバブルと解釈されることが多い。こうしたバブル現象も人々の予想形成によって説明される。為替レートは株価などと同様に市場参加者の大半が上がると思えば上がり、下がると思えば下がるという性質をもっている。したがって、期待が期待を生み、投機が投機を生んで途方もないバブルに発展する可能性がある。

14.3　ストック均衡理論 (資産市場アプローチ)

　国際金融市場が整備され、国際資本移動が自由に行われる現代世界では、1日のうちに数百億ドル、数千億ドルにのぼる金融取引が行われている。これ

14.3 ストック均衡理論 (資産市場アプローチ)

は世界中の企業や個人がストックとして保有している金融資産をリシャッフル (再編成) することを目的として行うものである。金融資産のリシャッフルが企図されるのは内外の金利や資産価格の変化に対応して，あるいはそれを先取りして少しでも多くの利益を獲得するためだ。国際的な金融取引は必然的に異種通貨の交換，すなわち為替取引を伴う。**ストック均衡理論**は，為替レートが国際的な金融取引を通じてさまざまな資産の価格と同時に決定されるとするもので，**資産市場アプローチ** (asset market approach) と呼ばれることもある。その源流はフランスの経済学者アフタリオン (Albert Aftalion, 1874–1956) の為替心理説やさらにそれ以前にも見出そう[6]。しかし，それが為替レートの短期的変動を説明する理論として広く認知されるようになったのは，変動為替レート (フロート) 制度の経験がある程度蓄積された1970年代後半になってからである。

上述したように，ストック均衡理論は内外の利子率が外生変数とされる利子平価説 (14.2節) を超えて，為替レートが利子率とともに金融資産市場の需給均衡 (ストック均衡) で決定されるとするより一般的な定式化を考えている。

簡単化のために，国際資本市場は完全に統合されていて内外債券は利子平価説の式 (14.11) が成立するという意味で完全代替物 (perfect substitutes) だとしよう。為替レートの予想上昇率 (自国通貨の予想減価率) を $\eta(= e_f/e_H - 1)$ とすれば，式 (14.1) は

$$\eta = \frac{1+i}{1+i^*} - 1$$

と書き直せる。外国利子率が微小な値なら，これは

$$\eta = i - i^* \tag{14.13}$$

で近似できる。自国，外国の貨幣残高を M，M^*，自国の居住者が保有する外国債券残高を N で表わす。外国が**基軸通貨国** (key currency country) で，利子率を目標に外国のマネーサプライを操作するとする。さらに簡単にするため国際資本市場で流通する債券はすべて外国貨幣の単位で表示され，外国人は自国の通貨を保有しないと仮定しよう。これは，すべての国際決済に外

---

[6] Aftalion (1927)。最近の文献では，Dornbusch (1976), Kouri (1976) などに明確な定式化がある。

国通貨が用いられると仮定することに等しい。対照的に自国はいわば「小国」で，外国の通貨当局が決める利子率を所与として，為替レート，あるいはマネーサプライを目標変数として行動する[7]。このとき，自国，外国の貨幣市場の均衡条件は

$$M = L\left(i^* + \eta, Y, \frac{M + eN}{P_H}\right), \quad (14.14)$$

$$M^* = L^*\left(i^*, Y^*, \frac{M^* - N}{P_F^*}\right) \quad (14.15)$$

と表わされる。ここで，$L(\ldots)$，$L^*(\ldots)$ はそれぞれ自国，外国の貨幣需要関数，Y, Y^* は自国，外国の国民総生産 (以下，単純化のために国民所得と呼ぶこともある)，P_H, P_F は自国財，外国財の貨幣価格 (物価) である。自国通貨が対外決済に使えないという仮定と整合的に，自国民間部門の対外純資産 N は正 ($N > 0$) とする。自国の貨幣需要は利子率 i^* と自国通貨の予想減価率 π の減少関数，国民所得 Y の増加関数，実質金融資産残高 $(M + eN)/P_H$ の増加関数とする。ここでは詳説しないが，自国の貨幣需要が国民所得に依存するのはケインズのいう**取引動機** (transactions motive)(消費，投資などの支出に備える動機) によるもので，利子率，自国通貨の予想減価率，実質資産残高などに依存するのは**投機的動機** (speculative motive)(資産構成のリスクを回避する動機) によるものだ。外国の貨幣需要もこれに準じる性質を持つ。

為替レートのストック均衡は式 (14.14), (14.15) に組み込まれている。そこでは，「超短期」の一時的均衡，すなわち内外の国民総生産，物価が所与とされる状況での均衡を問題にする。外国利子率が外国政府の政策目標として与えられると，式 (14.15) から外国のマネーサプライ M^* の均衡値が決まる。固定為替レートの場合には，式 (14.14) から為替レート e が自国政府の政策目標として与えられ，マネーサプライ M の均衡値がそれに対応して決まる。変動為替レートの場合にはマネーサプライを所与として為替レートの均衡値が決まる。

---

[7] これは外国が利子率，自国が為替レートを政策目標として割り当てられる**政策割当モデル**と考えることができる。Mundell (1968) 参照。

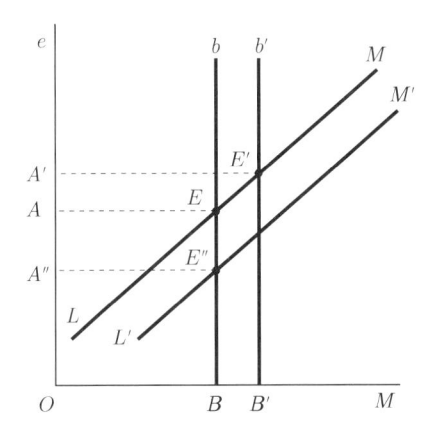

14.3 ストック均衡理論 (資産市場アプローチ)

図 14.1 瞬時的均衡：為替レートの決定

変動レート制度の場合を考えよう。式 (14.14) の関係が短期の均衡為替レートを決定すると見ることができる。図 14.1 の曲線 LM は，外国利子率 i^*, 国民所得 Y を所与として描かれた自国貨幣に対する需要曲線である。ここで，自国貨幣に対する需要は為替レート e の増加関数と仮定されている。自国貨幣の供給が OB に与えられているときには，需給均衡は LM と B 点から垂直に立てた貨幣供給線 Bb との交点 E で成立する。このときの均衡為替レートは OA となる。固定為替レート制度を前提とする分析は類推できるので，応用問題として読者にまかせたい。

ここで所与とされた外生変数が均衡為替レートに及ぼす効果を考えてみよう。まず，貨幣供給 M が OB から OB' に増加するとしよう。これに対応して，需給均衡は LM と新しい貨幣供給線 $B'b'$ との交点 E' に移動し，為替レートは OA' に上昇する。これは，自国の貨幣供給の増加が自国貨幣の対外価値を低下させるというごく常識的な結果である。次に，国民総生産 Y が増加すると，他の条件に変わりがなければ貨幣需要は増加する。したがって，需要曲線 LM は右方にシフトし，たとえば $L'M'$ となる。新しい均衡は $L'M'$ と Bb との交点 E'' となり，均衡為替レートは OA'' に下落する。これも自国通貨に対する需要の増加がその対外価値を高めるという当然の帰結である。外国利子率 i^* が下落するか，自国通貨の予想上昇率 π が低下すれば，

自国貨幣に対する需要が増加するので同様な結果になる。

14.4 フロー均衡理論

上述したように，為替レートのストック均衡理論は各時点の為替レートが内外通貨，債券などの金融資産の取引によって決まるというもので，為替レートが国際金融市場に参加する経済主体の短期的予想によって大きく左右されることを教えてくれる。しかし，人々の予想はいつも同じ方向に規則的に変化するわけではない。次から次に伝えられるニュースが予想に多少とも不規則な影響を及ぼすからである。たとえば，アメリカの金利上昇のニュースに続いて失業率増加のニュースが入れば，円安ドル高の予想が反転して円高ドル安の予想に変わることになる。

これに対して，取引動機に基づく通貨需要の変化は短期的には小規模であっても，一定方向に継続して生じる傾向がある。為替レートが財・サービスの取引のための通貨需給 (総合収支) によって決まるとする**フロー均衡理論**は瞬時的な乱高下を除去した短・中期の動向の説明に適している。この考えはストック均衡理論よりも早く，1940 年代の**ロビンソン** (Joan Robinson, 1903–1983) 及び**メッツラー** (Lloyd A. Metzler, 1913–1980) の部分均衡分析に始まり，その精神は次章で説明する 60 年代の**マンデル・フレミングの理論**に受け継がれている[8]。

フロー均衡理論で重視されるのは各国の財・サービスに対する需給動向である。これは内外の財政政策，国内投資動向，技術進歩など種々の要因によって影響を受ける。たとえば，自国の財政支出や国内投資の増加は，自国財に対する国内需要を高め自国通貨に対する取引需要を増やすので，自国通貨の増価要因となる。技術進歩による自国財の品質改善も自国財に対する需要増加を通じて自国通貨の対外価値を高める。これに対して，技術進歩によるコストダウンは自国財の価格低下と需要増加を同時に引き起こすので，自国通

---

[8] Robinson (1937), Metzler (1948) 参照。次章では，Fleming (1962), Mundell (1964) のモデルを超短期のストック均衡で為替レートが決まり，短期のフロー均衡で国民総生産が決まるという逐次的均衡の設定として再解釈する。

貨に対する取引需要が増加するかどうかは自国財に対する内外需要の価格弾力性に依存して決まる。

演習問題

1. ビッグマックの価格をアメリカの価格と均等化するような為替レートはビッグマック指数とよばれ，毎年英国エコノミスト誌で計算され，発表されている。最近の計算では，発展途上国のビッグマック指数はアメリカ，EUのそれに比べて概して小さく出ているが，この違いをどう説明するか。

2. 各国に貿易の対象とならない非貿易財が存在するとき，式 (14.5) はどのように修正されるか。ただし，貿易の対象となる自国生産物の自国貨幣価格を P_H，外国生産物の外国貨幣価格を P_F^*，自国の非貿易財の価格を P_N，外国の非貿易財の価格を P_N^* として計算しなさい。

3. 為替レート変動の要因として経常収支，内外金利差，さらには人々の為替レート予想があげられることが多い。利子平価説の観点からこれらの要因について論じなさい。

4. 固定為替レート制度のもとでの小国のストック均衡はどのように表現されるか。当局による為替レートの調整，たとえば切り下げはマネーサプライ，国内利子率にどのような効果を及ぼすか。

5. 変動為替レート制度のもとでの小国のストック均衡の概念を用いて当局によるマネーサプライの調整，たとえば金融の量的緩和が為替レート，国内利子率に及ぼす効果を論じなさい。

15
現代の国際マクロモデル

前2章では，国際収支の概念や為替レートの決定要因について学んだ。国際収支，為替レートの動向は，一国のマクロ経済，すなわち経済全体の大きな動きに深い関わりを持っている。何かの理由 (たとえば財政出の増加) で一国の景気が好転すると，内需が高まり取引需要が増加するため，超短期的ではその国の通貨の対外価値が上昇し，短期的にはそれによって貿易収支，ひいては経常収支が悪化して景気にブレーキをかけるかもしれない。本章では，国際収支や為替レートを組み込んだ国際経済のマクロ経済モデルを示す。**賃金・物価の硬直性**によって労働の不完全雇用が生じている状況を想定し，人々の**為替予想，経常収支**などの構造的要因 (ファンダメンタルズと呼ばれる) や**財政政策，金融政策**などのマクロ経済政策が為替レートのみならず国際収支に及ぼす影響を分析する。国際収支の自動調整メカニズムは必ずしも有効にはたらかず，とりわけ政府の景気安定化政策によって撹乱される。したがって，そこでは対外不均衡の調整が重要な政策課題となる。

具体的には，自国とそれ以外の世界 (外国) からなる現代の**国際マクロモデル**，すなわち自国と外国がそれぞれの比較優位財に完全特化する2国2財モデルを考える。このような単純化をするかわりに，各国の消費者は所得の一部を将来のために貯蓄し，企業は将来の生産力を伸ばすために投資するという現実的な状況を仮定する。この場合，硬直的な賃金・物価のもとで国民生産物の需要が供給を下回り，雇用と生産が低迷する可能性がある。また，各国の経常収支は総貯蓄と総投資の差額に等しく，必ずしも均衡せず，その動

向が為替レートや生産・雇用に影響を及ぼす。これは，80年も前の世界大不況に際してケインズが考え出したマクロ経済モデルに立脚し，その後カナダの経済学者マンデル (Robert Mundell, 1932–) が提起した国際マクロ経済モデルを拡張したものだ[1]。

15.1 為替レートと国民所得

各時点に存在し計測される通貨ストックの取引に要する時間は財・サービスのフローの調整に要する時間にくらべてしばしば無視可能なほど小さい。ストック均衡理論はこのことを前提として為替レートの瞬時的変動を主として為替レート予想の変化によって説明する。財・サービスのフローの調整は瞬時には完了せず，各国の国内総生産，ひいて国民所得は与えられた水準に一時的に「固定される」ことになる。前章でとりあげたストック均衡理論で各国の国民総生産が所与とされたのはそのためである。しかし，時間が経過するにつれて国民所得がいかなる要因でどのように変化するかが重要な問題となる。ここで視野を広げ，国民所得の変化も説明できるようなモデルを示すことにしたい。

自国の国内総生産を Y_D，民間総支出を A，政府支出を G，輸出を X，輸入を R とすると，

$$Y_D = A + G + X - R \tag{15.1}$$

という関係が成立する。国民生産物の価値は生産面でとらえても支出面でとらえても同じものの両面であるから等価でなければならないということだ。このことをもう少し説明しよう。ここで，左辺の Y_D は自国が国内で生産する財の数量である。他方，右辺の X は外国への輸出，したがって外国人が買った自国の財の数量であり，$A+G-R$ は自国の国民総支出から外国財に対する支出額 (どちらも自国財の単位で測られるものとする) を差し引いた値，したがって自国の官民が買った自国財の数量である。右辺は全体として

---

[1] 同時期に同様なモデルを発表したフレミングにちなんで一般にマンデル・フレミングモデルとよばれている。Mundell (1963), 及び Fleming (1962) 参照。奥村 (2001) は本章と同様な観点に立つ現代的な国際マクロモデルを展望している。

自国の国内で生産された財が外国と自国の主体によって買われた額であるといえる。ここで，財が一部売れ残ったとしても，生産者自身が在庫投資という形で自分の生産物をその分だけ買ったと見なせば，左辺と右辺は必ず等しくなるはずである。式 (15.1) の両辺に外国から入ってくる純所得額 (純要素所得，純トランスファー受取額)F を加えると，国民総生産 Y は

$$Y = A + G + B + F \qquad (15.2)$$

となる。ただし

$$Y = Y_D + F \qquad (15.3)$$
$$B = X - R \qquad (15.4)$$

である。Y は**国民総生産**だが，慣用に従い固定資本減耗を無視して**国民所得**と呼ぶこともある。以下では国民総生産と国民所得を同義に用いる。これは固定資本減耗が無視できるという理論的な単純化の仮定の下では許される。B は自国の貿易収支，$B + F$ は自国の経常収支を表している。

式 (15.1) は，内外の消費者，生産者が当面の経済状況のもとで自発的にすすんで生産し，支出していると見なせる場合には，自国の生産物に対する需給均衡を表現するものと解釈することができる。当然のことながら，式 (15.1) の両辺に F を加えた式 (15.2) も同様に解釈できる。

民間の主体が当面の可処分所得，利子率のもとですすんで支出しようとする消費，投資などの民間総実質支出 (民間部門による国民生産物の吸収という意味で**吸収** (absorption) ともよばれる)[2]は，国内実質利子率 r の減少関数，民間可処分所得と実質資産残高の増加関数と考えられ，

$$A = A\left(r, Y - T, \frac{M + eF}{P_H}\right) \qquad (15.5)$$

と表される。ただし，r は実質利子率，T は政府に納める所得税，$Y - T$ は税引き後の実質可処分所得，M は民間部門が保有する貨幣残高 (マネーサプライ)，F は外国通貨残高である。総支出 A は可処分所得の増加とともに増

---

[2] Alexander (1952) は貿易収支の決定要因として吸収を重視し，為替切り下げのキーコンセプトとして用いた。この立場は交易条件を重視する弾力性アプローチとの対比でアブソープション・アプローチとよばれた。

15.1 為替レートと国民所得

加するが,可処分所得ほどには増加しない,すなわち限界支出性向が正で 1 よりも小さい値とする (**ケインズの基本的心理法則**[3])。なぜなら,所得の増加のうち一部は貯蓄され,将来の消費にまわされ,投資は所得の増加によってそれほど影響されないと考えられるからだ。

貿易収支 B は自国の輸出入差額であり,外国人が自国の生産物にどれだけ支出し,自国民が外国の生産物にどれだけ支出するかで決まる。自国の可処分所得が増加すると,自国民の外国財に対する需要は増加するから,輸入が増え貿易収支は減少する。外国の可処分所得の増加は逆に自国の貿易収支を増加させる。他方,内外物価が一定であれば,為替レート e の上昇は外国財の自国財に対する相対価格の上昇を意味するから,自国財に対する需要量の増加,外国財に対する需要量の減少をもたらすと考えられる。その結果,自国の輸出量は増え,輸入量は減る。このとき,自国通貨建ての輸出額は必ず増加するが,自国通貨の減価によって外国財の国内価格は上昇しているので,自国通貨建ての輸入額が必ず減少するとはいえない。しかし,自国の外国財に対する需要の価格弾力性が 1 より大きければ,輸入額は増加するであろう。為替レート e (内外の物価が一定という前提からここでは外国財の相対価格に等しい) の上昇が自国の貿易収支を増加させるための条件は,一般に自国,外国の輸入需要の弾力性の和が 1 よりも大きいことである。7 章でも述べたように,これは,**マーシャル・ラーナー条件** (Marshall-Lerner condition) とよばれている。国際利子率の上昇は自国,外国の民間総支出を減らすようにはたらくが,自国の輸出を減らすと同時に輸入も減らすので,貿易収支に明確な影響を及ぼすものではない。以上の考察をまとめて,自国の貿易収支を

$$B = B\left(e, Y - T, \frac{M + eN}{P_H}\right) \tag{15.6}$$

と表す。ただし,簡単化のために外国の可処分所得や実質資産残高は一定として表示せず,国際利子率も所与として無視している。これは自国が国際市場で影響力のない「小国」であるとするもので,しばしば**小国の仮定** (small country assumption) と呼ばれる。

---

[3] Keynes (1936)。

式 (15.2) に式 (15.4), (15.5) を代入すると，財市場の需給均衡式は

$$Y = A\left(r, Y - T, \frac{M + eN}{P_H}\right) + G + B\left(e, Y - T, \frac{M + eN}{P_H}\right) \tag{15.7}$$

と書ける[4]。この関係は少なくとも次の2通りの仕方で解釈できる。ひとつは，財と生産要素の需給が賃金・物価の伸縮的な変動によって調整されるというものだ。本書の前半 (特に2，3，4章) と13章で取り上げた古典派の完全雇用モデルはこの解釈で説明できる。そこでは，賃金が労働市場の需給を調整して完全雇用を実現し，そのもとで生み出される国民生産物の供給が物価の調整を通じて過不足なく需要され，しかも金・正貨の流出入機構によって経常収支の均衡も自動的に達成されると考えられていた。しかし，この解釈は賃金・物価や経常収支の変動が効果的に調整される長期においてのみ妥当性をもつものだ。もうひとつの解釈は，賃金・物価が固定的で，所得の変動によって労働市場や生産物市場の需給が調整され，経常収支の均衡も保障されないとするケインズ的な不完全雇用モデルの見方だ。本章では，短期的にはより現実的と思われるケインズ的な解釈をとる[5]。

15.2 為替レートと国民所得の逐次的決定

14.3節で論じたように，変動為替レート制度のもとで超短期には国内総生産を所与として市場で為替レートが決定されると考えるのが現実的である。しかし，短期的には為替レートの変化は国民所得にも影響し，逆に国民所得の変化は為替レートにも波及する。為替レートと国民所得が相互に作用し，同時に決定されるモデルを示すことにしよう。その第一歩として，14.4節で導入した貨幣市場の均衡式 (14.14) をあらためて

$$M = L\left(i^* + \eta, Y, \frac{M + eN}{P_H}\right) \tag{15.8}$$

---

[4] Buiter and Branson (1983) 参照。Ohyama (2007) は消費者の最適化行動を考慮して同様な定式化を試みている。

[5] Krugman and Wells (2006), chaps 17, 19 を本章の参考教材としてすすめたい。

として再掲しよう。フィッシャー (Irving Fisher, 1867–1947) が論じたように, 実質利子率 r は名目利子率 i の間には, 予想インフレ率 π を介して

$$r = \frac{1+i}{1+\pi} - 1 \tag{15.9}$$

という関係がある。この関係は**フィッシャー方程式**と呼ばれ, π が十分に小さいときには $r = i - \pi$ によって近似できる[6]。ここで, 自国物価の予想上昇率 π は, 自国財価格の予想上昇率を ρ, 為替の予想減価率を η とすれば,

$$\pi = \alpha\rho + (1-\alpha)\eta \tag{15.10}$$

と表わされる。自国財への支出が家計に占める割合を α とすると, それは自国財価格の予想上昇率と外国財の国内価格の予想上昇率 (為替減価率) との加重平均となる。式 (15.10) から

$$r = i^* + \eta - \alpha\rho - (1-\alpha)\eta = i^* - \alpha(\rho + \eta) \tag{15.11}$$

を得る。これはフィッシャー方程式を現在の小国開放経済にあてはまるように拡張したものだ。この関係を用いれば, 財市場の均衡式 (15.7) は

$$Y = A\left(i^* - \alpha(\rho + \eta), Y - T, \frac{M + eN}{P_H}\right)$$
$$+ G + B\left(e, Y - T, \frac{M + eN}{P_H}\right) \tag{15.12}$$

と書き直せる。式 (15.8), (15.12) は現在の小国開放モデルを集約する基本的な関係である。$i^*, \alpha, \eta, \rho, P_H, G, T, M, N$ は外生変数として与えられる。式 (15.11) は超短期には成立しないが, 時間の経過とともに財市場の不均衡に対応する国民所得の調整を通じて短期的には成立すると考えられる。したがって, 短期的には, これら 2 式は 2 つの内生変数 e, Y を決定する連立方程式と見なすことができる。

図 15.1 はその様子を図解したものだ。曲線 LM は式 (15.8) をみたすような e と Y との組合せの軌跡を示す。自国の対外純資産が正 ($N > 0$) という仮定のもとで, 式 (15.8) がみたされるとき Y の増加は e の低下 (自国通貨の増価) をもたらす。したがって, この曲線の傾斜は右下がりである。他方, 曲

---

[6] Fisher (1931) 参照。

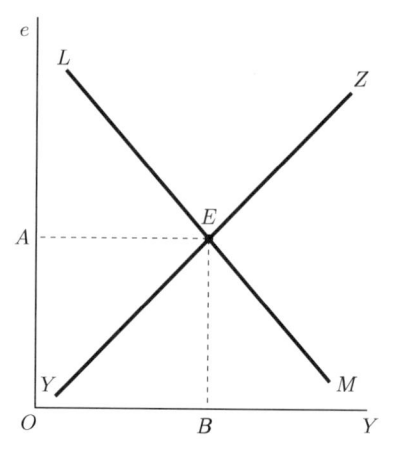

図 15.1　マクロ経済の短期均衡

線 YZ は式 (15.12) をみたすような e と Y との組合せの軌跡である。対外純資産が正で，限界支出性向が 1 より小という現在の仮定のもとでは，曲線 YZ は右上がりとなる。これら両曲線の交点 E がこのモデルの均衡点である。均衡為替レートは OA，均衡国民総生産は OB となる。この図を用いて，外生変数の変化が為替レート e，国民所得 Y の均衡値に及ぼす効果を調べることができる。

財政政策の効果

　不況対策の重要手段と目される政府の財政支出 G の増加，ないし所得税 T の減税の効果を考えよう。式 (15.12) がみたされるとすれば，これらの変化は一定の e のもとで Y の増加をもたらすので，図 15.2 で YZ 曲線の右方へのシフトをもたらす。しかし，式 (15.8) には G も T 含まれないので，LM 曲線は影響を受けない。超短期の均衡点は E から動かず，国民総生産は変化しない。しかし，所与の為替レートのもとで財市場の需要が供給を上回るため国民総生産は増加し始め，OB から OB' に向い，為替レートは LM 曲線に沿って OA から OA' の方向に下落する。新しい短期均衡点は LM と $Y'Z'$ との交点 E' となる。そこでは国民総生産は増加し，自国通貨は増価している。

　こうして，通常期待されるように財政拡大や所得減税は不況対策として有

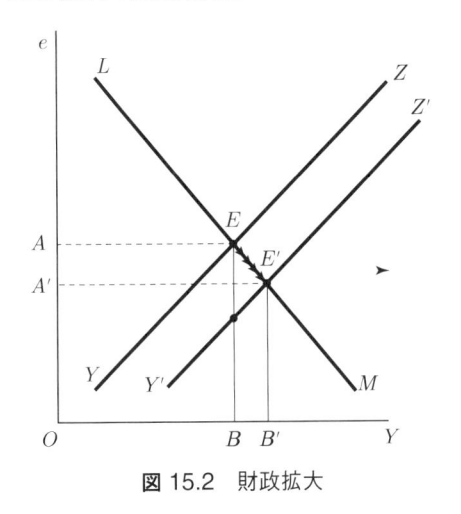

15.2 為替レートと国民所得の逐次的決定

図 15.2 財政拡大

効である。しかし，その景気浮揚効果は為替レートの下落，すなわち自国通貨の増価によって弱められることに注意する必要がある。

金融政策の効果

次に，金融緩和政策の効果について見よう。式 (15.8) がみたされるものとして，自国の貨幣供給 M の増加は一定の Y のもとで e の上昇をもたらす。図 15.3 で，これは LM 曲線の上方へのシフト，たとえば $L'M'$ へのシフトとして表わされる。超短期の均衡では為替レートは BE から $B'E'$ に上昇する。他方，公開市場操作による M の増加は $N+eM$ に影響しないので，YZ 曲線は変化しない。超短期の均衡点は E から E' ににジャンプするが，その後 $L'M'$ に沿って右下方に移動していく。新しい短期均衡点は YZ と $L'M'$ との交点 E'' で示される。国民総生産は明らかに増加し，為替レートは上昇している。こうして，金融政策は不況対策として有効である。しかし，この効果はもっぱら自国通貨が減価することによるものだ。自国通貨の減価は外国通貨の増価であり，自国の生産物への需要を増やす一方，外国生産物への需要を減らす「近隣窮乏化政策」(beggar-my-neighbor policy) にほかならない。以下に見るように，一時的な金融緩和の難点はこれだけではない。

図 15.3　金融緩和

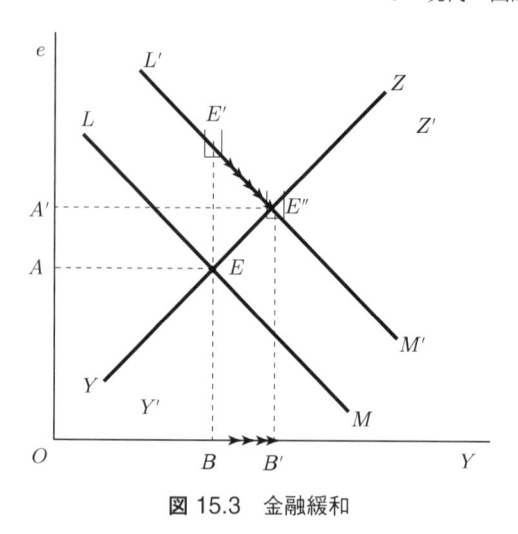

インフレターゲティング

　1960年代には，金融緩和政策は失業率を減らすが物価上昇率を高めるといわれてきた。これはイギリスの経済学者フィリップス (Alban William Phillips, 1914–1975) が1958年に発表した実証研究の影響によるものだ。縦軸に貨幣賃金の上昇率を取り横軸に失業率をとると，両者の関係は右下がりの曲線になる[7]。賃金上昇率は物価上昇と密接に連動することから，この関係はのちに物価上昇率と失業率との間にトレードオフがあるとする曲線におきかえられ，**フィリップス曲線** (Phillips curve) とよばれるようになった。図15.4の P はこの曲線を示している。1968年に**フリードマン** (Milton Friedman, 1912–2006) と**フェルプス** (Edmund S Phelps, 1933–) はフィリップス曲線が安定したものではなく人々の予想インフレ率 π に強く依存していると論じ，有名な**自然失業率** (natural rate of unemployment)[8]仮説を提唱した。これは経済の基本構造によって決まる自然賃金率，自然利子率などに対応する失業率で，一定値 $\tilde{U}$ に決まっている。現実の失業率をそれよりも低い水準に抑え込もうとしてマネーサプライを増やしても失業率を減らすことはできず，そのような試

---

[7] Phillips (1958) 参照。
[8] 最近では，この概念を明確にするため自然失業率の代わりにインフレ非加速的失業率 (NAIRU=Non-Accelerating Inflation Rate of Unemployment) と呼ばれることが多い。

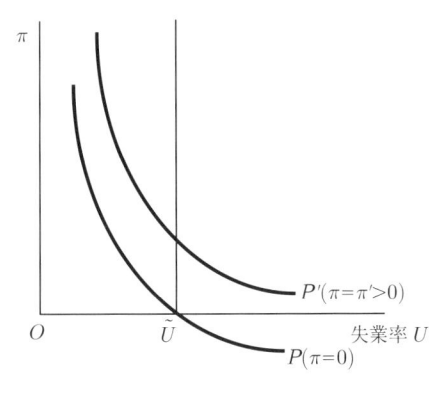

15.2　為替レートと国民所得の逐次的決定

図 15.4　フィリップス曲線

みを繰り返せば超インフレを引き起こすとされる。現実の失業率が自然率よりも低い水準にあるときには実質賃金率は自然率よりも高くなっているので、インフレ予想が一定なら貨幣賃金が引き下げられてゆく (逆は逆)。この関係を表すフィリップス曲線はインフレ予想が高まれば上方にシフトする。失業率を自然率以下に抑え込もうとする金融政策が超インフレによって破綻するのは、度重なる金融緩和がインフレ予想の高進と賃金率の上昇を招き、フィリップス曲線の上方シフトをもたらし失業率の高止まりに終わると考えられたからだ。この認識の下で、60 年代から 70 年代にかけて自然失業率仮説は広く支持された。

これに対して、長引く不況のもと日本で名目利子率がゼロ近くまで引き下げられる中で、1990 年代から 2000 年代にかけて注目されるようになった**インフレターゲティング** (inflation targeting) は予想インフレ率を目標値に設定することを通じて実質利子率 (自然利子率)、ひいては自然失業率をコントロールし、景気安定化をはかろうとするものだ。マネーサプライを一定率で継続的に増やしていけば国内の予想インフレ率を高め、一定の名目利子率のもとで実質賃金率と自然失業率を下げることができるかもしれない[9]。

予想インフレ率の上昇は自国通貨に対する需要の減少をもたらすと同時に実質利子率の低下を通じて投資需要、さらには代替効果が所得効果をしのぐ

---

[9] Krugman (1998) はインフレターゲティングを提唱した最初の文献のひとつである。

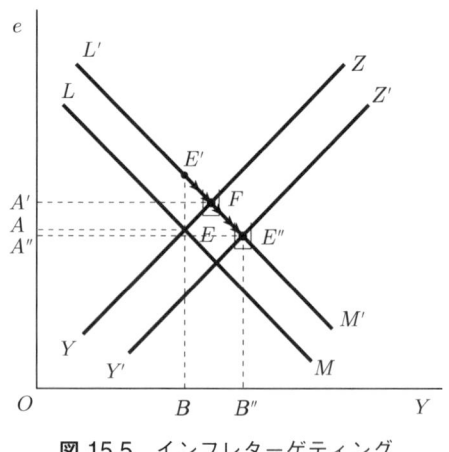

図 15.5　インフレターゲティング

場合には消費需要の増加をもたらす。

図 15.5 に即していえば，それは LM の $L'M'$ への上方シフト，YZ の $Y'Z'$ への右方シフトとなる。超短期には当初の国民所得は変わらないが，為替レートは $L'M'$ 上の E' 点まで急速に減価する。短期的には，総需要の増加にともなって国民所得は新しい $L'M'$ に沿って $Y'Z'$ との交点である短期均衡点 E'' に対応する水準まで徐々に増加していく。ここでは LM 曲線だけでなく YZ 曲線もシフトするので，通貨当局が人々の予想インフレ率を高めるように操作できれば，その景気浮揚効果は (点 E から点 F への変化によって示される) 単純な一回限りの貨幣供給の増加による金融政策よりも強力にはたらくといえるかもしれない。しかし，通貨当局がはたして人々の心理に根ざすインフレ予想を効果的，かつ持続的に制御できるかは疑問である。

国際利子率の変動

外国利子率の低下の効果も同様にもとめることができる。超短期には，これは LM 曲線の上方シフトを通じて為替レートの上昇 (自国通貨価値の低下) をもたらす。しかし，短期的には YZ 曲線の右方シフトを通じて国民所得の増加をもたらす。図 15.5 に示したインフレターゲティングの効果と同様に，国際利子率の低下は単純な金融政策よりも強力に作用するだろう。

15.3 為替レートと経常収支

経常収支の赤字が続けば，自国の対外純資産 N は減少する。自国から外国への金融資産の国際的移転が生じ，図15.6に示したように，LM は $L'M'$ へと上方にシフトして超短期の均衡点は E' となる．国民総生産が固定される超短期では為替レートは自国通貨安，外国通貨高の方向に変化する。他方，短期的には自国の国民総生産は需給ギャップを反映して増加し始める。YZ は $Y'Z'$ へと左方にシフトするが，新しい短期均衡点は E'' となる。そこでは自国通貨の価値は低下し，国民所得は増加し，経常収支の赤字は減少する。経常収支の赤字が持続する限り，この状況も続くので長期的には経常収支の均衡が回復される。

上記の分析の重要な帰結のひとつは，自国の経常収支の赤字は対外純資産の減少を通じて自動的に調整されるということだ。すでに何度も指摘してきたように，ここでも古典派の金・正貨の流出入メカニズムと類似の効果がはたらいているといえる。しかし，自国から外国への金融資産の移転にともなって自国財の交易条件がどのように変化するかはかならずしも明確でない。短期的には，為替レートの変動が経常収支の不均衡を是正するようにはたらくとする説が広く行われてきた。それは次のような理由による。日本を例にと

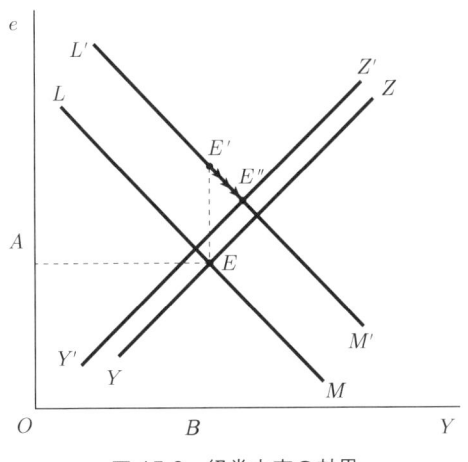

図 15.6 経常赤字の効果

れば，経常収支の赤字が続くかぎり，円の対外価値は低下する。各国の輸出品の国内価格が変わらないとすれば，日本の輸出品の外国価格は下落し，輸出数量，ひいては輸出額が増加する。また，日本の輸入品の国内価格は上昇し，輸入数量，ひいては輸入額が減少する。その結果，日本の経常収支の字は減少するというわけだ。

以上の推論にはいくつもの想定ないし条件がある。まず，問題にしなければならないのは経常収支黒字国の通貨が時とともに増価するという想定だ。日本についていえば，これは1970年代には妥当と思われたが，80年代前半，90年代後半には逆の動き，すなわち大幅な黒字の下での円安ドル高が生じた。理論的にも，この想定が必ず成立するという保証はない。次に，各国の国民生産物(輸出品)の国内価格が硬直的とする仮定も実はかならずしも現実的とはいえない。円高ドル安がそのままただちに日本の輸出品のドル価格に**浸透する** (pass through) とは限らない。いろいろな配慮から，日本の輸出企業はアメリカでの市場での売値を維持するように輸出品の国内価格を下げると考えられるからだ。同様に，アメリカの輸出品の円価格も直ちには下がらないかもしれない。こうした輸出企業の行動は**市場に合わせた価格付け** (pricing to the market) と呼ばれる。この場合，短期的には国内価格が変動し輸出価格が維持されるだろう。

自国から外国への資産の移転によって自国の交易条件が有利化するともいえない。7章で論じたように，自国から外国へのトランスファーが自国の交易条件の有利化をもたらすのは，自国財への限界支出性向が自国で外国よりも低い場合だが，一般にこの条件がみたされる保証はない。この条件がみたされるとしても，内外の輸入需要の価格弾力性が小さければ，輸出数量があまり減らず，輸入数量があまり増えないため，価値額で表示される経常収支の黒字はかえって増大する可能性がある。これは **J カーブ効果** (J-curve effect) とよばれる。実際，1977年–78年および85年–86年の円高期に日本の経常収支の黒字が著増したのはこの効果によるところが大きい。以上を要するに，為替レートや交易条件の変化は不十分な浸透効果や J カーブ効果によって，短期的にも長期的にも予期通りの経常収支調整効果を発揮できないかもしれない。

15.4 マンデル・フレミングモデル

ここでは,国際経済のマクロモデルとして有名なマンデル・フレミングモデルを以上のモデルの境界のケースとして再解釈したい。これまで自国貨幣に対する需要は民間の金融資産 $M+eN$ の増加関数と仮定してきたが,自国は経常取引の赤字を外国通貨で決済することが許されないとする「小国=非基軸通貨国」の仮定から対外純資産 N がマイナスになるような事態が制度的に,あるいは事実上禁止されているものとしよう。このとき,以上の分析はどのように修正されるだろうか。そこで,$N=0$ となる境界のケースでは,外国利子率 i^* を所与とすれば式 (15.8) は Y と M との関係を規定する貨幣数量方程式となる。Y が与えられると,M は e の値如何にかかわらず Y を支える水準に供給されなければならない。逆に M が与えられると,e の値がどうであれ Y は M によって支えられる水準に決まる。図 15.7 はこのような状況を示している。変動レート制度のもとでは,M が外生的に与えられるとすれば,LM 曲線は垂直となり,右上がりの YZ 曲線との交点 E がこのモデルの均衡となる。

ここで注目すべきことは,財政拡大や減税などの財政政策が国民総生産に何らの効果も及ぼさなくなることである。そのような政策が行われると,YZ

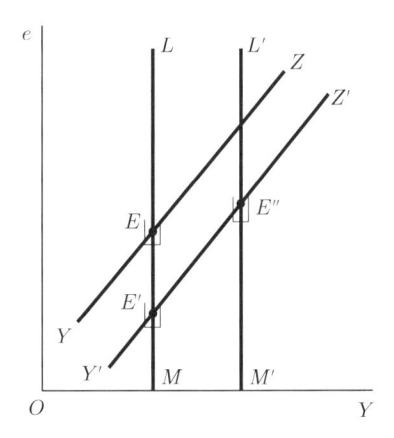

図 15.7 マンデル・フレミングモデル

曲線は前と同様に右方にシフトするが LM 曲線は変化しない。新しい均衡点は，たとえば $Y'Z'$ と垂直の LM との交点 E' となる。為替レートは下落 (自国通貨は増価) するが，国民総生産は以前と同じ水準にとどまるのである。変動レート制度のもとでは財政政策が景気安定化に効かなくなるというこの帰結は，マンデルが発表した当時大きな驚きをもって迎えられ，現在でもマンデルの**財政政策無効命題** (non-efficacy of fiscal policy) と呼ばれている。

この命題は，直観的には次のように理解できる。財政拡大は有効需要を増加させ，国内利子率を一時的に引き上げるが，これが国際水準を上回っている限り外国資本が流入し，為替レートの下落，すなわち為替増価をもたらす。為替増価は国内利子率が国際水準にもどるまで続き，当初の有効需要効果を完全に相殺するにいたる。ここで重要なのは，貨幣需要が為替レートに依存しなくなるという設定である。この設定の下では，国際利子率に対応して貨幣市場の均衡をみたすような国民総生産は一義的に決まってしまうので，それと有効需要が一致するところまで為替が増価しなければならない。

他方，金融緩和政策が国民総生産の増加をもたらすという結論は変わらない。図 15.7 で，貨幣供給の増加は LM の $L'M'$ へのシフトとして表される。その結果，均衡点は当初の E から E'' 点に移動する。これは，為替レートが上昇して有効需要を高め，貨幣供給の増加によってもたらされた国民総生産の増加を需要面から支持することによるものである。財政政策が無効となり，金融政策が近隣窮乏化政策となる事態は不況に陥った小国にとって奇妙で悲惨な状況といわざるをえない。

ただし，財政政策無効命題は貨幣需要が為替レートに依存しないという特別のケースでしか成立しない。前節で見たように，貨幣需要が為替レートの増加関数と考えられる場合には財政政策は景気安定化政策としての有効性を回復する。また，この命題は小国 (非基軸通貨国) の仮定にも強く依存している。自国が大国の場合，財政拡大は世界の有効需要の増加を通じて国際利子率の上昇をもたらし，自国の貨幣需要を減少させる。所与の貨幣供給のもとで貨幣市場の均衡を回復するためには自国の為替は減価し国民総生産の増加をもたらすからである。

なお，はじめに指摘しておいたように，本章のモデルは為替レートを外生

変数，貨幣供給を内生変数と読みかえることによって，固定レート制度のモデルとして再解釈することができる。このように読みかえた場合，マンデル・フレミングの仮定のもとでは，金融政策は景気安定化政策として無効になり，財政政策は逆に有効になるという正反対の結論を導くことができる。

15.5 通貨危機の経済学

第2次世界大戦後多くの「通貨危機」(currency crisis)が起こった。1950年代から60年代にかけて，アジャスタブル・ペッグ(調整可能な釘付け相場制度)と呼ばれたIMF平価制度の下で，イギリスは何度か通貨危機に直面し平価を切り下げた。1971年にはアメリカからの金流出の結果，IMF平価制度が立ちゆかなくなり，アメリカドルは日本をはじめ多くの国々の通貨に対して大幅に減価した。これは戦後最大の通貨危機だったといえるだろう。

1990年代以降にも多くの国が通貨危機に見舞われた。1992，3年にはヨーロッパで，1994年にはメキシコで，1997年にはタイを皮切りにインドネシア，韓国，フィリピン等の東アジア諸国でで，1998年から2000年にかけてロシア，ブラジル，アルゼンチン，トルコ等の新興市場諸国で通貨危機が発生した。

一般に，一国の金融当局は3つの政策目標，すなわち為替レートの安定，自由な国際資本取引，金融政策の自律的運用のすべてを同時に達成することはできない。これらの3目標を三角形の頂点にたとえて，「**不整合な三角形**」(inconsistent triangle)，あるいは日本風に「三角関係」とよばれることがある。つまり，3つの目標のうち生かされるのは2つだけで残りの一つは死ななければならないということだ[10]。これまでに考察した小国マクロモデルを例にとれば，自由な資本取引のもとで為替レートが固定されている場合，金融当局はマネーサプライを自律的に決定することはできない。マネーサプライは為替レートを固定するために従属的に決定されるのだ。

これらの通貨危機に共通する特徴は，**固定為替レート制度あるいはそれに**

---

[10] 嘉治(2004)を参照。

近い為替レート制度のもとで起こっていることだ。政治家やマスコミの中には通貨危機がマネーゲームに走る投機業者，1950年代には**チューリッヒの子鬼** (gnomes)，1990年代にはジョージ・ソロスに代表されるヘッジファンドの仕業であると非難する者もいた。しかし，通貨危機は固定為替レート制度自体が自由な資本移動のもとで維持不可能となる現象だ。自由な国際資本取引のもとでは為替レートの安定も保証されない，つまり先に挙げた3つの政策目標のうち，為替レートの安定性はそもそも達成不可能であって，他の2つの目標，すなわち自由な資本移動と金融政策の自律的運用だけしか長期的には生き残れないのだ。通貨危機の真の元凶は為替レートの安定性という偽りの目標設定にあるといえるかもしれない[11]。

危機のメカニズム：外貨準備の罠

固定為替レートのもとでは，通貨当局は公的準備 (金・外貨準備) を保有し，外国為替市場に介入する。市場の需給を調整するため当局の外貨売りが続き，誰の目にも外貨準備がやがて枯渇することが明らかになったとき通貨危機が起こる。マンデル・フレミングモデルは，まさにこの境界状況を指し示すものだ。この点を例解するため，固定為替レートのもとにある小国で対外純資産 $N > 0$ の状態から出発して，何かの理由で経常収支の赤字が継続的に続くものとしよう。

当初の短期均衡は図15.8の E_0 点によって示される。その後もこの状況に変化がなければ，所与の為替レート $\bar{e}$ のもとで YZ 曲線は左方にシフトし続け，短期均衡点は所与の為替レートに対応する水平な LM 曲線に沿って左方にシフトし続ける。その間，政府 (通貨当局) は為替レートを固定するために必要な外貨を市場に供給し続けなければならない。しかし，政府の外貨準備がやがて枯渇するか，自国通貨の予想減価率が急激に上昇するときがくる。固定レートはもはや維持できなくなり，通貨危機のもと為替レートが暴落し変動レートへの移行に至る。図15.8の E_C 点はこのときの国民所得 Y_C と為替レート e_C を示している。変動レートに移行したのちにも経常収支の赤

---

[11] 小宮 (2006) 参照。

15.5 通貨危機の経済学

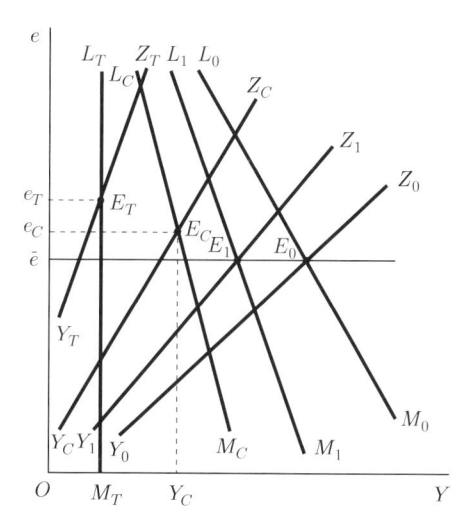

図 15.8　外貨準備の罠

字が続けば民間部門の外貨保有高も減少し続け，$N=0$ となるマンデル・フレミングモデルの境界均衡点 E_T に近づいていく．そこまでくると，上述したように財政支出の効果は消滅する．国民所得はその時のマネーサプライによって支えられる水準 Y_T まで低下し，為替レートはその点から立つ垂直線と $Y_T Z_T$ 曲線との交点 e_T となる．

このように，**国際収支の自動調整メカニズム**が効果的に機能しなければ，小国が固定レートを維持するためには財政緊縮や金融緩和を通じて経常収支の赤字を抑制することが必要になる．**IMF 平価制度**のもとでイギリス，日本などのアメリカ以外の加盟国がストップ・アンド・ゴー政策，つまり国際収支が赤字のときには金融・財政を引き締め，黒字になると緩和するという政策をとらざるをえなかった．しかし，それが国内景気の動向や政治的理由によって挫折すれば終には通貨危機をとなり，平価切り下げや変動レートへの移行を余儀なくされる．平価切り下げに踏み切るか，変動レートに移行してからも本質的な事態が変わらず経常収支の赤字が続けば，政府の外貨準備だけでなく民間部門の外貨保有も底をつき，マンデル・フレミングモデルが描き出して見せた奇妙で悲惨な世界に直面しなければならない．

演習問題

1. 本章では、国際収支の自動調整メカニズムがかならずしも働かず、そのためマクロ経済政策の調整が重要になるとしている。経常収支の不均衡の調整はなぜ必要か。

2. 賃金・物価の伸縮的な変化によって完全雇用が実現する場合、式 (15.7), (15.8) で記述されるモデルはどのように解釈できるか。それは 14 章で論じた古典派の国際マクロモデルとどの点で類似しどの点で異なっているか。

3. 式 (15.7), (15.8) のモデルはそれぞれストック均衡とフロー均衡を表している。両者の整合性を保証するためにはどのような工夫が必要か。

4. 自国の経常収支の黒字が対外純資産の増加をもたらすことを説明し、それが超短期には自国通貨の増価をもたらすことを明らかにしなさい。さらに国民所得への短期的効果を通じて経常収支の黒字を縮小する自己修正が働くかどうかを検討しなさい。

5. 不整合な三角形とはどのようなことか。その妥当性を式 (15.7), (15.8) のモデルで説明しなさい。

16 地域経済統合

　現代の世界経済では，グローバルな**貿易自由化**が進められると同時に，**地域統合**への動きも活発である。20世紀末の欧州では，**欧州連合** (European Union, 略称**EU**) がヒト，モノ，サービス，資本の域内移動を自由にし通貨統合を実現して，ほぼ完全な経済統合を形成した。北米では，米国，カナダ，メキシコの間で**北米自由貿易協定** (North American Free Trade Agreement, 略称**NAFTA**) が結ばれた。これは域内で関税，数量制限などの貿易障壁を撤廃するとともに，サービス，金融，投資の自由化，二国間紛争処理の円滑化をはかろうとするものである。この動きに触発されるかのように，範囲や程度に差はあるが，地域的に限定された貿易自由化の取り決め，すなわち地域**自由貿易協定** (Free Trade Agreement, 略称**FTA**) が全世界に広がっている。ヨーロッパに地域統合の兆しがはっきり見え始めた1950年代末から60年代初めに，ハンガリー出身の経済学者バラッサ (Bela Balassa, 1928–1991) は統合度が高まる順に 1. 自由貿易地域，2. 関税同盟，3. 共同市場，4. 経済同盟，5. 完全統合という5つの形態が考えられるとして経済統合の理論を構想した[1]。

　これまで論じてきた1小国モデルや2国モデルでは，こうした地域統合の効果を解明することはできない。本章では，世界が少なくとも3国以上からなるものとして，地域経済統合がその加盟国や域外非加盟国の経済厚生にい

---

[1] Balassa (1961) 参照。バラッサの構想は今なお人口に膾炙されている。

かなる影響を及ぼすか，またグローバルな貿易自由化と矛盾しないかどうかについて考察する。

16.1 地域統合の概観

　地域統合は特定の地域に限定して生産物や生産要素の移動に対する障害を取り除こうとするものである。したがって，域内に対しては貿易自由化を意味するものの，域外に対しては逆に貿易の阻害要因となりかねない。すでに指摘したように，それは歴史的に保護主義の克服に貢献したことも，逆にその拡大を助長したこともある。その意図はどうであれ，現在の地域統合もこうした二面性，アンビバレンスから自由ではありえない。

　リージョナリズム(地域主義)の興隆は最近始まったことではなく，過去にも見られた。1930年代の**ブロック経済**の形成，50年代から60年代にかけての欧州経済の統合はその代表的な事例といえよう。いずれも世界経済の構造調整期にあたり，それまでの対外経済政策の行き詰まりを打開しようとするものであったが，その結果は明暗を分けた。30年代の世界不況の中で生じたブロック化は国際貿易を分断し，不況を深刻化させた。これに対して，第二次世界大戦後の復興を終えた欧州で企図された地域貿易の自由化は，域内市場の拡大とその対外開放を通じて60年代の繁栄と高度成長に大きく貢献した。

　世界経済は1960年代の高度成長の後，70年代に相対的停滞期に入った。その結果，70年代から80年代にかけて**国際貿易摩擦**が激化し，「**新しい保護主義**」による管理貿易が広がった。しかし，80年代以降エレクトロニクス，情報通信産業を中心に広範囲にわたって技術革新が群生し，世界経済は再び拡大期を迎えた。巨大な技術的ポテンシャルをくみ上げ，経済発展に結びつけていくためにはアンシャン・レジームの変革，とりわけ**規制緩和**，**市場活用**，**構造改革**といった合言葉が示すように「新しい**自由放任**」の実現が求められるようになった。このような背景の下に，現在のリージョナリズムは地域的に限定されてはいても従来よりも徹底した貿易自由化とそれによる経済発展を促進する手段として提案されている。

16.2 小国の統合

地域統合は域内貿易と域外貿易を差別する仕組みである。それが第三国に及ぼす影響は統合の規模が小さければ小さいほど微弱なものとなる。その極限のケースとして，国際価格に対する影響力が無視可能な小国の統合について考察することから始めよう。古いところでは 19 世紀の**ドイツ関税同盟** (1834 年)，**日本の廃藩置県** (1871 年)，最近では第二次世界大戦後に作られたベネルックス関税同盟 (1948 年) などがその例としてあげられる。最近注目されている 2 国間 FTA も小国の統合といえるものが多い。その効果を認識しておくことは大国の統合を理解するために有用と考えられる。

A,B 2 国は小国であり，国際的に取り引きされる貿易財の世界価格は両国にとって所与であるとしよう。マーシャル型の部分均衡モデルを用いる。図 16.1 はある財 (機械とする) についての両国の貿易を例示したものだ。この財の価格 p を縦軸に，数量 Q を横軸にとっている。A 国は機械を B 国と C 国から輸入している。A 国の輸入需要曲線 Md は輸入需要量 (国内需要量マイナス国内供給量) と A 国価格との関係を示し，右下がりに描かれている。B 国の輸出供給曲線 Xs は輸出供給量 (国内供給量マイナス国内需要量) と B 国価格との関係を示し，右上がりである。どちらも小国であるという仮定か

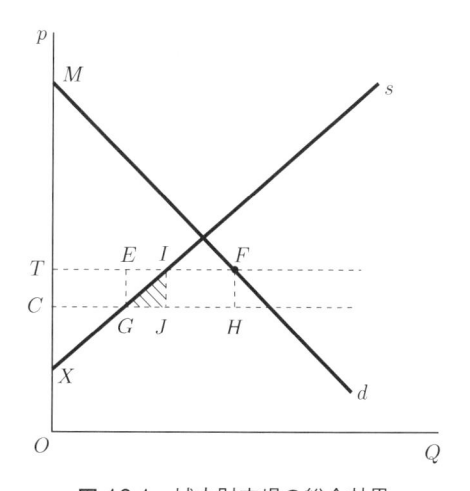

図 16.1　域内財市場の総合効果

ら世界価格は一定水準 OC にある。当初，A 国は機械一単位について一律に CT の関税をかけていたとしよう。このとき，機械の国内価格は (輸送費ゼロとして)OT，輸入量は TF となる。そのうち，B 国からの輸入量は TE，C 国からのそれは EF である。A 国は MTF の総余剰 (消費者余剰と生産者余剰の和) と $TCHF$ の関税収入を得ている。また，B 国は CXG の総余剰を享受している。

ここで，A 国が B 国と自由貿易協定を結んで B 国からの輸入に対する関税を撤廃し，C 国からの輸入には従来の関税を適用したとしよう。A 国の国内価格，輸入量は変わらないが，B 国からの輸入量が TE から TI に EI だけ増え，C 国からの輸入量が同量だけ減る。関税同盟の理論の創始者として名高いカナダの経済学者**ヴァイナー** (J. Viner, 1892–1970) の表現を借りれば，これは域外の低コスト国から域内の高コスト国への**貿易転換** (trade diversion) にほかならない[2]。これによって，A 国の関税収入が $TCJI$ だけ減り，B 国の総余剰が $TCGI$ だけ増える。輸入国は損失を受け，輸出国は利益を得る。しかも，A，B 両国を合わせたネットの余剰は減少することになる。このネットの損失は斜線領域の IGJ によって表され，関税率が高いほど大きい。

16.3 経済統合の利益

前項の分析によって，小国による自由貿易圏の形成は必ずしも参加国の利益にならないことがわかった。しかし，この分析は統合によって貿易転換のみが生じるケースを扱っている。統合が低コスト国からの輸入の増加をもたらす場合には，参加国全体として利益が得られる可能性がある。図 16.2 はこの可能性を示したものである。ここでは B 国の供給能力が高く，地域統合の結果として A 国の B 国からの輸入量が統合前の総輸入量の水準を超えて増加し，この財の域内価格が下がるケースが描かれている。価格が下がったため，A 国の消費量が増え，社会的余剰が $TKIF$ だけ増加する。B 国の社会

---

[2] Viner (1950) 参照。

16.3 経済統合の利益

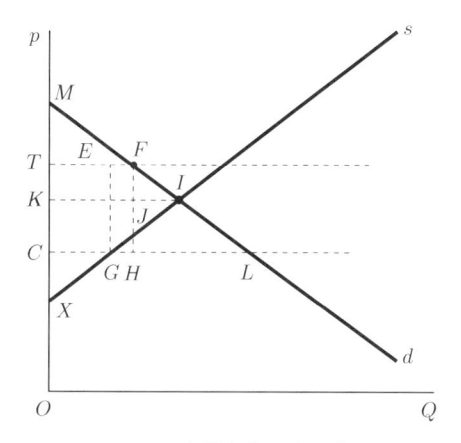

図 16.2 貿易転換と貿易創出

的余剰は $KCGI$ だけ増加するが，A 国の関税収入 $TCHF$ はすべて失われる。A 国の社会的余剰の増加と B 国の社会的余剰の増加の和は $TCGIF$ となり，A 国の関税収入の損失 $TCGIF$ との差は三角形 FIJ と GHJ との差に等しい。B 国の供給能力が高く，統合後の価格の低下幅が大きければ大きいほど，この差は大きくなる。これが正であれば，両国の社会的余剰は増加するといえる。A 国は損失をこうむるかもしれないが，B 国は確実にそれ以上の利益を得る。したがって，そのような場合でも B 国が A 国に適当な補償を与えれば，両国の経済厚生はともに高まるだろう。

A，B 両国が地理的，文化的に近接している場合には，域内では貿易されるが，域外とは貿易されないような「域内財」が存在するかもしれない。図 16.3 はこのような域内財の市場における統合の効果を示したものである。A 国は B 国からある**域内財** (サービス) を輸入している。Md は A 国の輸入需要曲線，Xs は B 国の輸出供給曲線である。域内財の仮定から，このサービスは域外との間ではまったく貿易されていない。当初，A 国はサービス 1 単位について一律に XR の関税をかけていたとしよう。このとき，市場均衡は Md と Xs を XR だけ上方に平行移動した Rr との交点 E で達成される。A 国の国内価格は OT，輸入量は ET である。A 国はこの財を輸入し，消費することによって MET の社会的余剰と $TVGE$ の関税収入を獲得する。これ

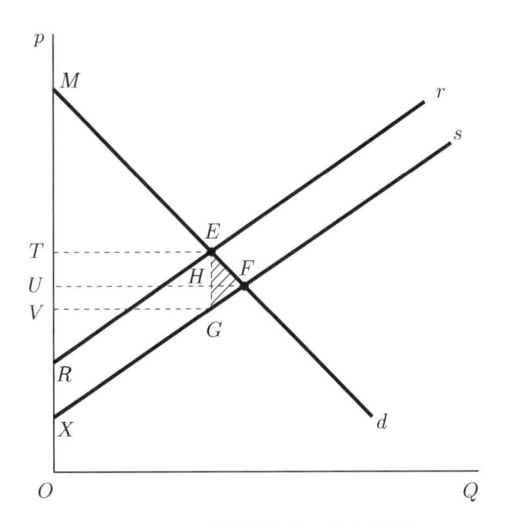

図 16.3 域内財市場の総合効果

に対して，B 国の総余剰は VXG となる．

両国が自由貿易協定を結び，域内関税を撤廃すると，市場均衡は Md と Xs との交点 F に移り，A 国の国内価格は OU に下がる．その結果，A 国の輸入量は TE から UF に HF だけ増える．これはヴァイナーのの表現では純粋な**貿易創出** (trade creation) の現象である．A 国の総余剰は MET から MFU に増えるものの，関税収入 $TVGE$ が失われる．A 国の社会的余剰が増えるかどうかは明確ではないが，B 国のそれは VXG から UXF に増加する．A，B 両国を合わせたネットの社会的余剰は斜線領域 EGF だけ増加する．これは撤廃前の関税率が高いほど大きい．

このように，小国の統合が全体として利益をもたらすためには，貿易創出による利益が貿易転換による損失を償ってあまりあることが必要である．これは，統合に参加する国々が国際価格に対しては影響力のない小国であっても統合後の域内価格を下げるだけの供給余力を持つ財や域内財が多数存在する場合にはみたされるだろう．

16.4　大国の統合

　これまでの分析から明らかなように，世界価格に影響力を持たない小国の統合は，域内財が重要である場合を除けば，経済的利点に乏しいものと判断せざるをえない。しかし，その域外へのインパクトは無視可能なので，他の国々から問題にされることはない。EUやNAFTAが域内だけでなく域外からも大きな期待とささかの不安をもって注目されているのは，それらが大国の統合だからである。そのあり方は，場合によっては域外にも大きな影響を及ぼす。

　大国の統合は小国の統合にはない重要な効果を発揮する。そのひとつは交易条件効果である。大国の統合は小国の場合には所与とされる国際価格を動かし，統合参加国の域外に対する交易条件を有利化する可能性が大きい。もうひとつは**大市場効果**である。大国が統合することによってつくり出される広大な域内自由市場は小国の統合からは期待できないさまざまな動態的利益の源泉となる。以下，これらの効果について考えてみよう。

　大国の統合が参加国の域外に対する交易条件の有利化をもたらすと考えられるのは次の理由による。参加国が域外および域内他国から輸入する財の場合，輸入転換によって域外への輸入需要が減少し，その国際価格の低下を引き起こす。また，参加国が域内他国および域外に輸出する財の場合，輸出転換によって域外への輸出供給が減少し，その国際価格の上昇を誘発する。これらは域内国の交易条件有利化の要因となる。この交易条件効果は参加国には利益になるが，域外国には損失となる。域外国が大国の統合に不安を感じるのは当然のことだ。

　大国の統合がもたらす大市場効果はその最大のメリットといってよい。少なくとも次の2つの側面が重要である。第1に，参加国の企業は域内の大市場を対象として**規模の経済性**を活用することができる。これは小国の統合でも期待されることがあるが，市場規模が十分大きくなければ独占につながりやすい。第2に，大規模な自由市場ができると域内企業のシェア競争，生存競争が激化し，組織の改善，コストダウン，新製品の開発など多面にわたる革新が刺激されることである。域外からの直接投資，技術移転が活発化する

ことも予想される。しかし，こうした効果を持続させるためには，域外企業に対しても市場を開放していくことが必要だ。

16.5　対外中立的統合とグローバリズム

地域統合は，域内貿易は自由化するが，域外に対しては従来通りの関税や貿易障壁を維持することが多い。このため，域内貿易は拡大するが，域外との貿易はそのままでは縮小する。地域統合が必ずしも参加国の厚生増大をもたらさないと考えられるのはこの内外貿易に及ぼす効果の非対称性によるものだ。また，大国の統合が域外国に差別的な影響を及ぼし，その利益をそこなうことが危惧されるのも同じ理由からである。

すでに論じたように，域内国の域外国に対する交易条件は大国の統合によって不利化する可能性が高い。そこで，統合参加国が域外国に損失が生じないように，すなわち交易条件を不変に保つように，域外に対する関税その他の貿易障壁を軽減する構想が提案されてきた。域外に対してこの意味で中立的な統合は統合参加国，したがって世界全体としての経済厚生を高めることが知られている。この主張は多数財・多数要素の一般均衡モデルで論証され，**ケンプ・ワン・大山の定理** (the Kemp-Wan-Ohyama theorem) として知られている[3]。ここでは簡単な部分均衡分析でこの点を例解しておこう。

図16.4で，Md は A 国の機械に対する需要曲線，Xs は B 国の輸出供給曲線，$X^W s^W$ は B 国を含めた世界全体の輸出供給曲線とする。A 国は大国であるものとして，Xs，$X^W s^W$ はともに右上がりに描かれている。当初，A 国が単位当たり CT の関税をかけていたとすると，市場均衡は $X^W s^W$ に関税分を加えた Vv と Md の交点 F で示される。このとき，A 国の国内価格は OT，国際価格は OC，輸入量は TF，B 国の輸出量は TE となる。A 国は MFT の総余剰と $TCHF$ の関税収入を獲得し，B 国は CXG の総余剰を得ている。

---

[3] この定理は Kemp (1962)，Vanek (1965) がアイデアを示し，Ohyama (1972)，Kemp and Wan (1976) が明確な規定と証明を与えた。大山 (2004) はいっそうの拡張を試みている。

16.5 対外中立的統合とグローバリズム

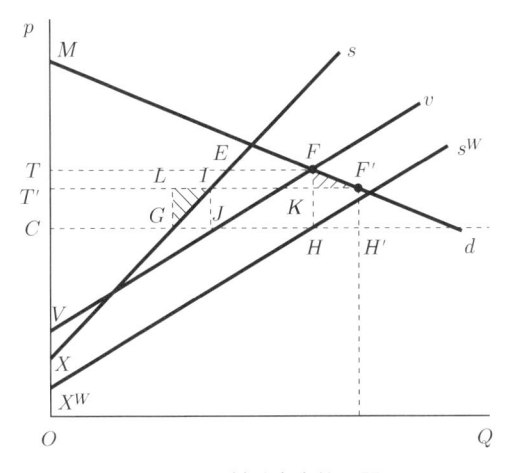

図 16.4 対外中立的同盟

ここで，A，B両国が**対外中立的統合**を形成するものとしよう。新しい均衡は F' 点で示されている。対外関税が CT' に引き下げられ，国際価格は従来水準 OC に維持される。A国の国内価格は OT' に下がり，輸入量は $T'F'$ に増加する。他方，B国の輸出量は $LI = KF'$ だけ増えて $T'I$ となる。

A国の関税収入は $IJH'F' = LGHK$ に減るが，総余剰が $TT'FF'$ だけ増える。A国の関税収入減はB国へのトランスファーによる部分 $SGLT'$ と関税率低下による部分 $TFKT'$ に分けられる。後者は総余剰の増加によって相殺され，$FF'K$ に相当するおつりがくる。他方，B国の総余剰は $T'CGI$ だけ増えるが，そのうち $CGLT'$ はA国からの関税収入のトランスファーによる分であり，残りの LGI は域内貿易量の増加による分である。統合全体としては，関税収入のトランスファーは相殺される。従って，統合全体の社会的余剰は斜線領域 LGI プラス $FF'K$ だけ増加することがわかる。

このように，対外中立的統合はそれ自身の潜在的厚生を高めるといえる。この場合，B国の厚生は確かに高まるが，$CGLT'$ が $FF'K$ よりも大きければ，A国の厚生は低下することに注意する必要がある。この財の貿易だけについていえば，両国の厚生をともに高めるためには，適当な国際的所得再分配がなされる必要がある。しかし，域内で多数の財がバランスよく輸出入さ

れているような場合には，各加盟国が輸入面でこうむった損失は輸出面の利得で取り返すことができるから，所得再分配が実際には行われなくても，すべての国の厚生が高まる可能性がある。

第2次世界大戦後，世界貿易の自由化は**関税貿易一般協定** (**GATT**) の多国間交渉を中心に進められてきた。60年代の**ケネディラウンド**，70年代の**東京ラウンド**はその最たるもので，国際貿易の拡大に大きく貢献した。86年から始められた**ウルグアイラウンド**は従来の関心事である商品貿易だけでなく，サービス貿易，知的所有権，貿易関連投資などの新分野についても共通のルールを設け，95年には**世界貿易機関** (**WTO**) が発足した。

GATTの基本原則はグローバリズムの理念に基づく**無差別主義**，すなわち関税，数量制限などの貿易障壁の軽減・撤廃に関する**最恵国待遇原則** (most-favored nation principle) である。GATTの立場からすれば，地域統合が域外に対して強い差別効果をもち，世界経済のブロック化につながることが懸念される。**GATT第24条**は**自由貿易地域**，**関税同盟**などの地域統合を無差別原則の例外として容認しながらも，統合地域内のすべての貿易障壁を廃止する，域外に対する貿易規制が統合前よりも厳しくしないなどの条件をつけている。これは地域統合の域内貿易の自由化という効果を確保するとともに，その域外貿易への阻害効果を除去しようとするものである。ここで構想されている地域統合のイメージはまさに**対外中立的統合**のそれに近いものである。

現実に経済統合の当事国はほぼ例外なくそれが対外差別的なものではなく，自由貿易体制を補強するものであるとしている。この主張を実効あるものとするには，少なくとも次の条件が満たされることが必要である。第1に，域外に対する貿易障壁を積極的に軽減していくことである。これまでの分析からわかるように，域外に対する規制を従来の水準に維持するだけでは，貿易転換による域外国の被害は避けられない。歴史的にも，50年代に発足した欧州経済共同体 (EEC) の成功はケネディラウンドによってその対外差別効果が払拭されたことに負うところが大きかった。第2に，多国間交渉では手のつけられない域内の非関税障壁を軽減し，域内貿易のより徹底した自由化を図ることである。政治経済学的には，地域統合の存在証明はこのことをおいてないだろう。

演習問題

1. 地域経済統合に関する下記①～④の文章の真偽を判定しなさい
   ① 地域統合は特定の地域的に限定して生産物や生産要素の国際移動に対する障害を取り除こうとする取り決めだ。
   ② GATT，WTOによる多角的関税引き下げは地域経済統合の典型的な事例だ。
   ③ GATT第24条は自由貿易地域を無条件に容認している。
   ④ 自由貿易地域は貿易自由化を促進する取り決めだから資源配分の改善をもたらす。

2. 近年2国間の自由貿易協定(FTA)がさかんに結ばれている。その背景と根拠は何だろうか。

3. 小国間の自由貿易協定が参加国の貿易厚生に及ぼす効果を簡単なモデルで分析しなさい。

4. 大国の関税同盟は一般に交易条件効果を通じて域外国の利益を損なうといわれる。その根拠を示しなさい。このことから，大国の統合は同盟加盟国にとって望ましいといえるだろうか。域外国についてはどうだろうか。

5. 対外共通関税を調整し対外交易条件を同盟前と同一水準に維持するような関税同盟があるとすれば，それは世界の経済厚生を高めるといえるだろうか。

17
国際経済協調の理論と類型

　現代は国際協調の時代だといわれる。経済政策の主体は依然として国家だが，国々の間で経済政策のすりあわせ，調整が必要になっている。それは何よりも国々が財・サービスの貿易や金融取引によって密接な相互依存の関係を結んでいることによる。一国の政策の効果は他国に波及し，また他国の政策によって影響を受ける。したがって，いかなる国も他国の行動を考慮せずに自国の行動を決めることができなくなっている。現代がグローバリゼーションの時代だといわれるのはこうした国際的相互依存が全世界にわたっているからだ。

　国際経済協調には地域的に限定されたものと世界の大多数の国を含むグローバルなものがある。16章で論じた **EU**，**NAFTA** などは地域的国際協調の例である。国際貿易政策の調整にあたる**世界貿易機関** (World Trade Organization, 略称 **WTO**)，国際金融の協力機構である**国際通貨基金** (International Monetary Fund, 略称 **IMF**)，**世界銀行** (International Bank for Reconstruction and Development, 略称 **IBRD**)，などはグローバルな国際協調の代表例である。IMFとIBRDは，**国際貿易機関** (International Trade Organization, 略称 **ITO**) とならんで，1944年米国ニューハンプシャー州のブレトンウッズで開かれた連合国会議で構想された。IMFとIBRDは実現したが，ITOは流産に終わり，それに代わるものとしてGATTが成立した。これらは**ブレトンウッズ体制**と呼ばれ，第2次世界大戦後のグローバルな国際経済協調の中核となった。このうちGATTは単なる国際協定であった

が，後述するようにずっと後になって，WTO がそれを継承し，ITO の理想を実現する国際機関として成立した。参加国数はそれほど多くないが，地域的に限定されていない **OECD** (Organization for Economic Cooporation and Development，経済協力開発機構)，**BIS** (Bank for International Settlement，国際決済銀行) などもグローバルな協調の例に挙げてよいかもしれない。なかでも GATT/WTO, IMF, IBRD は現代の世界貿易・金融体制の根幹をなすものである。本章では，それらの概要を説明し，その経済的意義について考えてみたい。また，グローバリゼーションが進む中で近年重要性を高めている**地域的協調**の役割についてもあらためて見なおす必要がある[1]。

17.1 GATT/WTO

GATT は，1930 年代の**関税引き上げ競争**，世界経済のブロック化の反省に立って，世界資源の有効利用と財・サービスの生産・貿易の拡大をはかるために多国間で**貿易自由化交渉** (ラウンドとよばれる) を進めようという協定である。1943 年に 23 カ国が参加して発足したが，その後参加国は着実に増え続け，2011 年には 153 カ国に達した。GATT のもとで，20 世紀末までに 8 次におよぶ多国間貿易交渉が行われた。1960 年代に行われた 6 次のケネディ・ラウンドから交渉方式が変わったこともあり大きな成果が得られるようになった。70 年代の**東京ラウンド**では関税だけでなく非関税貿易障壁の引き下げが大きな主題となり，80 年代から 90 年代にかけての**ウルグアイ・ラウンド**では従来放置されてきた農業やサービスの国際貿易の自由化にも手が着けられた。

GATT は貿易自由化を求めながら，現実的な考慮に基づいて関税の存続を容認し，貿易数量制限については原則禁止としつつも過渡期にはその残存を許している。その代わり，多国間貿易交渉がそれらの関税，非関税貿易障壁の軽減・撤廃を徐々に進めるための場として設定されてきた。その前提となる基本原則は**無差別主義** (non-discrimination principle) と**相互主義** (reciprocity

---

[1] 馬田・木村・田中 (2010) 参照。

principle) である。無差別主義は，加盟国が相互に**最恵国待遇** (most favored nation treatmet) を与え，関税を払っていったん輸入された財には**内国民待遇** (national treatment) を与えるという原則である。この原則が適用されれば，各国の輸入品はどの加盟国からきたものでも同じ関税を課せられ，関税を払い終わった後には国内の競合品とも差別されることはない。これに対して，相互主義は，貿易交渉にあたって原則として「相互的かつ互恵的に」貿易障壁を引き下げるとするものである。無差別主義と相互主義という基本原則が併用されることによって，多国間での貿易自由化交渉がやりやすくなり，大きな成果をあげてきた。

1995年に，WTOがウルグアイ・ラウンドの成果を踏まえて発足し，GATTを含む幅広い貿易自由化協定を実施する国際機関として活動し始めた。従来，GATTのもとでは**灰色措置**として黙認されてきた**輸出自主規制**，すなわち一国が貿易相手国の意向に配慮して特定の財の輸出を「自主的に」規制する措置は明確に禁止されることになった。また，国際的な貿易紛争を処理する手続きも改善され，GATTの規定に違反する行為の排除も従来よりもスムーズに進められるようになった。しかし，他方では，**GATT 第6条**で認められている輸出補助金に対する相殺関税や反ダンピング関税という形での保護貿易措置が乱用される可能性が憂慮されている。いわゆるグローバリゼーションの進行とともに，**環境基準**や**労働基準**の国際的調和が叫ばれるようになった。こうした主張はそれ自体としては十分根拠のあるものではあるが，環境基準や労働基準の甘い国に対する差別的貿易措置の口実に用いられるおそれがある[2]。地域経済統合が世界経済のブロック化につながる可能性も払拭されたわけではない。サービス貿易や国際投資のさらなる自由化も重要な課題である。国際貿易に果たすWTOの役割は今後ますます大きくなるだろう[3]。

---

[2] Bagwell and Staiger (2001) は WTO がマーケット・アクセスを確保する仕組みとして環境問題や労働問題にいかに対処すべきか，また対処しうるかを明快に論じている。大山 (2005) の厚生経済分析による役割分担論も参照。

[3] GATT/WTO の取引ルール，紛争処理手続については，古沢 (2001) に理論的な解説がある。環境保護との関連では，Bagwell and Staiger (2001)，天野 (2001)，阿部 (2001)，佐竹 (2009) などを参照。

17.2　IMF・IBRD

　1947年，IMFは為替管理の撤廃と経常取引の自由化を目指し，為替レートの安定化をはかる国際機関として発足した。当初の加盟国は39カ国であったが，2010年には186ヶ国に増加している。**IMF**の基本的な目的は，国際貿易を金融面から支え，国際経済取引の拡大を通じて国際経済成長を促進することである。1930年代の**為替切り下げ競争**への反省から，この基本的な目的の達成するためには経常支払いに対する制限を撤廃し，為替レートを安定化することが必要と考えられたのだ。

　19世紀後半に自然発生的に形成された**国際金本位制度**は，主要国が自国の通貨の金に対する交換比率を固定し，そのことを通じて相互の為替レートを安定的に維持する仕組みであった。これに対して，IMFによる為替レート安定化の仕組みは，米国が1オンス35ドルのレートで他の国々の通貨当局の求めに応じてドルと金を交換することを保証し，米国以外の主要国の通貨を米ドルにペッグ(釘付け)することで為替レートの安定化をはかるもので，**国際金為替本位制度**と呼ばれる人工的な国際金本位制度の一変種とみなすことができる。ただし，各国の通貨と米ドルとの交換比率は完全に固定されるのではなく平時にはIMF平価の上下1％を超えない範囲に維持されればよく，その国の国際収支(総合収支)が**基礎的不均衡** (fundamental disequilibrium)に陥った非常時にはその範囲を超えて変更可能とされた。この取り決めは**調整可能な釘付け** (adjustable peg) 制度と呼ばれた。

　各国の通貨当局が自国通貨と米ドルとの交換比率を既定の水準に維持するためには，自国通貨の対ドル価値が下がりそうな時には外国為替市場に出動して買い支え，上がりそうな時には売り支える必要がある。しかし，自国の通貨が下がりそうな時に手もとに十分な金・外貨準備がなければ買い支えることができなくなる。このような事態に対処するため，IMFは加盟国から金，ドルあるいは現地通貨の形で集めた資金をプールして，必要に応じて加盟国に提供することができるようにした。しかし，この仕組みは加盟国の通貨を長期にわたって安定化するためには十分なものではなかった。国際収支の赤字が続いている国では買い支えのための**金・外貨準備**が枯渇し，IMFからの

資金借り入れにも限度があることから，外国為替市場で自国通貨の投機的な「売り」に見舞われ，結局通貨の対外価値を大幅に切り下げなければならなくなる (15.5 節参照)。

米国の場合，1 オンス 35 ドルのレートでドルを金に交換するという取り決めを守るためには十分な金準備を持っていなければならない。ところが，1950 年代後半から米国の資本収支，総合収支の赤字が増え始め，60 年代には公的対外債務が外貨準備を上回り「ドル不安」が発生した。その中で米国からの金流出が続いたため，リチャード・ニクソン大統領は 1971 年 8 月，ついに金とドルの交換を停止し，同時に 10％輸入課徴金の導入を発表した。これは，第 2 次世界大戦後 IMF, GATT を両軸として構築された**ブレトン・ウッズ体制**を突然停止するものであり，内外から大きな驚きをもって迎えられ，その後「ニクソン・ショック」と呼ばれるようになった。1973 年春から日本，西欧の先進主要国は基本的に**変動為替レート制度**に移行し，IMF の固定的な為替レート制度は崩壊した[4]。

しかし，その後も IMF は存続し，加盟国為替政策の監視 (**サーベイランス**と呼ばれる)，中・長期の融資活動の拡充に携わってきた。それにともない，**融資条件** (conditionality) として被融資国のマクロ経済政策に厳しい注文をつけるようになった。1980 年代の南米，94 年のメキシコ，97 年の東アジアなどで起きた**通貨危機**に際して，IMF は多額の融資を与えて危機の克服に貢献したが，その政策勧告はかならずしも歓迎されなかった。東アジアで構想されている**アジア通貨基金** (Asian Monetary fund, 略称 **AMF**) や 2010 年に起きたギリシャの**ソブリン危機**に当たって大きな役割を果たした**欧州中央銀行** (European Control Bank, 略称 **ECB**) など，地域金融機関との役割分担や開発プロジェクト向けの長期融資を担当する IBRD との棲み分けも今後の課題となるだろう。

---

[4] 第 2 次世界大戦後 1980 年頃までのグローバルな国際協調体制の形成と推移については渡辺 (1990) 第 10, 11 章のより周到な解説を参照。

17.3⁺ 経済政策と国際協調の理論

　国際経済協調とは複数の国々の経済政策や経済制度の調整である。半世紀以上も前にオランダの経済学者**ティンバーゲン** (Jan Tinbergen, 1903–1994) が提案した経済政策の理論は今日でも経済政策と国際協調の理論として有用である[5]。政府が経済政策を行うに当たって基本的に重要となる概念は**政策目標** (policy target) と**政策手段** (policy instrument) である。数量的な取り扱いを便利にするため，前者は目標変数，後者は手段変数と呼ばれるともある。ティンバーゲンの理論は，**固定目標システム** (fixed target system) と**伸縮目標システム** (flexible target system) に分けて考えられている。

　まず，一国の政策についてみると，与えられた経済状況のもとで政府が達成したい複数の目標変数があるとすれば，固定目標システムのもとでは一般に少なくともそれと同数の手段変数が必要とされる。たとえば，ある財の生産量と輸入量という2つの目標変数が与えられるとき，それらを同時に実現するためには手段変数として生産補助金と輸入関税が必要である(ティンバーゲンの定理)。これに対して，伸縮目標システムの場合，必要とされる手段変数の数が目標変数の数に足りなくても，政府が目標変数に依存する何らかの社会的効用関数を持っていてれば，その値を最大化するように手段変数の値を決めることができる。

　国際協調の問題を考えるに当たって見逃してはならないのは，各国の政策目標が自国だけでなく外国の政策手段に依存していることだ。この点を示すため，簡単な国際的相互依存の理論モデルを示しておこう。自国，外国の2国を考え，それぞれの政府が

$$U = u(T) \tag{17.1}$$

$$U^* = u^*(T^*) \tag{17.2}$$

という**社会的効用関数**を持っているものとしよう。ただし，T, T^* は自国，外国の目標変数(のベクトル)である。その内容はどのようなモデルを考えるかによって異なる。たとえば，国際貿易の2財モデルであれば，T, T^* は自

---

[5] Tinbergen (1952) 参照。

国，外国の財 1，財 2 の総消費量 (X_1, X_2)，$(X_1{}^*, X_2{}^*)$，国際マクロ経済モデルの場合には，T，T^* は自国，外国の国民総生産 Y，Y^* などと見なされる。経済構造を所与とすれば，各国の目標変数は一般に内外の政府が目標達成のために利用できる政策手段に依存している。その関係が

$$T = t(P, P^*) \tag{17.3}$$

$$T^* = t^*(P, P^*) \tag{17.4}$$

という関数で表されるものとする。ここで，P，P^* は自国，外国の政策変数 (のベクトル)，たとえば国際貿易の 2 財モデルなら自国，外国の輸入関税率，国際マクロ経済モデルなら自国，外国の政府支出，あるいはマネーサプライなどと解釈できる。これらを式 (15.1)，(15.2) に代入すると，

$$U = u(t(P, P^*)) = w(P, P^*) \tag{17.5}$$

$$U^* = u^*(t^*(P, P^*)) = w^*(P, P^*) \tag{17.6}$$

と書くことができる。つまり，各国の社会的効用は両国の政策変数に依存している。

各国の政府はその効用関数を最大にするように政策変数を決定しようとする。しかし，それは自らの決定に対して相手がいかに反応するかについての何らかの想定なしには不可能である。いうまでもなく，これは**ゲーム理論的**な状況だ。各国が非協調的に行動するような場合にはゲームの解は一般に**パレート最適**にはならない。これは両国が協調することによりそれぞれの経済厚生を高める余地があることを意味している。逆に，パレート最適を実現するためには両国の協調が必要であるともいえる[6]。

17.4　国際協調の類型

国際協調は関係諸国の政策手段の調整としてとらえられる。前節で説明した簡単な国際的相互依存のモデルを用いて GATT/WTO や IMF に代表されるブレトンウッズ体制の経済的意義を考えてみよう。協調のあり方をうらなう基本的な視点は，各国の政策手段の行使が他国の厚生に**プラスの波及効果**

---

[6] 大山 (1988) 参照。

(positive spillovers) をもたらすか, **マイナスの波及効果** (negative spillovers) をもたらすかである。プラスの波及効果がある場合には, 原則としてその政策手段を強める協調が, 逆にマイナスの波及効果がある場合にはそれを弱める協調が求められる。

図 17.1 で Uu, U^*u^* は, 自国, 外国の社会的効用を一定に保つような内外の政策変数 P, P^* の軌跡, すなわち内外の政策変数の平面に描かれた**効用無差別曲線**である。ここでは, 各国の政策変数は他国の社会的効用に対してマイナスの波及効果を及ぼすと想定されている。したがって, 自国の無差別曲線は下方に位置するものほど, また外国のそれは左方に位置するものほど高い効用に対応している。各国の政策変数の増加はあるところまではその効用を高めるが, その水準を超えて増加すればかえって効用の低下をもたらすと想定されている。自国の無差別曲線が上方に凸に, 外国のそれが右方に凸に描かれているのはそのためだ。

両国政府の政策ゲームを考え, **ナッシュ均衡** (非協調均衡) とよばれる概念に注目しよう。それは, 各国が他国の政策変数の水準を与えられたものとして, 各自の社会的効用を最大にするようにそれぞれの政策変数の水準を決めている状態として定義される。図 17.1 では, 自国の無差別曲線 Uu と外国の無差別曲線 U^*u^* の交点 N がそれにあたる。そこで Uu は水平線に, U^*u^*

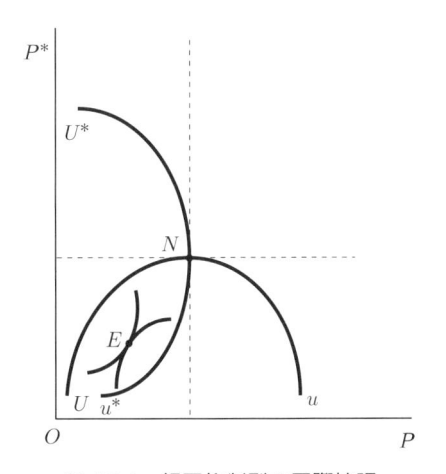

図 17.1 相互抑制型の国際協調

は垂直線に接しているからだ。Uu が上方に凸, U^*u^* が右方に凸の形状をしていることから, 点 N の西南方に両者によって囲まれたレンズ状の領域が出現する。この領域内の各点で両国の社会的効用はともに点 N よりも高くなっている。これから明らかに両国の政策変数の値は過大になっているといえる。換言すれば, 両国は国際協調を通じてそれぞれの政策変数の行使を抑制することで社会的効用を高めることができるはずだ。政策ゲームの協調的均衡は, 両国の無差別曲線の接点, すなわちパレート最適点でなければならない。図 17.1 の E はそのような点の一つである。

貿易政策

このように, 各国の政策手段がマイナスの波及効果をもち, 抑制的な国際協調が望ましいと考えられる事例は少なくない。関税, 輸入割当のような輸入制限的な貿易政策は**相互抑制型の国際協調**の典型例である。国際的な関税引き上げ競争は国際貿易の縮小をもたらし, すべての関係諸国の経済厚生を低下させる公算が大である[7]。

GATT/WTO はこのような事態を回避するために設けられた抑制的協調の取り決めであると考えることができる。すでに述べたように, GATT/WTO の無差別主義, 相互主義の原則は, 関税や非関税貿易障壁の多角的引き下げ交渉を容易にするものである。また, WTO の成立とともに強化された**紛争処理機構**は, 各国の一方的, 恣意的な保護貿易措置によって交渉の成果が台無しにされるのを防ぐのに役立っている。

金融政策

相互抑制型の協調は国際金融政策でも必要とされる。同時不況下における各国の金融緩和 (利下げ) 政策はその代表例である。国際資本移動が自由であれば, 一国の利下げは資本の流出を通じて為替レートの減価を引き起こすので, 国内景気にはプラスになるが, 他国の景気にはマイナスになる。その結果, 国際的な通貨安競争が生じ, 利子率の過度の低下を招く可能性がある。そ

---

[7] 9.2 節で説明した各国がたがいに最適関税をかけあうナッシュ関税均衡を思い出してほしい。

17.4 国際協調の類型

のような場合には協調的な利上げが必要とされよう。

初期のIMFは，1930年代の為替切り下げ競争に対する反省から，国際的な金融協調を制度化することにより，為替レートを安定化させようとするものだった。1970年代に主要国が変動レート制に移行してからも，その基本的役割は変わっていない[8]。たとえば2008年のサブプライム・ローンの破綻とリーマンショックに端を発する世界同時不況は関係諸国の金融政策の抑制的協調を求めていた。しかし，そのやり方は制度化されているわけではなく，裁量的な性格が強かった。中米や東アジアの通貨危機や，ギリシャのソブリン危機にも見られたように，国際金融協調は当事国に為替レート安定化のための資金を供給するとともに，そのおかれた状況に応じて金融政策や財政政策の調整を模索するようになった。

財政政策・環境政策

図17.2は両国の政策手段がプラスの波及効果を持つケースを示している。この場合，各国の無差別曲線は図17.1と対称的な形になる。自国の無差別曲線は上方に位置するものほど，外国のそれは右方に位置するものほど高い効

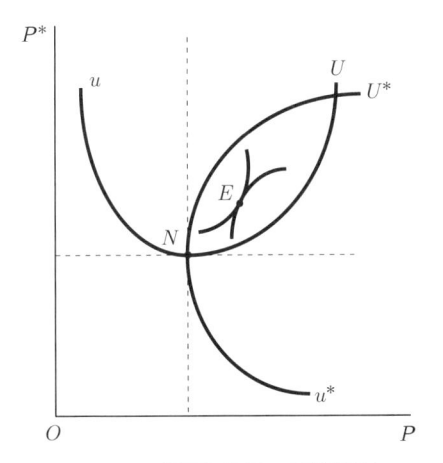

図17.2 相互促進型の国際協調

---

[8] 浜田(1982)は，国際協調を通じていかに国際通貨制度を設計し合意するかという問題にゲーム理論的な方法を適用した先駆的文献の1つである。

用に対応している。そのため,ナッシュ均衡を示す N 点の東北方に両国の効用がより高くなる領域が存在する。この場合,ナッシュ均衡では両国の政策変数は過小になっているので,**相互促進型の国際協調**が望ましいといえる。

実際に,相互促進型の国際協調が求められることも多い。**環境保護,基礎的研究**,さらには**安全保障**など,**国際的公共財**の供給は一般に過小になりがちである。一国が国際公共財の供給を増やせば,その便益は国内にとどまらず他国に及ぶからである。この場合,各国が協調的に公共財の供給を増加することによってすべての国の効用を高めることができる。しかし,この分野の国際協調はあらゆる公共財の供給に共通な**フリーライダー問題** (free rider problem) につきまとわれる。国際公共財の供給には相当のコストがかかるが,その国際的分担の取り決めが難しい。各国はできるだけ他国にそのコストを負担させようとして,国際公共財に対する選好を過小に表明するインセンティブを持つからである。したがって,国際協調の合意が成立しにくく,国際摩擦が生じやすいのは当然かもしれない。

マクロ経済政策では,相互促進型の国際協調はいわゆる**機関車論**として提唱されてきた。世界景気が全体に低迷している場合,国際収支,財政収支などの制約にゆとりのある諸国が協調的に財政支出を拡大し,景気回復をリードする機関車となるべきだというのがその主旨である。これも一国の財政拡大が他国に波及し,そこでの景気回復にプラスに作用するという認識に基づいている。

南北協調

最後に,一方の国の政策手段がプラスの波及効果を持ち,他方の国のそれがマイナスの波及効果を持つ非対称的なケースについて考えよう。このケースのナッシュ均衡は,たとえば図 17.3 の N 点のようになっている。そこでは,自国の政策変数は過小,外国のそれは過大である。これは自国の政策変数がプラスの波及効果をもち,外国のそれがマイナスの波及効果を持つことによる。自国の政策手段の行使を強め,外国のそれを弱めるような非対称型の国際協調が有益である。

非対称型の国際協調は,何らかの意味で非対称的な状態にある国々の間の協

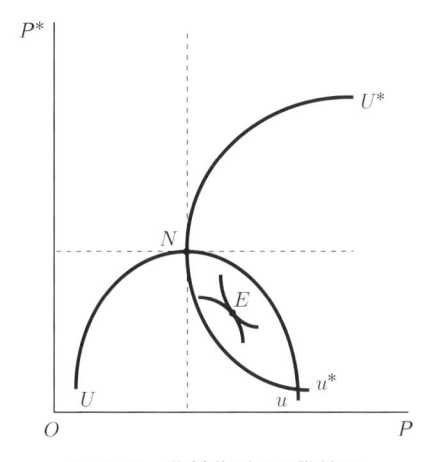

図 17.3 非対称型の国際協調

調である。たとえば，先進国と発展途上国は一部の産業についてそのような状態にある。先進国が比較劣位に，発展途上国が比較優位に立とうとしている労働集約的な工業を例にとろう。先進国 (外国) が国内産業の保護を強めれば発展途上国の厚生は阻害される。しかし，発展途上国 (自国) による同種の**幼稚産業**の助成は製品価格の低下を通じて先進国にもよい影響を及ぼすと考えられる。したがって，先進国と発展途上国は協調して非対称的な産業政策を推進することが望ましい。具体的には，先進国は国内産業の保護を弱め，途上国は国内産業の助成を強めることによって産業調整を進めることになる。そのような協調を効果的に実行するためには，先進国から途上国への技術移転や経済援助が必要になる。**IBRD (世銀)** のような援助機関はこの種の国際経済協調を仲介する役割を担っているといえる。近年増加傾向にある先進国と新興国・途上国の**自由貿易協定**もそのような協調の事例とみなすことができるかもしれない。

演 習 問 題

1. 関税面での国際経済協調の事例をあげて，その背景と実態を説明しなさい。1990年代後半から地域的に限定された自由貿易協定が世界的に増加したが，WTO との関係，整合性をどう考えたらよいか。

2. 金融面での国際経済協調の事例をあげてその背景と実態を説明しなさい。深刻な不況の中で世界的な金融緩和と為替切り下げ競争が進行した1930年代と2000年代初めの状況を比較しなさい。
3. 国際経済協調がなぜ必要かについて，ティンバーゲンの経済政策の理論とゲーム理論を参考にして説明しなさい。
4. 貿易自由化を**環境・労働基準**のグローバルな調和と矛盾しないように進めていくために，WTOは何をなすべきであろうか。
5. **GATT第24条**は，関税同盟や自由貿易地域などの地域統合を容認する前提として，①他の締約国に対する関税その他の貿易障壁を従来より厳しくしない，②すべての財について域内の関税その他の貿易規制を完全に撤廃する，という2つの条件を挙げている。これらの条件の経済的意義を論じなさい。

邦 語 文 献

赤松要 (1935)「吾国羊毛工業の貿易趨勢」『名古屋高商・商業経済論叢』第 13 巻上冊, 129-212
浅子和美 (2000)『マクロ安定化政策と日本経済』岩波書店
阿部顕三 (2001)「国際公共経済学」大山道広 編著『国際経済理論の地平』2 章, 東洋経済新報社
天野明弘 (1964)『貿易と成長の理論』有斐閣
_____ (2001)「国際公共経済学」, 大山道広 編著『国際経済理論の地平』1 章, 東洋経済新報社
池間誠 (1979)『国際貿易の理論』ダイヤモンド社
_____ (2000)「ヒュームの物価・正貨流出入機構論」『一橋論叢』123 巻 6 号, 837-855
_____ 編著 (2009)『国際経済の新構図 雁行型発展の視点から』文眞堂
伊藤元重・大山道広 (1985)『国際貿易』岩波書店
伊藤元重・清野一治・奥野正寛・鈴村興太郎 (1988)『産業政策の経済分析』東京大学出版会
石川城太 (2001)「戦略的貿易政策」, 大山道広 編著『国際経済理論の地平』7 章, 東洋経済新報社
馬田啓一 (2001)「多国籍企業と国際投資」, 大山道広 編著『国際経済理論の地平』3 章, 東洋経済新報社
馬田啓一・木村福成・田中素香編著 (2010)『検証・金融危機と世界経済 危機後の回顧と展望』勁草書房
太田博史・吉田千里 (2010)「不法労働の経済学」大山道広 編著『国際経済理論の地平』5 章, 東洋経済新報社
大山道広 (1996)「市場開放の経済効果」『日本経済研究』No.31, 1-40
_____ (1999)「GATT/WTO ルールの経済的意義」『経済研究』50 巻 1 号, 1-10
_____ (1999)「マーシャル型効用関数と社会的無差別曲線」『三田学会雑誌』92 巻 3 号, 87-103
大山道広 編著 (2001)『国際経済理論の地平』東洋経済新報社
_____ (2004)「自由貿易協定と経済厚生— Kemp-Wan 定理を超えて」『三田学会雑誌』97 巻 1 号, 5-14
_____ (2005)「WTO と世界経済—新時代の課題と役割—」『東洋大学経済論叢』30 巻 3 号, 11-20
_____ (2009)「雁行型発展の理論—特殊要素理論を中心として—」, 池間誠編著

『国際経済の新構図 雁行型発展の視点から』9 章 文真堂
岡本久之 (2001)「中間財貿易」,大山道広編著『国際経済理論の地平』16 章,東洋経済新報社
小川英治 (2001)「国際通貨同盟」,大山道広編著『国際経済理論の地平』11 章,東洋経済新報社
奥村隆平 (2001)「国際マクロ経済学」,大山道広編著『国際経済理論の地平』22 章,東洋経済新報社
嘉治佐保子 (2004)『国際通貨体制の経済学 ユーロ・アジア・日本』,日本経済新聞社
川又邦雄 (1991)『経済厚生と市場機構』創文社
菊池徹 (2001)『収穫逓増と不完全競争の貿易疫理論』勁草書房
木村福成・小浜裕久 (1994)『実証 国際経済入門』日本評論社
小島清 (1956)『交易条件』勁草書房
―――― (2003)『雁行型経済発展論』(1 巻:日本経済・アジア経済・世界経済) 文眞堂
小宮隆太郎 (1975)『国際経済学研究』岩波書店
―――― (2006)「通貨危機と為替投機―概観と若干の論評―」,日本学士院紀要 60 巻 3 号,156-202
小宮隆太郎・須田美也子 (1983)『現代国際金融論―理論・歴史・政策』(全 2 冊) 日本経済新聞社
佐竹正夫 (2009)「地球温暖化と自由貿易体制」世界経済評論 53 巻 10 号,47-54
篠原三代平 (1955)『日本経済の長期動態と貿易理論』、国際経済学会編『ドル不足と日本経済』日本評論社
―――― (1961)『日本経済の成長と循環』創文社
下村耕嗣 (2001)「貿易利益」,大山道広編著『国際経済理論の地平』13 章,東洋経済新報社
鈴木克彦 (2001)「独占的競争と国際貿易」,大山道広編著『国際経済理論の地平』17 章,東洋経済新報社
多和田眞 (2001)「収穫逓増と国際分業」,大山道広編著『国際経済理論の地平』18 章,東洋経済新報社
大東一郎 (1997)『都市化・集中化・経済発展の基礎理論』三菱経済研究所
―――― (2001)「経済発展と貿易政策」,大山道広編著『国際経済理論の地平』7 章,東洋経済新報社
高山晟 (1963)『国際経済学』現代の経済学 4 東洋経済新報社
出井文男 (1991)『多国籍企業と国際投資』東洋経済新報社
根岸隆 (1971)『貿易利益と国際収支』創文社
浜田宏一 (1982)『国際金融の政治経済学』創文社 (Translated by Charles Yuji Horioka and Chi-Hun Kwan, *The Political Economy of International Monetary Interdependence*, MIT Press, 1985).

邦 語 文 献

藤原秀夫・小川英治・地主敏樹編著 (2001)『国際金融』雄斐閣
古沢泰治 (2001)「GATT/WTO の経済理論」，大山道広 編著『国際経済理論の地平』21 章，東洋経済新報社
松村敦子 (2010)『入門 国際貿易』多賀出版
三辺信夫 (2001)「多数国多数財の貿易モデル」大山道広 編著『国際経済理論の地平』15 章，東洋経済新報社
矢内原勝・深海博明・大山道広編 (1988)『世界経済のニュー・フロンティア』文真堂
柳川範之 (1998)『戦略的貿易政策—ゲーム理論の政策への応用』有斐閣
横川和夫 (2001)「為替レートの理論と実証」，大山道広 編著『国際経済理論の地平』10 章，東洋経済新報社
若杉隆平 (2007)『現代の国際貿易 ミクロデータ分析』岩波書店
渡辺太郎 (1990)『国際経済 第 4 版』春秋社

欧 語 文 献

Aftalion, Albert (1927), Monnaie, Prix et Change (松岡孝児訳『貨幣・物価・為替論』有斐閣 1937 年)
Alexander, Sydney (1952), "The Effect of Devaluation on a Trade Balance," *IMF Staff Papers* (April), 359–373.
Bagwell, Kyle and Robert W. Staiger (2001), "The WTO as a Mechanism for Securing Market Access Property Rights: Implications for Global Labor and Environmental Issues," *Journal of Economic Perspective*, **15**, 69–88.
Balassa, Bela (1961), *The Theory of Economic Integration*, Richard D. Irwin.
―――― (1964). "The Purchasing Power Parity Doctrine: A Reappraisal," *Journal of Political Economy*, **72**, December, 584–596.
Bhagwati, Jagdish N. (1958),"Immiserizing Growth: A Geometrical Note," *Review of Economic Stedies*, 25(3), 201–205.
Bickerdike, Charles. F. (1906), "The Theory f Incipient Taxes," *Economic Journal*, **41**, 529–35.
Brander, James. A. and Paul R. Krugman (1983), "A Reciprocal Dumping Model of International Trade," *Journal of International Economics*, **15**, 313–321.
Buiter, Willem H.and William H. Branson (1983), "Monetary and Fiscal Policy with Fexible Exchange Rates," Jagdeep S. Bhandari and Bluford H. Putnam (eds.), *Economic interdependence and Flexible Exchange Rates*, MIT Press. Reprinted in Buiter, *International Macroeconimics*, Oxford Jniv. Press, 1990.
Cassel, Gustav. (1922), *Money and Foreign Exchange after 1914*, Macmillan
Chang, Winston. W. (1979), "Some Theorems of Trade and General Equilibrium with Many Good and Factors," *Econometrica*, **47**, 709–726.
Chipman, John S. (1965), "A Survey of the Theory of International Trade: Part 1, The Classical Theory," *Econometrica*, **33**, 477–519.
―――― (1966), "A Survey of the Theory of International Trade: Part 3, The Modern Theory," *Econometrica*, **34**, 18–76.
―――― (1969), "Fctor Price Equalization and the Stolper-Samuelson Theorem," *International Economic Review*, **10**, 399–406.
Dixit Avinash K. and Victor Norman (1980), *Theory of International Trade, A Dual General Equilibrium Approach*, Cambridge Univ. Press.
Dornbusch, Rudigar, (1976), "Expectations and Exchange Rate Dynamics," *Journal of Political Economy*, **84**, 1161–1176.

_____ (1980), *Open Economy Macroeconomics*, Basic Books (大山道広他訳『国際経済学』文真堂 1983 年)
Einzig, Paul (1961), A Dynamic Theory of Foreign Exchange,Macmillan.
Ethier, Wilfred J. (1982) "Decreasing Costs in International Trade and Frank Graham's Argument for Protection," *Econometrica*, **50**, 1243–68.
Feenstra, Robert C. (2004), *Advanced International Trade: Theory and Evidence*, Princeton Univ. Press.
Fisher, Irving (1930), "Theory of Interest," Porcupine Press.
Fleming, Marcus J. (1962), "Domestic Financial Policies under Fixed and under Flexible Exchange Rates," *IMF Staff Papers*, **9**, 369–79.
Friedman, Milton (1953), "The Case for Flexible Exchange Rates" in Essays in Positive Economics, University of Chicago Press.
_____ (1968), "The Role of Monetary Policy," *American Economic Review*, **58**, 447–466.
Graham, Frank D. (1922), "Some Aspects of Protection Further Considered," *Quarterly Journal of Economics*, **36**, 220–73.
Grossman, Gene M. and Elhanan Helpman (1991), *Innovation and Growth in the Global Economy*, MIT Press (大住圭介監訳『イノベーションと内生的経済成―グローバル経済における理論的分析―』創文社，1998 年)
_____ (2001), *Special Interest Politics*, MIT Press
_____ (2002), *Interest Groups and Trade Policy* Princeton University Press.
Haberler, Gotfried (1936), *The Theory of International Trade*, Wm. Hodge and & Co. (松井清・岡倉伯士共訳)『国際貿易論上・下』有斐閣，1937 年)
_____ (1952), "Some Problems in the Pure Theory of International Trade," *Economic Journal*, **60**, 223–40
Hamilton, Alexander (1791), *Report on Manufactures*, Reprinted in The Works of Hamilton, Vol. II, 1957.
Heckscher, Eli (1919), "The Effects of foreign Trade on the Distribution of Income, A Theoretical Outline," *Economisk Tidsfkrift*, **21**, 497–512. Reprinted in H.S. Ellis and L.A. Metzler eds. *Readings in the Theory of International Trade*, George Allen and Unwin, 1949.
Helpman, Elhanan. and Paul. R. Krugman (1985), *Market Structure and Foreign Trade*, MIT Press.
_____ (1989), *Trade Policy and Market Structure*, MIT Press, 1989 (大山道広訳『現代の貿易政策』東洋経済，1992 年)
Hicks, John. R. (1953), "An Inaugural Lecture," *Oxford Economic Papers*, **5**, 1953, 117–135. Reprinted in *Essays in World Economics*, Oxford Univ. Press, 1959.
Hume, David (1752), "Of the Balance of Trade," *Political Discourses*, in Essays, Moral, Political and Literary, T.H. Green and T.H. Grose ed., 1975.

(小松茂夫訳『市民の国について』(上下巻,岩波文庫,1982年)の「貿易収支について」)

Irwin, Douglas. A. (1996), *Against the Tide: An Intellectual History of Free Trade*, Pronceton University Press. (浅田四郎訳『自由貿易理論史』文眞堂, 1999年)

Jones, Ronald. W. (1961), "Comparative Advantage and the Theory of Tariffs; A Multi-Country, Multi-commodity Model," *Review of Economic Studies*, **28**(3), 161–175.

―――― (1965), "The Structure of Simple General Equilibrium," *Journal of Political Economy*, **73**, 557–572.

―――― (1967), "International Capital Movements and the Theory of Tariffs and Trade," *Quarterly Journal of Economics*, **81**, 1–38.

―――― (1971), "A Three-Factor Model in Theory, Trade and History," in *Trade, Balance of Payments, and Growth*, North-Holland Publishing Company. Reprinted in Jones (1979).

―――― (1974), "'Two-ness' in Trade Theory: Costs and Benefits," Special Papers in In International Economics No.12, Princeton University Press. Reprinted in Jones (1979).

―――― (1979), *International Trade: Essays in Theory* "North-Holland Publishing Company.

―――― (2000), *Globalization and The Theory of Input Trade*, MIT Press.

Kemp, Murray C. (1960) "The Mill-Bastable Infant Industry Dogma," *Journal of Political Economy*, **68**, 65–67.

―――― C. (1969), The Pure Theory of International Trade and Investment, Prentice-Hall, (上河泰男監修, 奥口孝二・大山道広・木村憲二・太田博史訳『国際貿易と投資の純粋理論』日本評論社, 1981年)

Kemp, Murray C. and Henry Y. Wan (1976), "An Elementary Proposition Concerning the Formation of Customs Unions," *Journal of International Economics*, **6**, 95–97.

Keynes, John M. (1936), *The General Theory of Employment, Interest and Money*, Harcourt, Brace and Jovannovich. (塩野谷祐一訳, 東洋経済新報社, 1983年)

―――― (1929), "The German Transfer Problem," *Economic Journal*, **39**, 1–7, 179–82, 404–408.

Kouri, Pentti J.K. (1976) "Exchange Rates and the Balance of Payments in the Short Run and in the Long Run: A Monetary Approach," *Scandinavian Journal of Economics*, **78**(2), 280–304.

Krugman, Paul R., (1979), "A Model of Balance of Payments Crises," *Journal of Money, Credit and Banking*, **11**, 311–325.

―――― (1990), *Rethinking International Trade*, MIT Press.

――― (1998) "It's baaack! Japan's Slump and the Return of the Liquidity Trap," *Brookings Paper on Economic Activity*, **2**, 137–187.
Krugman, Paul. H., and Robin Wells, *Macroconomics*, Worth Publishers, 2006. (大山道広他訳クルーグマン『マクロ経済学』, 東洋経済新報社, 2009 年)
Laursen, Svend and Lloyd A. Metzler (1950), "Flexible Exchange Rates and the Theory of Unemployment," *Review of Economics and Statistics*, **32**, 281–299.
Leamer, Edward. E. (1980), "The Leontief Paradox Reconsidered, *Journal of Political Economy*, **88**, 495–503.
Leibenstein, Harvey (1978), *The General X-Efficiency Theory and Economic Development*, Oxford Univ. Press.
Lerner, Aba. (1944), *The Economics of Control*, Macmillan.
Leontief, Wassily (1954), "Domestic Production and Foreign Trade: American Capital Position Reexamined," *Economia Internazionale*, **7**, 3–37.
List, Friedlich (1841), Das National System der Politischen Oekonomie (小林昇訳『経済学の国民的体系』, 岩波書店, 1970 年)
Lucas, Ronert E. Junior (1972), "Expectations and the Neutrality of Money," Journal of Economic Theory **4**, 103–124.
McKenzie, Lionel W. (1956), "Specialization and Efficiency in World Production" *Review of Economic Studies*, **32**, 56–64.
Meade, James E. (1955), *The Theory of International Economic Policy, Vol. II (Trade and Welfare)*, Oxford Univ. Press.
Manoilescu, Mihail (1931), *The Teoryof Protection and International Trade*, P.S. King.
Markusen, James R. (1983), "Factor Movements and Commodity Trade as Complements," *Journal of International Economics*, **14**, 341–356.
Marshall, Alfred (1879), *The Pure Theory of Foreign Trade*, London School Reprint. (杉本栄一訳「外国貿易の純粋理論」『経済学選集』日本評論社, 1940 年)
――― (1923), *Money, Credit and Commerce*, Macmillan. (永澤越郎訳『貨幣信用貿易』全 2 冊, 岩波ブックサービスセンター, 1988 年)
Melitz, Marc. (2003), "The Impact of Trade on Intra-industry Reallocations and Aggregate Industry Productivity," *Econometrica*, **71**, 1695–1725.
Metzler, Lloyd A. (1948) "The Theory of International Trade," in H.S. Ellis (ed.), *A Survey of Contemporary Economics*, Blakiston Co.
―――. (1949). "Tariffs, the Terms of Trade, and the Distribution of National Income." *Journal of Political Economy*, **57**(1), 1–29.
Mill, John Stuart(1848), *Principles of Political Economy*, 1948. "On International Values." (末永茂喜訳『経済学原理』全 5 冊, 岩波文庫, 1963 年)
Mundell, Robert. A. (1964), "International Trade and Capital Mobility," *American Economic Review*, **47**, 321–335.

_____ (1963) "Capital Mobility and Stabilization Policy under Fixed and Flexible Exchange Rate," *Canadian Journal of Economics and Political Science*, **29**, 475–83.

_____ (1968), *International Economics*, New York: Macmillan, 1968.

Nash, John F. (1950), "Equilibrium Points in N-person Games, *Annals of Mathematics*, **54**, 48–49.

Obstfeld, M. and Kenneth Rogoff (1996), *Foundations of International Macroeconomics*, The MIT Press.

Ohlin, Bertil (1929), "The Reparation Problem: A Discussion," *Economic Journal*, **39**, 172–78, 400–404.

_____ (1933), Interregional and International Trade, Harvard University Press. (木村保重訳『貿易理論—域際および国際貿易』, 晃洋書房, 1980 年)

Ohyama, Michihiro (1972), "Trade and Welfare in General Equilibrium," *Keio Economic Studies*, **9**, 1972, 37–73.

_____ (1974), "Tariffs and Transfer Problems," *Keio Economic Studies*, **11**, pp. 29–45.

_____ (1991). "Exchange Rates, The Terms of Trade and the Current Account," in A. Takayama et al eds, Trade, Policy and International Adjustments, *Academic Press*.

_____ (1999), "Market, Trade and Welfare in General Equilibrium," *Japanese Economic Review*, **50**, 1–24

_____ (2007), "The Mundell-Fleming Model Revisited: A Microeconomics," *Keio Economic Studies* **44**, 1–18.

_____ (2007), "Partial Free Trade Agreements and Economic Welfare: Reconsidering GATT Article 34," *Review of Development Economics*, **11**(4), 621–628.

_____ (2010), "Innovations and International Trade," *Keio Economic Studies*, **46**, 1–15.

Ohyama, Michihiro and Katsuhiko Suzuki (1980), "Inter-industry Flows, Nontraded intermediate Goods and the Theory of Effective Protection," *Journal of International Economics*, **10**, 567–578.

Oniki, H. and Hirofumi Uzawa (1965) "Patterns of trade and Investment in a Dynamic Model of International Trade," *Review of Economic Studies*, **32**(1), 1965, 15–38

Phelps, Edmund S. (1968). "Money-Wage Dynamics and Labor-Market Equilibrium". *Journal of Political Economy* (Chicago University Press), **76**, 678–711.

Phillips, William(1958) "The Relationship between Unemployment and the Rate of Change of Money Wages in the United Kingdom 1861–1957". *Economica*, **25**(100), 283–299.

Ricardo, David (1817), *The Principles of Political Economy and Taxation*, Chapter 7 "On Foreign Trade." (竹内謙二訳『経済学及び課税の原理』(東京大学出版会，1973年), 第7章「外国貿易について」)

Robinson, Joan (1937), *Essays in the Theory of Employment*, Macmillam, 2nd ed.

Rogoff, Kenneth (1996), "The Purchasing Power Parity Puzzle," *Journal of Economic Literature*, **34**, 647–88.

Rybczynski, Tadeusz H. (1955) "Factor Endowments and Relative Commodity Prices," *Economica*, **22**, 336–341

Samuelson, Paul. A. (1939), "The Gains from International Trade," *Canadian Journal of Economics and Political Science*, **5**, pp.195–205.

―――― (1948), "International Trade and the Equalization of Factor Prices," *Economic Journal*, **43**, pp.163–184.

―――― (1952), "The Transfer Problem and Transport Costs: The Terms of Trade When Impediments are Absent," *Economic Journal*, **62**, 272–304.

―――― (1953), "Prices of Factors and Goods in General Equilibrium," *Review of Economic Studies*, **21**, 1–20.

―――― (1954),"The Transfer Problem and Transport Costs, II Analysis of Effects of trade Impediments," *Economic Journal*, **64**, 264–289

―――― (1964), Theoretical Notes on Trade Problems, *Review of Economics and Statistics*, **23**, pp. 145–154.

―――― (1971),"An Exact Hume-Ricardo-Marshall Model of International Trade," *Journal of International Economics*, **1**, 1–18.

Schumpeter, Joseph A. (1926), *Theorie Der Wertshaftlichen Entwicklung*, publidshed in Japan by the authorization of Elizabeth Schumpeter (塩野谷佑一・中山伊知郎・東畑誠一訳『経済発展の理論』岩波文庫，1977年)

Sen, Amartya (1981), Poverty and Famines; An Essay on Entitlement and Deprivation, Oxford Univ. Press.

Smith, Adam (1776) *An Inquiry into the Nature and Causes of the Wealth of Nations*, Edwin Cannan ed., 1904 (大内兵衛・松川七郎訳『諸国民の富』全2冊，岩波書店，1969年)

Stolper, Wolfgang. F. and Paul. A. Samuelson (1941). "Protection and Real Wages," *Review of Economic Studies*, **9**, 58–73.

Svensson, Lars (1984), "Factor trade and Goods Trade," *Journal of International Economics*, **15**, 365–378.

Takayama, Akira (1972), International Trade: An Approach to the Theory, Holt, Reinhart and Winston.

―――― (1982) "On Teorems of General Equilibrium of Production and Trade—A Survey of Some Recent Developments in the Theory of International Trade—," *Keio Economic Studies*, **19**, 1–32.

Tinbergen, Jan (1952), *On the Theory of Economic Policy*, Amsterdam: North-Holland. (気賀健三・加藤寛訳『経済政策の理論』厳松堂, 1956 年)
Tobin, James (1975), "Keynesian Models of Recession and Depression," *American Economic Review*, **65**, 671–684.
Torrens, Robert(1808), *The Economists Refuted*, S.A. Oddy.
_____ (1815), *Essay on External Corn Trade*, J. Hatchhard.
Uekawa, Yasuo (1971)., "Generalization of the Stolper-Samuelson Theorem," *Econometrica*, **39**, 197–217.
Vanek, Jaroslav (1963), The Natural Resource Content of United States Foreign Trade 1870–1955, MIT Press.
_____ (1968), "The Factor Proportions Theory: The n-Factor Case," *Kyklos*, **24**, 749–756.
_____ (1974) *General Equilibrium of International Discrimination*, Harvard University Press.
Viner, Jacob (1937). *Studies in the Theory of International Trade*, Reprinted by A.M. Kelly and Publishers, 1952. (中澤進一訳『国際貿易の理論』勁草書房, 2010 年)
_____ (1950), *The Customs Union Issue*, Cambridge Endowment for International Peace.
Walras, Leon (1874–77), *Elements d'economie plolitique pure*. English translation by W. Jaffe, *Elements of Pure Economics*, Allen and Unwin, 1974. (手塚寿郎訳『純粋経済学要論』岩波文庫, 1953–54 年)
Yano, Makoto (1983), "Welfare Aspects of the Transfer Problem," *Journal of International Economics*, **15**, 277–289

章末演習問題：略解とヒント

1章
1. 経済学の観点から国の特徴をどうとらえるか。
2. ①真 ②真 ③真
3. 国民所得計算との関係を調べなさい。(13.3節参照)
4. 具体的な事例をあげ，その成立の経緯と機能を説明しなさい。(14.1, 14.2節参照)
5. 貨幣ベール観について調べ，その問題点を考えなさい。

2章
1. ヘクシャー・オリーンモデル (4.1節)，収穫逓増モデル (5.3節) を参照しなさい。
2. 図2.6で財2の自国輸出供給量と外国輸入需要量が等しくなる点を求めなさい。
3. 予算制約式 (2.1), (2.2) を考慮しなさい。余剰分析については，マーシャル型効用関数の概念 (2.7節) と式 (2.8) を検討しなさい。
4. 需要法則 (2.8節) の説明を復習しなさい。
5. 一般均衡と各国の予算制約の関連 (2.5節) を論じなさい。

3章
1. 相対価格と限界代替率が一致するとする消費の均衡条件 (2.3節参照) を数式で表わし予算制約式 (2.1) とあわせて，消費者の均衡消費量を計算しなさい。
2. 図3.3で各国の生産の均衡点，消費の均衡点を説明しなさい。
3. 自国が不完全特化の場合，均衡相対価格はどのように決まるか。
4. 市場で与えられるさまざまな相対価格に対応して世界全体としての各財の総供給量，総需要量はどのように決まるかを考えることから始めなさい。
5. 両財の労働投入係数の比率が相対価格に等しくなるのはどのような場合か。

4 章

1. これら 2 つのモデルについて両国各財の生産関数，需要関数の違いを調べなさい。
2. 図 4.7 を参考にして両国の要素賦存比率が似通っている場合とかけ離れている場合を比較しなさい。
3. 図 4.3 で賃金・レンタル比率の変化とともに費用最小となる点がどのように変化するかを見なさい。
4. リプチンスキー定理を適用しなさい。
5. 輸入量の増加がどのような要因によって起こったかを考えることから始めなさい。
6. 各国が完全特化していると仮定して各財の利潤ゼロと完全雇用の条件を書き出し，相対価格と要素賦存比率を既知数，価格と相対賃金を未知数とする連立方程式と見なして両者の関係を分析しなさい。

5 章

1. 固定的な生産要素が存在する場合，可変的な生産要素の投入は分業の利益が十分でなければ限界費用の増加をもたらす。
2. まず内外の生産フロンティアが等しい傾きをもつことを説明しなさい。
3. 比較優位の決定要因を広くとらえて，分類・整理してみなさい。
4. 一般ケースによる批判は特殊ケースの妥当性をくつがえすものだろうか。
5. 合意的分業は市場の力によって自然に生まれるものだろうか。その事例を調べて合意的分業の根拠は何かを考えなさい。

6 章

1. 正解は②。他の型の貿易は比較優位の理論で説明できることを示しなさい。
2. ①偽　②真　③真　④真
3. 範囲の不経済性がない場合について考えてみなさい。
4. 消費あるいは要素投入の多様性はどのような利益をもたらすか。
5. 関税は外国企業の競争力を弱め国内企業の競争力を高める。

7 章

1. 世界全体としての需給曲線の図で考えなさい。
2. ワルラスは「競売人」(auctioneer) の存在を仮定した。この仮説の意義と限界を論じなさい。この仮説のもとで均衡が安定となるためには，市場需給曲線がどのように交わっていればよいか。
3. 経済成長と交易条件の因果関係を考えなさい。
4. 品質改善型成長は需要曲線にどのような影響を及ぼすか。この場合，交易条件はどのように定義されるか。
5. 貿易障壁は内外の製品の輸入需要 (輸入性向) にどのような効果を及ぼすだろうか。

章末演習問題：略解とヒント

8 章
1. ① 偽　② 真　③ 偽　④ 偽
2. ① 真　② 真　③ 真　④ 真
3. 他の生産要素を一定として実物資本の投入を増やしていくと資本の限界生産物が低下するとしよう。この関係を図解して，限界生産物価値 (限界生産物 × 価格) 曲線と所与の財価格を示す水平線を描いて利潤がどのように最大化されるかを考えてみなさい。
4. 貨幣資本と実物資本はどう違うか。(8.1, 8.2 節)
5. 考察の対象とする財の部分均衡モデルを考え，品質改善型技術移転と費用削減型技術移転がそれぞれ外国の輸出供給曲線と輸入需要曲線におよぼす影響を示しなさい。

9 章
1. ① 真　② 真　③ 偽
2. 図 6.1 を復習し，工夫しなさい。
3. 経常収支の均衡を仮定するかどうかが分かれ目になる。
4. 自国と外国が最適関税をかけ合うナッシュ関税均衡を考えてみなさい。
5. 9.3 節を復習しなさい。

10 章
1. 国際価格を所与とするとき，自由貿易均衡が社会的余剰を最大にすることを確かめなさい。一般均衡の図解も考えなさい。
2. 輸入関税が引き上げられても輸入品の国内価格が変化しないと仮定して，世界全体の需給均衡が維持されるための条件は何かを考えてみなさい。
3. 賃金格差は工業の比較優位に何をもたらすだろうか。マノイレスコ学説 (10.3 節) 参照。図 10.3 を応用しなさい。
4. 一定水準の輸入代替品生産量を達成する手段として，関税と生産補助金のどちらが社会的効用の損失が大きいか。部分均衡および一般均衡の図で示しなさい
5. 一定水準の国内代替品消費量を達成する手段として，消費税，関税，生産補助金のどれが社会的効用の損失を最小にするだろうか。図解してみなさい。

11 章
1. ストルパー・サミュエルソン定理 (4.3 節) を適用しなさい。
2. マーシャル型の効用関数 (2.7 節参照) を仮定するかどうかで，分析結果とその解釈はどのように違ってくるか。
3. 消費者の損失は広く薄く及ぶが，生産者の利益は一部の産業に偏って生じることに注目しなさい。
4. 一部のグループ (産業あるいは地域) の利益が重要か，国民全体 (一般の消費者

あるいは生活者)の利益が重要か。
5. 「天下り」によって資源の利用効率がどのように損なわれるか。
6. 最適関税をかけあう均衡は一種の「ナッシュ均衡」(11.3節参照)だ。一般に，ナッシュ均衡はパレート最適とはならない。

12章
1. 2, 3の具体的な事例を用いて複式簿記の記入方法を例解してみなさい。
2. 経常収支，資本収支，外貨準備がどのように対応して連動しているかについて考察しなさい。
3. 対外純資産の増加の内訳を調べなさい。
4. 対外投資収益の増加は経常収支(所得収支)の黒字要因となり，可処分所得の増加は輸入の増加，輸出の抑制を通じて貿易収支の赤字要因となる。
5. 国債は国民によって購入されるかぎり，国民経済全体としての貸借関係は変化しない。しかし，外国人によって購入される場合には国民経済全体としての貸借関係は悪化する。この非対称性をどう評価するか。

13章
1. 対外純資産の増加が可処分所得の増加と全く同様に消費の増加をうながすとすれば，この結論は影響を受けない。現在の財と将来の財が消費計画に入る2期間モデルに相似的な効用関数を適用して検討しなさい。
2. 内外価格，ひいては交易条件の変化が貿易収支に及ぼす効果によって自動的な調整は促進，あるいは抑制される。この点を詳しく検討しなさい。
3. 式(13.6)〜(13.8)にヒントがある。
4. 式(13.6)〜(13.8)にヒントがある。
5. 金本位制度のゲームのルールとは，各国の通貨当局が金平価を維持し，自国通貨と金との自由な交換を保証すること，したがって金準備に基づいてマネーサプライを決めるという慣行を守ることである。

14章
1. ビッグマックは非貿易財であるとして，貿易財の価格を国際的に均等化するような市場レートとの関係を示し，非貿易財の貿易財に対する相対価格が所得水準の国ほど低くなることを論証し，あわせて考慮しなさい。
2. 式(14.5)の導出過程を検討し，応用しなさい。
3. 式(14.11)および(14.12)の関係は妥当か。またそれから何がいえるか。
4. 式(14.14)および(14.15)の内生変数と外生変数を吟味して，比較静学分析を適用しなさい。
5. 本章14.3節参照。

章末演習問題：略解とヒント 235

15 章
1. 不均衡を調整するためにマクロ経済政策はどうあるべきか。一国の単独行動だけなく複数国による協調の可能性を視野入れて，事例をあげて論じなさい。
2. 完全雇用モデルでは，国民所得は一定となり物価 (賃金) が内生変数となる。
3. 16.2 節の分析にならって，財政支出の増加が完全雇用下の為替レート，物価に及ぼす超短期及び短期の効果を解明しなさい。
4. 公開市場操作によるマネーサプライの変化が一定の為替レートのもとでは民間の金融資産総額 $M + eN$ に影響しないことを説明し，完全雇用下の金融政策の超短期及び短期の効果を解明しなさい。
5. 不整合な三角形とはどのようなことか。その妥当性を式 (15.5), (15.6) のモデルで説明しなさい。

16 章
1. ① 真　② 偽　③ 偽　④ 偽
2. GATT/WTO の多角的貿易交渉の現状を調べ，2 国間の自由貿易協定の利点と難点について考えなさい。
3. たとえば 2 つの小国が自世の世界と 1 つの財を貿易する部分均衡モデルで自由貿易協定が結ばれる前後の均衡を比較しなさい。
4. 1 つの大国が他の 2 国と 1 つの財を貿易する部分均衡モデルで大国を含む 2 国間の関税同盟が結ばれる前後の均衡を比較しなさい。
5. 交易条件を同盟前と同一水準に維持するだけでよいか。その場合，各国の貿易量は影響を受けないか，またその厚生効果はどうか。

17 章
1. 関税面の国際経済協調の事例をグローバルな協調と地域的に限定された協調に分類して論じなさい。
2. 金融面の国際経済協調の事例をグローバルな協調と地域的に限定された協調に分類して論じなさい。
3. 関係国 (プレーヤー) の経済的相互依存，戦略変数 (政策変数) と利得関数 (目的変数を通じて政策変数に依存) を考慮して，国際政策調整の解をナッシュ均衡，協調均衡に分けて定式化し，比較しなさい。17.4 節参照。
4. 大山 (2005) 参照。
5. これらの条件を 16.5 節で示した対外中立的地域統合にあてはめてみなさい。その際，①の条件は他の締約国に対する貿易量を従来よりも減らさないように調整すると再解釈する必要がある。②の条件は必要だろうか。大山 (2004), (2005) 参照。

索　引

人名索引

アインチッヒ (Einzig, Paul)　170
赤松要　91
アフタリオン (Aftalion, Albert)　173
ヴァイナー (Viner, Jacob)　200
ヴァネック (Vanek, Jaroslav)　55
オリーン (Ohlin, Bertil)　41, 94

カッセル (Cassel, Gustav)　167
ケインズ (Keynes, John Maynard)　7, 94
ケンプ (Kemp, Murray C.)　204
小島清　71, 92
小宮隆太郎　105

サミュエルソン (Samuelson, Paul A.)　17, 41, 48, 55, 89
篠原三代平　91
シュンペーター (Schumpeter, Joseph A.)　126
ジョーンズ (Jones, Ronald W.)　54
ストルパー (Stolper, Wolfgang F.)　48
セン (Sen, Amartya)　92

ティンバーゲン (Tinbergen, Jan)　213
トレンズ (Torrens, Robert)　27

バグワッティ (Bhagwati, Jagdish)　92
バラッサ (Balassa, Bela)　197

ビッカーダイク (Bickerdike, Charles F.)　142
ヒューム (Hume, David)　8, 146, 158
フィッシャー (Fisher, Irving)　183
フィリップス (Phillips, William)　186
フェルプス (Phelps, Edmund S.)　186
フリードマン (Friedman, Milton)　186
フレミング (Fleming, Marcus J.)　176
ヘクシャー (Heckscher, Eli)　41

マーシャル (Marshall, Alfred)　2, 21, 68
マノイレスコ (Manoilescu, Mihail)　128
マンデル (Mundell, Robert A.)　176, 179, 192
ミル (Mill, John Stuart)　2, 27, 30
メッツラー (Metzler, Lloyd A.)　176

ライベンシュタイン (Leibenstein, Harvey)　126
リカード (Ricardo, David)　27, 29
リプチンスキー (Rybczynski, Tadeusz H.)　48
リーマー (Leamer, Edward E.)　55
レオンティエフ (Leontief, Wessily)　54
ロビンソン (Robinson, Joan)　176

ワルラス (Walras, Leon)　20, 26, 87

事項索引

あ行

アジア通貨基金 (AMF)　212
アジャスタブル・ペッグ　158, 193
新しい自由放任　198
新しい保護主義　198
天下り　139
安定条件　86

域内財　201
一物一価の法則　19
一般均衡理論　20, 87
一般生産要素　40, 44
移転支払い　93
移転収支　4
イノベーション　126
インフレターゲティング　187

ウルグアイ・ラウンド　206, 209

X 非効率　126
エンゲル線　33
援助　147

欧州中央銀行 (ECB)　212
欧州連合 (EU)　4, 197

か行

外貨準備の罠　195
回帰的予想　172
外国通貨建て　157
外部経済　12, 133
価格受容者　11, 31
価格・正貨の流出入メカニズム　8, 146, 157, 158, 160
価格政策　112
価格調整者　11
革新　126
拡大効果　51, 53

貸方　147
過剰参入定理　66
寡占的競争　60
貨幣　11
貨幣経済　37
貨幣資本　102
貨幣数量説　161
貨幣ベール観　7
借方　147
カルテル　60, 119
為替切り下げ競争　211
為替市場　157
為替政策　3
為替相場　157
為替レート　6, 37, 157, 179, 182
　――の決定要因　8
環境基準　210
環境政策　217
環境ダンピング　127, 142
環境・労働基準　220
関税　112
関税政策　115
関税戦争　116
関税同盟　206
関税引き上げ競争　209
関税貿易一般協定 (GATT)　3, 117, 206
間接投資　101
間接統制　112
完全競争　11, 31, 59
完全雇用　32
完全特化　34

機会費用　40
機関車論　218
基軸通貨国　173
技術移転　105
規制緩和　198
基礎的不均衡　211
既得権益　135

索　引

規模に関して収穫不変　44
規模の経済性　59, 203
客観的均衡　86
吸収　180
窮乏化成長　92, 97, 106
供給過剰　87
供給曲線　13
供給比率曲線　42
行政費用　133
競争・革新の利益　123
競争度　62
居住者　145
金・外貨準備　211
金権政治　136, 138
均衡の安定性　85
禁止的関税　115
金・正貨の流出入メカニズム　189
金の輸出入点　158
金本位制度のゲームのルール　159
金融・為替政策　3
金融政策　185, 216
金利裁定　160
近隣窮乏化政策　185

クールノー・ナッシュ型寡占　62
グローバリズム　206

経営資源　101
経済援助　85, 93
経済協力開発機構 (OECD)　209
経済厚生　22, 35
経済政策　3
経済成長　85, 90
経済制度　3
経常勘定　147
経常収支　4, 10, 148, 150, 151, 189
経常取引　4
契約曲線　36, 69
ケインズの基本的心理法則　181
ケネディ・ラウンド　206, 209
ゲームの均衡　136
ゲームのルール　158
ゲーム理論　214

限界代替率逓減の法則　45
ケンブリッジ型の貨幣数量方程式　168
ケンプ・ワン・大山の定理　204

合意的分業原理　71
交易条件　18, 30, 85, 93
交換・分業の利益　123
公共財　3
厚生経済学の基本定理　1
構造改革　198
工程差別化　73, 75
購買力平価説 (PPP)　167
効用無差別曲線　215
国際価値　39
国際協調機構　117
国際金為替本位制度　158, 211
国際金本位制度　6, 145, 156, 160, 211
国際金融理論　5, 6
国際経済学　1
国際経済協調　208, 214
国際決済銀行 (BIS)　209
国際収支　146
　——の自動調整メカニズム　195
　——の調整　158
　——表　4, 147
　——マニュアル　146
国際政策協調　9
国際通貨　157
　——基金 (IMF)　3, 9, 146, 208
　——制度　145, 156
国際的公共財　218
国際分業理論　8
国際貿易機関 (ITO)　208
国際貿易摩擦　198
国際貿易理論　5
国際マクロモデル　178
国際利子率　188
国内の歪み　133
国民所得　180, 182
国民総支出　152
国民総生産　151, 180
国境貿易　72
固定為替レート制度　153, 193

固定目標システム　213
固定レート制度　6
古典派　7
古典派の2分法　2
コブ・ダグラス型の関数　23
孤立状態の均衡　19

さ　行

最恵国待遇　210
　——原則　206
財・サービス収支　150
財政支出　184
財政政策　184, 217
　——無効命題　192
最適関税　115, 142
最適政策　130
先物為替レート　170
サーベイランス　212
差別的規制　140
三角関係　193
産業間賃金格差　133
産業間分業　27
産業間貿易　27, 72, 74
産業集中度　61
産業組織　30
　——政策　61
産業内分業　27
産業内貿易　27, 72, 74
　——指数　73
産業の長期均衡　62
産業保護　133, 134
産業均衡　60
参入制限政策　62
参入阻止行動　62

自給自足　34
資源配分志向型の保護貿易　122
自国財への選好　94
自国通貨建て　157
資産市場アプローチ　173
資産の流出入メカニズム　153
市場活用　198

市場均衡　86
市場差別化　73, 76
市場に合わせた価格付け　190
次善，三善の策　133
自然失業率仮説　186
自然利子率　187
実質利子率　187
実物経済　37
実物経済モデル　37
実物資本　101
資本　2, 27, 40, 101
資本移動　102
　——と国際貿易　104
　——の誘因　104
資本勘定　147
資本係数　45
資本収支　4, 148
資本取引　4
資本輸出　147
社会的共通資本　3
社会的効用関数　213
社会的無差別曲線　15, 23, 33, 43
社会的余剰　22
収穫逓増　59, 60, 67
　——産業　68, 140
収穫不変　59
周期的貿易　72
自由参入　11, 31
重商主義　111
自由貿易　123
　——協定（FTA）　197, 219
　——均衡　20, 35
　——対保護貿易の論争　122
　——地域　206
　——の利益　123
主体的均衡　86
シュタッケルベルグ均衡　138
需要過剰　87
需要曲線　15
需要のかたより　43
需要比率曲線　43, 54
需要法則　16, 24, 88
準線形効用関数　23

索　引

純輸出　74
証券投資　147
小国の仮定　181
消費者の選好　10
消費者余剰　22
消費政策　112
消費の均衡点　15
消費無差別曲線　15, 23
所得効果　16, 42
所得収支　4
所得消費線　33
所得分配　135
所得分配志向型の保護貿易　122
伸縮目標システム　213

衰退産業　133
垂直的差別化　77
水平的差別化　77
水平貿易　72
数量政策　112
数量割当　112
ストック均衡理論　173
ストルパー・サミュエルソン定理　48, 49

税関　134
政策手段　213
政策目標　213
生産可能集合　32
生産関数　44
生産技術　30
生産者余剰　22
生産政策　112
生産の均衡点　13, 34
生産フロンティア　12, 33, 42
生産補助金　133
生産要素　2, 10
静態的経済　10
正統派の見解　94
製品差別化　73, 77
製品輸入比率　74
政府規制　30
世界銀行 (IBRD)　3, 208, 219

世界の貸借市場の均衡　163
世界貿易機関 (WTO)　206, 208
世界貿易機構　9
絶対価格　11
絶対的購買力平価説　168
絶対的優位　28
ゼロ利潤線　47
戦略的貿易政策論　143

総合収支　150, 158
相互主義　209
相互促進型の国際協調　218
相互抑制型の国際協調　216
相似的　23, 33, 43
相対価格　11, 16, 29, 32, 42
相対的購買力平価説　168
贈与　147
族議員　142
ソブリン危機　212

た　行

対応原理　85, 89
対外資産　11
対外純債権　5
対外純資産　145, 151
対外中立的統合　205, 206
大市場効果　203
対称均衡　62
対称性定理　114
代替効果　16, 42
代表的消費者　15, 23
単位生産関数　45
単位等量曲線　45
単位要素所得曲線　46

地域経済統合　4
地域統合　197
中継貿易　72
チューリッヒの子鬼　194
長期均衡　10, 60
調整可能な釘付け制度　211
直接投資　101, 105, 147

直接統制　112

追加的な負担　94
通貨危機　193, 212
通貨制度　3

定常状態　5, 11

ドイツ関税同盟　199
ドイツの賠償問題　94
投機的動機　174
東京ラウンド　206, 209
統合世界経済　56
東南アジア諸国連合 (ASEAN)　4
等費用線　46
特殊生産要素　40, 54, 135
独占禁止法　119
独占度　62
土地　2, 27, 40
トランスファー　85, 93
　――逆説　98
取引動機　174
ドル不安　212

な行

内国民待遇　210
ナッシュ均衡　116, 138, 215
南北協調　218

ニクソン・ショック　212
2国1財モデル　102
2国2財の仮定　10
2国2財モデル　104
二重構造　133
二分法　7
日本の廃藩置県　199

は行

灰色措置　210
博愛的政府　133
パレート最適　1, 36, 116, 214

比較静学　85, 86
比較生産費説　29
比較優位　28, 32, 40, 43, 66, 83
　――の原理　59
　――の理論　75
非協調均衡　215
非居住者　146
非差別的規制　140
非対称型の国際協調　218
非対称的な貿易均衡　70
ビッグマック指数　177
非貿易財　169
費用最小化行動　46
費用削減型技術移転　106
標準財　157
品質改善型技術移転　106

ファンダメンタルズ　172, 178
フィスカル・ポリシー　3
フィッシャー方程式　183
フィリップス曲線　186
不完全競争　76
　――市場　59
不完全特化　36
不均衡状態　86
複式簿記　5, 147
不整合な三角形　193
不胎化政策　160
部分均衡モデル　21
プラスの波及効果　214
ブリスポイント　137
フリーライダー問題　218
ブレトンウッズ体制　208, 212
フロー均衡理論　176
ブロック化　209
ブロック経済　198
分断化　75

平均費用 (AC)　63
平均費用曲線　60
閉鎖経済の均衡　80, 81
ヘクシャー・オリーンの分業定理　44, 53, 54

索　引

ヘクシャー・オリーンモデル　44
ヘクシャー・オリーン理論　41, 43
ヘッジファンド　194
ベネルックス関税同盟　199
変形曲線　12
変動為替レート制度　6, 145, 153, 212

貿易三角形　35
貿易自由化　124
　──交渉　209
貿易収支　150
貿易障壁　80
貿易政策　3, 112, 216
　──理論　8
貿易創出　202
貿易転換　200
貿易前の均衡　18
貿易摩擦　80
貿易利益　22, 35
邦貨建て　157
北米自由貿易協定（NAFTA）　197
保護貿易　122, 133
保護貿易政策　12
ボックス・ダイアグラム　34, 56, 69, 102

ま　行

マイナスの波及効果　215
マークアップ率　62
マクロ政策　3, 111
マーシャル型の逆需要関数　23
マーシャル型の効用関数　23
マーシャル的外部経済　59, 68
マーシャルの三角形　22
マーシャル・ラーナー条件　97, 181
マネーサプライ　180, 186
マンデル・フレミングの理論　176
マンデル・フレミングモデル　179, 191, 194

見えざる手　1
ミクロ政策　3, 111

ミルの逆説　36

無差別主義　206, 209

メッツラーの逆説　132

や　行

融資条件　212
輸出自主規制　210
輸入関税　117
輸入数量制限　117
輸入割当　117

要素価格均等化集合　58
要素価格均等化定理　55
要素価格フロンティア　46
要素賦存　40
　──理論　41, 43
幼稚産業　219
　──保護論　127
予算制約　20
　──条件　20
予算線　34
余剰分析　21

ら　行

ラウンド　209

利己的な政府　134
利子平価説　170
利潤最大化行動　60
リスク・カバーがついた利子裁定条件　171
リスク・カバーのつかない金利裁定条件　171
利得関数　139
リプチンスキー定理　51

レオンティエフの逆説　54
レンタル　102

労働　2, 27
労働移動　104
労働価値説　32
労働基準　210
労働係数　45

わ

割当関税　112
ワルラスの仮説　87
ワルラス法則　26

著者紹介

大　山　道　広
おお　やま　みち　ひろ

1938 年	東京都に生まれる
1961 年	慶應義塾大学経済学部卒業
1968 年	フルブライト奨学金によりロチェスター大学留学
1972 年	ロチェスター大学経済学 Ph.D
1980 年	慶應義塾大学経済学部教授 経済理論及び国際経済学専攻
2003 年	慶應義塾大学退職，同名誉教授
2004 年	東洋大学経済学部教授
2009 年	東洋大学退職

主要著書

Trade and Welfare in General Equilibrium
　(*Keio Economic Studies*, Vol.9, 1972, 37–73)

Market, Trade and Welfare in General Equilibrium (*Japanese Economi Review*, Vol.50, 1–24)

国際貿易（伊藤元重と共著，岩波書店，1985）
改訂新版　国際経済学
　（放送大学教育振興会，2005）
国際経済理論の地平
　（編著，東洋経済新報社，2001）
クルーグマンミクロ経済学
　（共訳，東洋経済新報社，2007）
クルーグマンマクロ経済学
　（共訳，東洋経済新報社，2009）

ⓒ　大　山　道　広　　2011

2011 年 10 月 20 日　初　版　発　行

経済学教室 10
国　際　経　済　学

著　者　大　山　道　広
発行者　山　本　格

発 行 所　株式会社　培　風　館
東京都千代田区九段南 4-3-12・郵便番号 102-8260
電　話(03)3262-5256(代表)・振　替 00140-7-44725

中央印刷・三水舎製本

PRINTED IN JAPAN

ISBN978-4-563-06260-6　C3333